"十二五"普通高等教育本科国家级规划教材

化学与社会

（第二版）

蔡　苹　主编

芦昌盛　乔正平　胡　锴　参编

科学出版社

北　京

内 容 简 介

本书为“十二五”普通高等教育本科国家级规划教材，主要介绍日常生活中的化学概念及化学原理。本书共10章，包括：绪论，化学与健康，化学与环境，化学与生命，水和水污染及其防治，化学与能源，化学与食品，化学与新型材料，化学与武器，化学与文艺。本书理论部分力求简单易懂，且与生活联系紧密，以培养学生的学习兴趣；在编写过程中注重理论与实践的结合，关注化学与其他学科的交叉，如物理（新型材料等）和生物（药物和生化武器等）；帮助学生了解化学在生产、生活中的重要作用，并培养学生的科学文化素养。

本书可作为高等学校非化学化工专业本科生的化学通识课教材，也可供其他教师和学生参考。

图书在版编目(CIP)数据

化学与社会/蔡苹主编；芦昌盛，乔正平，胡锴参编. —2版. —北京：科学出版社，2016.6

“十二五”普通高等教育本科国家级规划教材

ISBN 978-7-03-048344-7

Ⅰ.①化… Ⅱ.①蔡… ②芦… ③乔… ④胡… Ⅲ.①化学-关系-社会生活-高等学校-教材 Ⅳ.①O6-05

中国版本图书馆CIP数据核字(2016)第111620号

责任编辑：丁 里 / 责任校对：何艳萍

责任印制：张 伟 / 封面设计：陈 敬

科学出版社 出版

北京东黄城根北街16号

邮政编码：100717

http://www.sciencep.com

北京盛通商印快线网络科技有限公司 印刷

科学出版社发行 各地新华书店经销

*

2010年4月第 一 版 开本：720×1000 1/16

2016年6月第 二 版 印张：17 1/2 插页：1

2023年7月第十六次印刷 字数：345 000

定价：39.00元

（如有印装质量问题，我社负责调换）

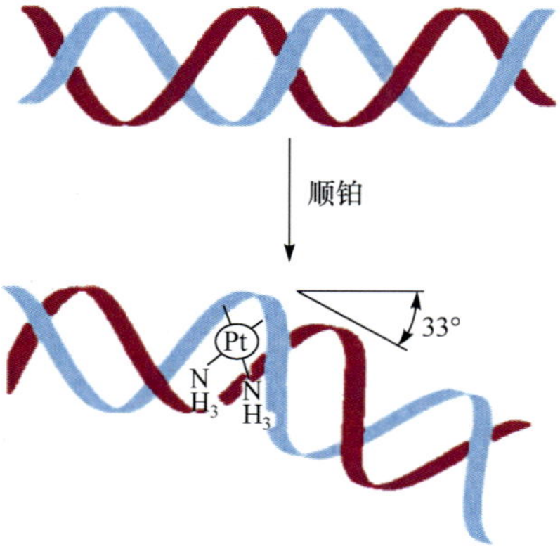

图 2－6

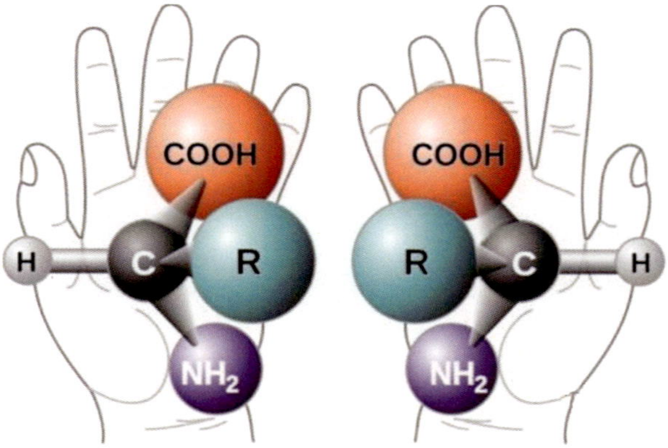

图 4－3

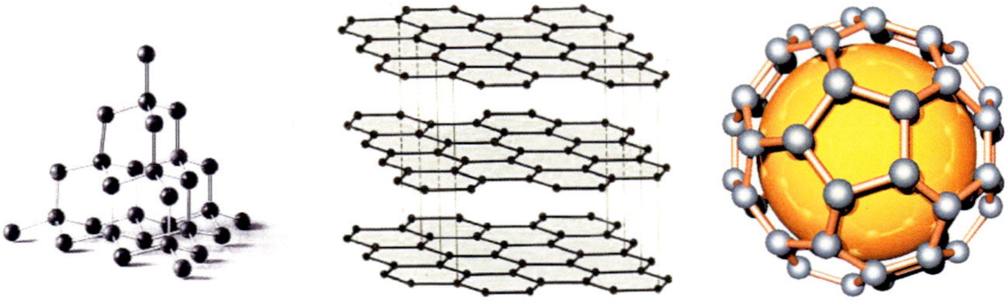

图 6－2

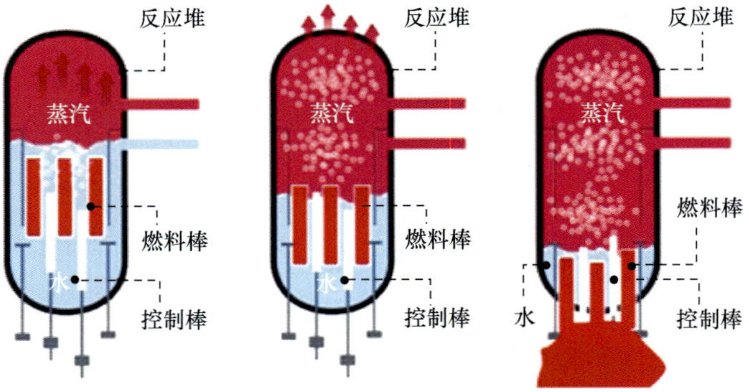

图 6－8

图 10－1

（图片摘自 http://www.vesselideation.com/one_works.html）

图 10－6

第二版前言

《化学与社会》第一版于 2010 年出版，至 2015 年已多次重印，并入选“十二五”普通高等教育本科国家级规划教材，许多高校的选修课和通识课都选用本书作为教材或主要教学参考书。编者对于广大同仁的支持诚表谢意！

为更好地适应高等学校通识课程教学改革的变化，编者多方征求读者意见，总结了近几年的教学经验，在确保第一版趣味性、讲授性强和资料丰富等特色的基础上，对教材内容进行了适当修订和补充。修订后的教材具有以下特点：

（1）增加了更多与日常生活息息相关的化学专业名词的解读，如转基因食品所涉及的“基因工程”、影响大气环境的“PM2.5”、“空气质量指数”和防晒因子“SPF”等，帮助学生牢固树立和践行“绿水青山就是金山银山”的理念。

（2）针对人们最为关心的食品安全问题，增加了“化学与食品”一章，帮助读者正确认识和了解食品的组成和食品添加剂。

（3）增加了“化学与文艺”一章，带领读者从美学的角度认识和了解化学，从根本上理解，化学如数学、语文一样，是帮助我们更全面认识和了解世界的一门科学。

参加第二版编写工作的人员有南京大学芦昌盛老师（负责第 3 章“化学与环境”和第 5 章“水和水污染及其防治”两章的修订），中山大学乔正平老师（新编写第 7 章“化学与食品”），武汉大学胡锴老师（新编写第 10 章“化学与文艺”），武汉大学蔡苹老师负责其他章节的修订并完成全书统稿。

特别感谢武汉大学程功臻教授在本书编写和修订过程中所给出的建议、帮助和支持。同时感谢厦门大学李岩云老师和兰州大学陈凤娟老师在此过程中所付出的努力。

由于编者水平有限，书中疏漏和不足之处在所难免，恳请广大读者和同行批评指出，以期重印和再版时得以改正。

编　者

2023 年 7 月

第一版前言

我们每天都会听到一些与化学有关的话题，如化学品、化学污染、纯天然等。这些话题有的是严格的科学概念，有的似是而非，有的却完全是来自于想象的错误说法。那么究竟什么是化学？这门科学是怎么发展起来的？它能解决什么问题？又带来了什么问题？带来的这些问题该怎么解决？化学家是干什么的？我们面向非化学化工专业的本科生开设“化学与社会”课程，一方面是为了提高学生的文化素养，另一方面也希望能在科学文化和人文文化的冲突中消除一些误解，达到某种程度的相互理解。

现代化学经过 200 多年的发展，内容十分丰富，但化学本质上是一门应用科学或经验科学。本课程从知识性、实用性和经验性出发，以社会广泛关注的有关问题及日常生活问题为视点，阐述化学在社会、生活中的重要作用，如能源开发与利用、环境污染及保护、化学与生命现象、材料科学、食物营养与健康、食品中的化学制品、洗涤剂、化学与美容美发、化学药物等，甚至包括化学前沿的动态和研究成果等。我们希望学生通过学习本课程，了解化学与社会发展和日常生活的联系；了解当今化学发展的现状和当前人们普遍关心的论题；掌握化学学科的基本概念、原理及其应用；拓展科学视野，扩大科学知识面，提高科学素养，至少能在遇到与化学有关的问题时做出自己的判断。

这门课程在开设过程中深受广大学生，尤其是文科生的欢迎。然而在教学的过程中，我们发现选择一本合适的教材实在太难，原因之一是现代化学的内容太丰富，很难取舍；其次是上课的学生有别于化学类或相关专业学生，因此，最终要达到的教学目标一直是我们思考的内容；最后还要在通俗的科普读物和严肃的教科书之间寻找到平衡点。基于对这些问题和困难的考虑，我们编写了本书，希望以与现实生活密切相关的具体例子说明化学的基本原理，提高学生的学习兴趣，并帮助他们用化学知识解释或解决生活中的实际问题，因此在本书编写的过程中力求图文并茂、通俗易懂。

在本书编写过程中，编者得到了武汉大学化学与分子科学学院及无机化学研究所各位老师的大力支持，在此一并表示感谢！

由于编者水平有限，书中不足之处在所难免，敬请读者理解，并提出宝贵意见。

编　者

2009 年 12 月

目　录

第1章

绪　论

人类赖以生存的世界乃至人本身都是由物质组成的。而化学是研究物质结构、组成和性质等问题的自然科学，凡涉及物质问题，便涉及化学。人类直接或间接地借助化学反应过程或化学物质，创造了辉煌的物质文明，让我们的生活丰富多彩，杜邦公司曾将"美好生活源于化学"作为其营销理念。例如，农药和化肥的使用可以提高作物的产量，除草剂使农民从辛苦的劳作中解放出来，这也直接引发了20世纪的农业革命，使得地球养活如此庞大的人口成为可能；各种各样的人工合成药物使我们的健康更有保障，平均寿命得以大幅提高。此类由于化学科学和技术的发展使人类生活质量提高的例子不胜枚举。但与此同时，随着人类干预大自然的程度和规模的不断加大，人类陷入了始料不及的严重困扰：全球性的资源短缺、环境污染和生态破坏等。那么化学到底研究什么？经历了怎样的发展过程？化学在社会中到底充当什么样的角色？我们只能从化学的研究内容和历史发展的痕迹中寻找答案。

1.1　化学发展简史

化学是一门经验科学或应用科学，其产生离不开人类的活动。任何生物都是由化学物质组成，其生理活动也不能违背物理规律和化学规律。但只有人类诞生以后，对物质世界的探索才成为可能，如钻木取火、用火烧煮食物、烧制陶器、冶炼青铜器和铁器都是化学技术的应用。正是这些原始的化学技术应用极大地促进了当时社会生产力和人类认知水平的发展，成为人类进步的标志。今天，化学作为一门基础科学，在科学技术和社会生活的各个方面起着越来越大的作用。从古至今，伴随着人类社会的进步，化学历史的发展经历了哪些时期呢？

1.1.1 远古的工艺化学时期

远古时代人类就发明了制陶、冶金、酿酒和染色等工艺，但这些都是在实践经验的直接启发下经过长期的摸索而来的，尽管是复杂的化学原理在起作用，但系统的化学知识还没有形成，正处在化学的萌芽时期。

图 1-1　庙底沟彩陶

例如，制陶工艺就是通过煅烧改变黏土的性质，使黏土中的二氧化硅（SiO_2，沙子、石英的主要成分）、三氧化二铝（Al_2O_3，红宝石、刚玉的主要成分）、碳酸钙（$CaCO_3$，石灰石、大理石的主要成分）和氧化镁（MgO）等在烧制过程中发生了一系列的化学变化，形成具有微观网状连接的结构，使陶器具备了防水耐用的优良特性（图 1-1）。陶器不仅可以存放东西，而且可以使人类通过蒸煮来烹饪食物，其技术意义和经济价值不言而喻。在陶器的烧制过程中，人们发现将一些物质敷于陶胚表面，在烧制后会产生丰富的色彩，于是伴随着原始化学技术的发展产生了原始艺术。这些最早的颜料是从大自然中取得的，彩陶上的黑色来自于炭，红色来自于赤铁矿或朱砂，赤铁矿俗称“红赭石”，主要的化学成分是氧化铁（Fe_2O_3），朱砂是硫化汞（HgS）。人造朱砂俗称“银朱”，我国制造的银朱印泥颜色纯正，不褪色，受到国内外画家的赞誉。

1.1.2 炼丹术和冶金化学时期

东方炼丹术和西方炼金术的产生和发展是出于人类对生命和财富的无止境追求，从这个意义上讲，现在规模庞大的制药行业并不比炼丹术有更深的哲学意义，对新材料的渴求也不比炼金术高明多少。这种深信物质能够转化的指导思想使得术士试图在炼丹炉中人工合成金银或修炼长生不老之药。他们有目的地将各类物质搭配烧炼，进行实验，为此设计制作了研究物质变化用的各类器皿，如升华器、蒸馏器、研钵等，也创造了各种实验方法，如研磨、混合、溶解、结晶、灼烧、熔融、升华、密封等。从公元前1500年到公元1650年，炼丹术士和炼金术士为求得长生不老的仙丹和代表财富的黄金，开始了最早的化学实验。在我国、阿拉伯、埃及、希腊等古老文明国家都有不少记载和总结炼丹术的书籍。公元4世纪，东晋葛洪著有《抱朴子内篇》20卷，记载了 HgS 和 Hg、Pb_3O_4 和 Pb 之间的相互转化："丹砂（硫化汞）烧之成水银，积变（把硫和水银放在一起）又还成（变成）丹砂"，发现了反应的可逆性，同时还描述了金属铁和铜盐的取代反应。这一时期发现了许多物质间的化学变化，为化学的进一步发展准备了丰富的素材。在欧洲文艺复兴时期，出版了一些有关化学的书籍，第一次有了"化学"这个名词。英语的 chemistry（化学）起源于alchemy，即炼金术。当然，在化学发展的历程中，还有很多有趣的故事，如磷的发现。1669年，德国人布兰特想从尿液中提取黄金致富。他用尿液做了大量实验，将砂、木炭、石灰等和尿混合，加热蒸馏，意外地得到了白磷。

约公元前3800年，两河流域的苏美尔人就开始将铜矿石（孔雀石）和木炭混合在一起加热，得到了金属铜。纯铜的质地较软，用它制造的工具和兵器的质量都不够好。在铜的基础上加以改进，便出现了青铜器。青铜是铜与锡的合金，与天然铜相比具有更大的硬度。青铜的出现，产生了灿烂辉煌的希腊罗马文明和商周文明。1965年冬天，在湖北省荆州市附近的望山楚墓群中出土的越王勾践剑（图1-2）就是采用青铜铸造而成，含铜量为80%～83%，含锡量为16%～17%，另外还有少量的铅和铁，可能是原料中的杂质。

图1-2　越王勾践剑

火药的发明与我国西汉时期的炼丹术有关，在炼丹的原料中就有硫磺和硝石。炼丹的方法是把硫磺和硝石放在炼丹炉中，长时间地用火炼制。唐朝初年，著名的药物学家孙思邈也曾炼过丹并著有《丹经》一书，书中提到一种"伏硫磺法"，即用硫磺二两、硝石二两、熟木炭三斤一起炒。一次又一次爆炸起火，一次又一次冒险试验，终于有人找到了恰当的比例，进一步把硝石、硫磺和木炭这三种物质混在一起，配制成黑火药，反应式如下：

$$2KNO_3 + 3C + S = K_2S + 3CO_2\uparrow + N_2\uparrow$$

黑火药发明以后就与炼丹脱离了关系，一直用于军事。

1.1.3 创建近代化学理论——探索物质结构

世界是由丰富多彩的物质构成的，物质是不是由某些最基本的物质组合而成呢？如果答案是肯定的，它们是什么？如果是否定的，如何认识这缤纷的世界？这些问题困惑着一代代的思想家，各种各样的答案都有。古希腊的泰立斯认为水是万物之母；赫拉克里特斯则认为万物是由火生成的；亚里士多德在《发生和消灭》一书中论证物质构造时，以四种"原性"作为自然界最原始的性质，它们是热、冷、干、湿，把它们成对地组合起来，便形成了四种"元素"，即火、气、水、土，然后构成了各种物质。但在实证科学产生之前，所有这些答案都是基于各自的直觉和朴素的经验产生的，所以这些理论既无高下之分也无对错之别，更不可能触及物质结构的本质。

在化学发展的历史上，英国的波义耳在研究气体运动的基础上第一次给元素下了一个明确的定义。他指出："元素是构成物质的基本，它可以与其他元素相结合，形成化合物。但是，如果把元素从化合物中分离出来以后，它便不能再被分解为任何比它更简单的东西了。"

1803 年，英国化学家道尔顿创立的原子学说进一步解答了物质由什么组成的问题。

道尔顿原子学说的主要内容有以下三点：①一切元素都是由不能再分割和不能毁灭的微粒所组成，这种微粒称为原子；②同一种元素的原子的性质和质量都相同，不同元素的原子的性质和质量不同；③一定数目的两种不同元素化合以后，便形成化合物。

原子学说成功地解释了不少化学现象。随后意大利化学家阿伏伽德罗又于 1811 年提出了分子学说，进一步补充和发展了道尔顿的原子学说。他认为，许多物质往往不是以原子的形式存在，而是以分子的形式存在，如氧气是以两个氧原子组成的氧分子，而化合物实际上都是分子。尽管由于 20 世纪高能物理和基本粒子物理的发展，波义耳和道尔顿给出的元素和原子的概念都必须重新阐释，但从此化学由宏观进入微观的层次，使化学研究建立在原子和分子水平的基础上，也限制在分子和原子的范围内。

1.1.4 现代化学的兴起

19 世纪末，物理学出现了三大发现，即 X 射线、放射性和电子。这些新发现猛烈地冲击了道尔顿关于原子不可分割的观念，从而打开了原子和原子核内部结构的大门，揭露了微观世界中更深层次的奥秘。热力学等物理学理论引入化学以后，利用化学平衡和反应速率的概念，可以判断化学反应中物质转化的方向和条件，把化学从理论上提高到一个新的水平，并应用于生产实践，以提高反应物到生成物的转化率。

在量子力学建立的基础上发展起来的化学键(分子中原子之间的结合力)理论，使人类进一步了解了分子结构与性能的关系，大大地促进了化学与材料科学的联系，为发展材料科学提供了理论依据。而化学与其他科学相互交叉、渗透，产生了很多边缘学科，如生物化学、地球化学、宇宙化学、海洋化学、大气化学等，使得生物、电子、航天、激光、地质、海洋等科学技术迅猛发展。同时，越来越多的化学知识用来分析和解决社会问题。1938 年 3 月 14 日，比利时的哈塞尔特处在 −15 ℃ 的严寒中，横跨阿尔伯运河的一座雄伟壮丽的钢桥突然间发出巨响，不到几分钟即折成几段，坠入河中。此事故的肇事者是钢铁中的磷。磷是钢的有害元素之一，能使钢产生冷脆性，使钢在常温下轧制和加工时容易断裂，尽管它能提高钢的硬度，但显著降低了钢的塑性和韧性。当今社会所面临的能源危机、粮食问题、环境污染等无一不和化学有着密切的联系。

1.2 化学的社会功能

化学自古就对人类的生活和生产产生巨大的影响，人们的衣、食、住、行、健康等离不开化学，人类生存的环境和社会的发展也离不开化学。

1.2.1 化学与人类的衣食住行

各种各样的面料大大丰富了人们的衣橱，尼龙(nylon)的出现更使纺织品的面貌焕然一新。它是合成纤维的重大突破，同时也是高分子化学的重要里程碑。我国锦州化工厂最早大量生产尼龙，故我国统称“锦纶”，主要品种是尼龙 6 和尼龙 66。尼龙 6 的原料为己内酰胺；尼龙 66 由己二酸和己二胺聚合而成，反应式如下：

$$nH_2N(CH_2)_6NH_2+nHOOC(CH_2)_4COOH \longrightarrow \left[HN(CH_2)_6NH\underset{\underset{O}{\|}}{C}(CH_2)_4\underset{\underset{O}{\|}}{C}\right]_n$$

大量用于制造服装面料和工业制品的涤纶是合成纤维中的一个重要品种，是我国聚酯纤维的商品名称。以精对苯二甲酸（PTA）或对苯二甲酸二甲酯（DMT）和乙二醇（EG）为原料，经酯化或酯交换和缩聚反应制得成纤高聚物——聚对苯二甲酸乙二醇酯（PET），经纺丝和后处理制成的纤维即涤纶。

现在被广泛应用于内衣制造的面料莱卡是杜邦公司研制成功的一种人造弹性纤维，是氨纶的一种，极富弹性且不易变形，并可掺入任何面料，为改变服装的设计款式和提高舒适度做出了重大贡献。当前，利用最新的生物技术、纳米技术和微波技术，科学家正在研究开发各种超级织物，以使未来的服装具有意想不到的功能，如防蚊虫服装、防晒服装、免清洗服装等。

要装满粮袋子，丰富菜篮子，关键之一是发展化肥和农药的生产。在 21 世纪，我们要生产的是绿色肥料和农药，要求高效，低毒，调节作物生长，抑制有害生物，对非指定目标没有负面影响，并且不会长期存留，对人类健康和生态平衡有最大的好处。加工制造色香味俱佳的食品离不开各种食品添加剂，如甜味剂、防腐剂、香料、调味剂和色素等，它们大多是用化学合成方法合成或用化学分离方法从天然产物中提取出来的。用纯碱发面制成的馒头松软可口。各种饮用酒是经粮食等原料发生一系列化学变化制得。

现代建筑所用的水泥、石灰、油漆、玻璃和塑料等材料都是化工产品。生石灰浸在水中成熟石灰，熟石灰涂在墙上干后成洁白坚硬的碳酸钙，覆盖了泥土的黄色，房子才显得整洁明亮。化学煅烧陶土，才能制成漂亮的瓷砖。

用以代步的各种现代交通工具不仅需要汽油、柴油作动力，还需要各种燃油添加剂、防冻剂以及润滑剂，这些都是石油化工产品。此外，人们需要的药品、洗涤剂、美容化妆品等日常生活必需品也都是化学制剂。含磷化合物广泛应用于纺织、造纸、农药；用黄铁矿烧制的硫酸是重要的化工原料；用“王水”检验黄金的纯度；用盐酸洗去水垢；用汽油乳化橡胶做黏合剂；用氢氟酸雕画玻璃；用泡沫灭火器灭火；用二氧化碳加压溶解制爽口的汽水；用小苏打做可口的饼干。可见人类的衣、食、住、行无不与化学有关，人人都需要用化学制品。

1.2.2 化学与人类的健康

化学对人类的健康起着至关重要的作用，一方面很多先进的医学检验技术是从化学分析技术得来，如血液检测、核磁共振等最早都是化学分析方法；另一方面，药物的发现和研制都离不开化学。例如，从19世纪开始，人们从天然药物中陆续分离出一些具有生理活性的化学物质（如从鸦片中分离出镇痛药吗啡、从颠茄中分离出抗胆碱药阿托品、从金鸡纳树的树皮中分离出抗疟药奎宁等）。而且，人类还必须不断用化学方法研制各种新药以对抗各种棘手的疾病，如癌症、艾滋病甚至“非典”等。

1.2.3 环境问题与化学化工

传统化学工业对环境的污染非常严重，但直到20世纪后期人们才意识到，然而恰恰是利用化学才从污染治理的角度初步解决了问题。人们通过化学了解大气、土壤、湖泊、海洋等复杂而又相互作用的世界，从各个层面上研究物质与环境的相互作用，对化工产品在生态系统中的分布状况和作用做出实际可靠的评价，为制定各种生态环境保护政策提供了科学依据。

1.2.4 化学与能源问题

能源和环境是人类目前面临的两大问题。当今地球负载人口过多，发展不太合理，在过去的工业化进程中，许多宝贵资源被过度消耗，大量污染物质直接排放到自然环境中，致使人类赖以生存的环境受到严重威胁。目前，化石燃料是人类生产生活的主要能源。随着全球能源消耗量的增长和不科学使用，化石燃料等不可再生能源日益枯竭，也对环境产生严重影响。这就迫切要求人们开发氢能、核能、风能、地热能、太阳能和潮汐能等新能源。这些能源的利用与开发不但可以部分解决化石能源面临耗尽的危机，还可以减少环境污染。人类的这个危机必须利用化学化工技术解决，这也是对化学家的挑战。

1.2.5 化学与保健

人类保健和化学化工的密切联系最直接的体现是人们日常生活中需要的化学品。随着物质生活水平的日益提高，洗涤用品和化妆用品发展十分迅速。维护生态平衡，节约能源是未来洗涤工业发展的方向。化妆品将向天然性、生物性、疗效性和功能性方向发展。绿色化设计、绿色化技术和绿色化生产工艺是化学日用品生产企业的发展方向，并已经取得了巨大的技术突破。

1.2.6 化学与新材料

几乎所有的领域都对特殊功能的材料有强烈的需求。因此新型功能材料的设计与合成是化学化工的核心研究领域，有用途的新物质的创制是化学化工研究永恒的主题，它不仅可以带动整个学科的发展，还可以使人类彻底摆脱对自然资源和环境的依赖。人们可在不同时间和空间尺度上研究物质形成与转化过程中的化学本质和规律、预测新材料的生态影响，用于新物质分子的创造，最终设计出高效、环保和低能耗的生产工艺。原料经济、绿色合成已经是新时期合成化学与化工发展的重要内涵。

1.2.7 化学与安全

安全工程中的化学化工问题小到日常饮食检测、大到国防工业，涉及合成、分析、环境和材料等化学领域。借助于绿色化学的理论、实践和安全的密切关系，采用环境友好的技术和绿色工艺，将使化学化工过程的危险性大大降低甚至为零。开发无公害食品和绿色食品，采用绿色原料，改进安全的化工生产过程；开发绿色涂料，减少对人身的危害，增加消防安全系数；选择 N、H、O 元素含量高的无公害物质作原料制造高能炸药，改善工人工作环境，还可以巩固国防。总之，绿色化学化工技术以及化工产品对维护国家和人民的安全具有重要意义。

但是不能以偏概全，仅仅看到化学带来的利益。和其他任何事物一样，化学也有两面性。当我们理性地、一分为二地看待化学时，不难发现它的危害性。例如，DDT[2,2-二(4-氯苯基)-1,1,1-三氯乙烷，一种农药]的使用，开始它以方便快捷、造价低廉等优点得到了广泛普及，但是后来发现 DDT 在环境中非常难降解，导致秃鹰、鹗和鹈鹕等鸟类的数量下降。因此绿色化学是 21 世纪化学发展的主题。

趣味阅读

一、著名化学家简介

1. 诺贝尔(1833—1896)

诺贝尔是瑞典化学家，在炸药方面取得了巨大的成就，此外还在应用化学上有很多发明，共得到 355 项专利权。诺贝尔临终前在遗嘱中决定把价值三千三百多万瑞典克朗的财产一小部分留给亲友，大部分留作基金，用每年的利息作为奖金，授给在科学、文学与和平事业上有成就的人。诺贝尔奖金成了国际上有影响的荣誉之一，对全世界的科学文化事业产生了深刻的影响。

1901 年在瑞典成立了诺贝尔奖基金会，从物理、化学、生理学或医学、和平等几方面进行评选(1968 年后增加了经济学奖金)，其奖金金额达数万美元(后来达十几万美元)。瑞典皇家科学院负责评定物理奖、化学奖和经济奖；瑞典文学院负责评定文学奖；斯德哥尔摩卡罗琳医学院负责评定生理学或医学奖；挪威议会负责评定和平奖。诺贝尔科学奖金由诺贝尔生前规定，只授予物理学、化学、生理学或医学三方面在“前一年中做出的有重要贡献的发现、发明或改进”的科学家。诺贝尔科学奖金规定每项不能分为三份以上，这也许是为了保持该奖金所希望的荣誉和资金价值的水平。诺贝尔科学奖金也不准发给已故的科学家。

诺贝尔奖金在评选过程中不考虑国籍问题。提名由两方面人士推荐：①拥有永久提名权的人，他们是瑞典科学院院士、卡罗琳医学院教授、八个斯堪的那维亚大学的有关科学教授，以及过去诺贝尔奖金的获奖者；②被邀请的提名人，现在每项奖金都邀请一千多名科学家提名。在评选过程中，章程规定成立三个委员会，每个委员会由五位科学家组成，委员任期 3～5 年，由瑞典科学院选出物理、化学方面的委员；卡罗琳医学院选出生理学和医学方面的委员。他们负责征求提名、调查候选人情况和选出获奖人。遴选出的名单要在指定日期内交给瑞典科学院和卡罗琳医学院的教授会，经过无记名投票及正式批准后方成为该年的诺贝尔奖金获得者。

每年 12 月 10 日（诺贝尔逝世纪念日），在斯德哥尔摩音乐大厅举行隆重的仪式，由瑞典国王把奖状和奖章授给本年度各方面的获奖者。然后获奖者用本国语言发表演说，这就是举世闻名的诺贝尔奖金授奖仪式。

2. 居里夫人（1867—1934）

居里夫人是物理学家、化学家。居里夫人姓斯科罗多夫斯卡（Sklodowska），是华沙大学斯科罗多夫斯基博士的女儿，生于 1867 年 11 月 7 日。她早年即在其父实验室中受科学的熏陶。居里夫人的爱国热情很高，曾在波兰加入爱国的秘密组织、创办夜校等。后来到巴黎留学，住在一间简陋的六层楼小屋里。她和皮埃尔·居里于 1895 年结婚，并共同对贝克勒尔发现的放射现象进行研究，决心探索奥秘。经反复试验，从沥青铀矿中发现了钋。1902 年又从数吨沥青铀矿中提炼出了微量的氯化镭，并测出了镭的相对原子质量是 225。由于这一发现，居里夫人获得了诺贝尔奖。1906 年皮埃尔不幸逝世后，她继续研究放射性并取得巨大成就，建立了放射化学。她不要发现镭的专利权，并在镭研究所为部队医院的护理员开设课程，教他们如何使用 X 射线这项新技术。女儿伊伦·居里和女婿约里奥-居里也都是著名的核物理和放射学家。居里夫人主要著作有《放射性通论》、《放射性物质的研究》等。她于1911年再次获诺贝尔奖。她也是法国科学院第一位女院士。

3. 门捷列夫(1834—1907)

门捷列夫1834年生于俄国西伯利亚托博尔斯克。父亲是高级中学校长，祖父是西伯利亚第一家报纸的出版者。门捷列夫小时候曾受一位政治流放者的影响，热爱自然科学。中学毕业时成绩是全班第一名。1847年，门捷列夫的父亲去世，母亲为了他的学习，带他到莫斯科和彼得堡，1850年进入彼得堡师范学院学习。1856年6月，他委托好友门舒特金在俄罗斯化学会上宣读《元素属性和原子量的关系》的论文，阐述了元素周期律的论点。这是门捷列夫最重要的贡献，至今我们还在应用元素周期律。当时他还列出了第一张元素周期表，并预见了一些尚未发现的元素。

1869～1871年门捷列夫写成《化学原理》一书。1887年提出溶液水化理论，并研究气体和液体的体积与温度和压力的关系。1888年他首先提出煤地下气化的主张。

1890年门捷列夫因同情学生运动而辞职，为此没能选为俄国科学院院士。

二、化学史大事年表

时　间	事　件
约50万年前	“北京猿人”已会用火
公元前8000～公元前6000年	中国人(新石器时代)开始制陶器
约公元前3000年	埃及人已用采集的金银制作饰品
约公元前2000年	中国人已会铸铜
约公元前17世纪	中国人已开始冶铸青铜
公元前1400年	小亚细亚的赫梯人已会冶铁
约公元前1200年	中国商代已使用锡、铅、汞
公元前10世纪	埃及人已会制作玻璃器具

续表

时　间	事　件
公元前 6 世纪	中国发明了冶炼生铁
公元前 5 世纪	中国《墨子・经下》提出物质的最小单位是“端”的观点
公元前 4 世纪	古希腊人德谟克利特提出朴素的原子论，古希腊人亚里士多德提出“四元素”学说
公元前 3 世纪	中国发展起块铁渗碳的制钢技术
公元前 2 世纪	中国西汉已有用胆水制铜的记载
公元前 140～公元前 87 年	中国发明了造纸术
公元前 1 世纪～公元 1 世纪	中国《木草经》成书
2 世纪	中国魏伯阳的《周易参同契》成书，这是世界上最早的一部有关炼丹术的著作
7～8 世纪	中国唐代初年孔思邈著作中的“伏硫磺法”篇里最早记有火药的三种成分
10 世纪	中国宋代把火药用于制造火药箭、火球等武器
13 世纪	中国火药传入阿拉伯
1596 年	明李时珍《本草纲目》成书，书中记载药物 1892 种
16 世纪	中国明代已用锌制造黄铜
17 世纪	炼金士勒费尔和药剂师勒梅里用钟罩法制得硫酸
1637 年	明宋应星《天工开物》问世，书中详细记载了炼锌技术
1661 年	英国人波义耳在《怀疑派化学家》一书中给元素下了科学的定义
1703 年	德国人斯塔尔把燃素说系统化
1771 年	瑞典人舍勒、普利斯特里等发现氧气
1772 年	法国人拉瓦锡确定质量守恒定律，开辟了化学新纪元

续表

时间	事件
1777 年	拉瓦锡发表《燃烧概论》，推翻了燃素说
1799 年	普罗斯提出定比定律
1800 年	伏特发明电池
1802 年	法国人费歇列出第一个酸碱当量表
1803 年	英国人道尔顿提出原子论
1804 年	道尔顿提出倍比定律
1807 年	英国人戴维首次用电解熔盐的方法制得金属钾和钠
1808 年	法国人盖·吕萨克提出气体反应体积定律
1810 年	戴维确定氯是种元素
1811 年	意大利人阿伏伽德罗提出分子学说
1814 年	瑞典人贝采里乌斯提出化学符号和化学方程式的书写规则
1828 年	德国人维勒用无机物氰酸铵制出尿素
1834 年	英国人法拉第提出电解定律
1852 年	英国人弗兰克兰提出原子价的初步概念
1857 年	德国人凯库勒指出碳是四价
1860 年	分子说得到世界公认
1861 年	俄国人布特列洛夫提出并论述了化学结构学
1864 年	挪威人古德贝格和瓦格发展和确立了质量作用定律
1865 年	德国人凯库勒提出苯的结构式
1867 年	瑞典人诺贝尔制成用硅藻土吸收硝酸甘油的炸药
1869 年	俄国人门捷列夫提出了他的第一张元素周期表
1874 年	荷兰人范特霍夫和法国人勒贝尔各自提出碳原子的正四面体理论

续表

时 间	事 件
1887 年	瑞典人阿伦尼乌斯提出了电离学说
1888 年	法国人勒夏特列提出了勒夏特列原理
1893 年	瑞士人维尔纳提出了络合物的配位理论
1895 年	德国人奥斯特瓦尔德提出催化剂概念
1898 年	法国人居里夫妇发现钍有放射性并发现钋
1906 年	俄国人茨维特发明色层分析法
1911 年	英国人卢瑟福提出原子核模型(因其在研究元素核衰变和原子结构方面的成就荣获 1908 年诺贝尔化学奖)
1913 年	丹麦人玻尔根据量子理论提出原子结构模型
1934 年	法国人约里奥-居里夫妇发现人工放射性(荣获 1935 年诺贝尔化学奖)
1942 年	中国人侯德榜发明了联合制碱法
1944 年	美国人西博格人工合成超铀元素
1952 年	美国人欧格尔提出配位场理论
1961 年	改用碳-12 为原子量的标准
1962 年	加拿大人巴特来合成第一种稀有气体化合物($XePtF_6$)
1965 年	中国科学家合成出牛胰岛素，这是首次人工合成蛋白质
1969～1974 年	美国人乔索等合成 104、105、106 号元素
1981 年	中国科学家首次人工合成核糖核酸
1995 年	荷兰、美国等科研工作者阐述臭氧层破坏的化学机理
1996 年	英、美化学家发现 C_{60}，从而开始“富勒烯”化学的研究
2000 年	美、日化学家开发了具有导电性的聚合材料

续表

时　间	事　件
19 世纪	荷兰人范德华首先研究了分子间作用力
19 世纪	英国人丁铎尔和布朗分别提出了胶体的“丁铎尔现象”和“布朗运动”
20 世纪	奥地利人泡利和德国人洪德分别提出了核外电子排布的“泡利不相容原理”和“洪德规则”
20 世纪	美国人鲍林提出并发展了共价键理论，包括杂化轨道理论、价层电子对互斥理论、分子轨道理论等

思考题

1. 查资料后评述道尔顿原子论在化学发展中所起的作用。
2. 简要说明化学在社会中的重要作用。

第2章

化学与健康

世界卫生组织(WHO)发布的《2014年世界卫生统计》指出,在全球范围内,随着生活水平的提高以及对疾病的有效控制,人们普遍比以前活得更久、更健康。报告显示,在过去20年,全世界人类的平均预期寿命延长了6年。在中低收入国家,预期寿命延长的幅度要比高收入国家更大,为9年。促使人类寿命增长的原因是什么呢?人类生活质量的提高和医疗条件的改善可能是其中最主要的两个原因,而这两者都与化学紧密相关。首先,化学研究给人类提供了预防、治疗和诊断各种疾病的有效方法和技术,以分析化学为基础的临床化验大大提高了疾病诊断的准确性,而涉及很多化学过程的X射线和核磁共振技术为尽早、准确地诊断疾病提供了依据;化学家发明了各种类型的化学药物,使过去危害人类健康的常见病、多发病得到有效控制;化学合成的杀虫剂减少了虫源性疾病对人类的困扰。其次,化学知识帮助人们认识了食品的营养物质成分;基于分析化学方法和技术的食品分析和食品检验保证了食品的质量;化学家合成的各种食品色素、香精、甜味剂和营养增强剂大大提高了食品的利用价值;而食品防腐剂、抗氧化剂等化学品改变了食品的存储方式,延长了食品的存储时间。化学为人类健康做出了巨大的贡献。但另一方面,人工合成药物和天然药物的滥用以及人类活动形成的有毒物质等进入人体后也对人类的健康和生命安全造成严重的威胁。在这里我们必须避免陷入唯科学论的泥潭,认为化学(或自然科学)可以解决一切问题;也要避免陷入化学是万恶之源的反科学论,认为环境的污染和破坏、人类疾病的产生和蔓延都是由化学带来的。

2.1 人体的组成元素与健康

对于地球上已知的大约200万种生物来说,尽管其个体的大小、形态、结构和生理功能各异，但生命活动都有共同的物质基础。这些物质主要是指组成生物体的化学元素和化合物。一般来说，每种生命体的组成元素都类似，除碳、氮等常规元素外的其他元素含量接近于海水中这些元素的含量。这一直被认为是生命起源于大海的证据，不过现在有观点认为生命更可能起源于海岸边上的滩涂之地。因为在滩涂之地温度较高，化合物的浓度容易在蒸发作用下提高，同时滩涂的黏土是优良的催化剂。这样小分子比在寒冷的大海中更容易缩合成大分子，进而形成膜覆盖的微小囊体。当这些囊体进化出具有新陈代谢和自我复制的功能时，生命就出现了。生命体选择什么样的元素和化合物为其组成也是长期进化的结果，即只有选择了这些物质的生命体才显示出对选择当时及后来环境的适应性。一个极端的例子就是今天我们和大多数生命都离不开的氧气。在原始生命出现时，地球上的原始大气中是没有这种物质的，至少含量很低，这些生命是通过厌氧发酵获得生命运转的能量。当大气的组成发生变化时，大量的氧气产生，这些氧气对原始生命是致命的“毒剂”。大部分原始生命被消灭，幸存者经过漫长的进化，出现了地球上今天这种状况，我们再也离不开氧气这种最初的“有毒”气体了。环境问题的本质也就是生命体对环境变化的适应性赶不上环境变化的速度，即进化的速度落后于后者。第二个例子是关于钙，钙是人体必需的元素，而且含量相当高，是骨骼、牙齿的主要成分之一。但是人类对钙的适应性还不高，即进化的程度不高。如果人体钙过量会带来严重的健康问题，如白内障、结石等。

2.1.1 人体中的化学元素

存在于生物体内的各种元素来源于饮食、水、空气和药物等，生物体内有哪些组成元素呢？目前，自然界中大约有92种元素，在人体中已发现了81种，未能找到的只有5种稀有气体元素、5种放射性元素及镧系元素中的铒元素。生物体像是一座蕴含着各种金属和非金属元素的“矿藏”，这些元素组成维持生命活动的各种部件。根据这些元素对生命体的意义，将其分为四大类：①生命元素（或称为必需元素），包括碳(C)、氢(H)、氧(O)、氮(N)、硫(S)、磷(P)、钙(Ca)、钾(K)、钠(Na，植物不需要)、氯(Cl)、镁(Mg)、铁(Fe)、铜(Cu)、锌(Zn)、锰(Mn)、钼(Mo)、钴(Co)、铬(Cr)、钒(V)、镍(Ni)、锡(Sn)、氟(F)、碘(I)、硼(B，动物不需要)、硅(Si)、硒(Se)；②污染元素，包括镉(Cd)、汞(Hg)、铅(Pb)；③中性元素，包括锶(Sr)、铝(Al)；④争议元素，包括镉(Cd)、铅(Pb)。

中性元素 Sr、Al 可以在生物体内检测到，但其功能不详。尽管有人认为人类的老年性痴呆症的发病与摄入过多的铝及铝沉积有关，但缺乏最终的证据。争议元素 Cd、Pb 一般认为是污染元素，但 1977 年后，有人认为其极少量时对人体是有益的。

1. 生命元素

对生命元素做出分类的标准是什么呢？我们先来看看生命元素的特点：首先，存在于生物体或人体的正常组织中；其次，具有一定的浓度范围；最后，若排除的话可引起生理或结构的变态，发生病变，不能正常发育或健康下降，甚至死亡。

确定某一种元素是否必需的方法非常简单，即人为地造成该元素缺乏，根据其所造成的后果（是否病变、健康状况、体形变化等）确定其是否必需。当然这种实验是从小白鼠开始的。

生命元素对于生物体而言并非越多越好，存在一个最适范围，即机体最健康的范围。图 2－1 中的实线表示生命元素的含量对机体健康状况的影响：$A \sim B$，该元素在机体的含量由 0 逐渐增大，机体的健康程度也逐步增加；$B \sim C$ 是该元素在机体的最适含量范围，即这时机体处于最健康的状态；如果该元素在体内的含量继续增加，则机体的健康状况开始下降（$C \sim D$）；当经过某个值 D 之后，机体的健康程度又随着其浓度的增加而增加，这时该元素开始以药物的形式起作用；$E \sim F$ 是该元素作为药物在机体的最适含量范围；当其浓度高于 F 时，对机体只有有害作用，即药物过量，严重时导致死亡。例如，硒是重要的生命必需元素，成人每天摄取量以 100 μg 左右为宜，若长期低于 50 μg 可能引起癌症、心肌损害等；若过量摄入，又可能造成腹泻、神经官能症及缺铁性贫血等中毒反应，甚至死亡。

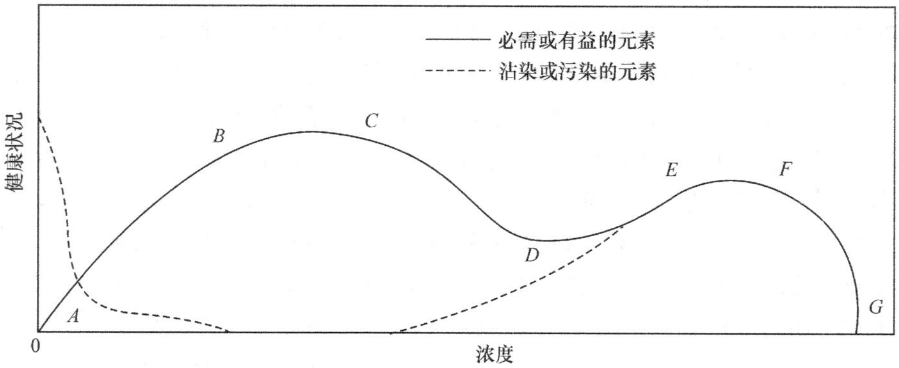

图 2－1　健康状况与体内任一元素浓度的生物效应关系示意图

其次，生命元素只有在一定的形态下才是生命体必需的。最简单的例子是碳和氮，这是组成生命体最主要也是含量最高的几种元素中的两种，是氨基酸、蛋白质、维生素、核酸等生命物质中的主要元素。但这两种元素组成的氰根(CN^-)对生命体是剧毒的，毫克级的量就可以杀死一个成年人，我们接触的大量生物毒素中也少不了这两种元素。另外，对于许多微量的金属元素，只有一定的价态才是必需的。例如，金属铬，葡萄糖的代谢必须有 Cr(Ⅲ)的参与，而 Cr(Ⅵ)则有强烈的致癌作用。Cr(Ⅵ)化合物广泛应用于制革和电镀工业。

尽管是生命必需元素，但一般情况下，人体通过食物和饮水即可获得，除非地方性缺乏或病变，否则一般不需要人为补充。由图 2-1 也可以看到，过量的生命元素会对机体造成损害。其次，人为的补充某种生命物质，从化学平衡的角度讲，会抑制机体产生这种物质的功能。与乱补相反，我们也不鼓励完全的纯化食品、纯化水，因为有可能导致微量元素人为缺乏的文明病。

生命体内的必需元素不是独立存在和各自为政的，至少表现出两种明显的相互作用(图 2-2)：一是拮抗作用，两种或两种以上的元素之间相互降低机体对对方的吸收，抑制对方生理机能的发挥，如硒对一些有毒元素(如镉、汞、砷、铊等)有拮抗作用；二是协同作用，两种或两种以上的元素之间相互提高机体对对方的吸收，促进对方生理机能的发挥，如铜能调节体内铁的吸收。这两种作用正好相反，因此在必要的情况下调节食物结构和补充微量元素是十分重要的。

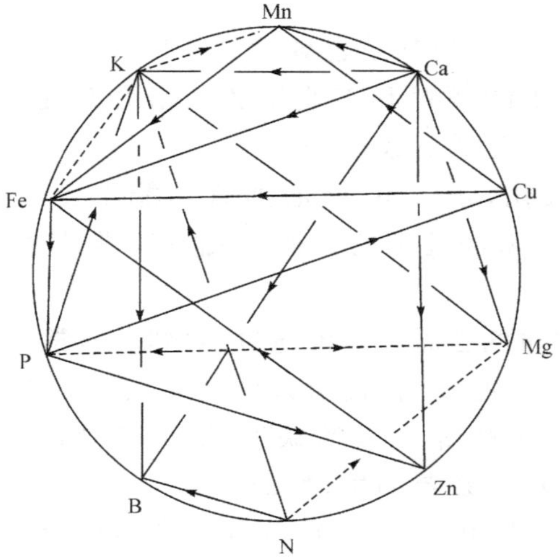

图 2-2　植物养料间的相互作用

实线：协同作用；虚线：拮抗作用

2. 污染元素

从进化和适应性的角度讲，非生命必需元素或化合物进入人体或其他生命机体都会对这些生命体产生不利影响，都是污染元素或污染物，特别是生命在进化过程中没有利用的一些天然元素、人工合成的放射性元素和人工合成的大量有机化合物。从这个意义上讲，人体中发现的81种元素中，除了25种生命元素外都是污染元素，当然这也可能是我们没有认识到部分元素在体内的功能。但我们一般所说的污染元素主要指人们在日常生活或工作中经常可接触到的一些重金属，特别是汞、铅和镉。而且这几个元素在历史上都对人类健康造成过巨大的伤害。从图2-1虚线可以看到，这些污染元素的极少存在就会对机体造成巨大的伤害，但在一定条件下，它们也可作为药物使用，如二价镉离子可有效地抑制病毒宿主细胞的侵入。

从这三种金属的性质看，它们都属于化学上易极化的软金属，非常容易与蛋白质中含硫的基团结合而形成强烈的酶抑制剂，从而破坏机体的功能。

汞俗名水银，在室温下是一种液态金属，具有挥发性。汞的各种存在价态都会损伤人类的肠、肾、脑。汞蒸气会通过呼吸摄入，通过脑血管进入大脑后被氧化成剧毒离子态，对大脑造成不可修复的脑损伤，导致智力水平下降，甚至发疯或痴呆，严重的导致死亡。当汞进入湖泊、池塘等死水体系时，会在水底微生物的作用下形成毒性更大的烷基汞，如 $RHgCl$、R_2Hg。

铅会与蛋白质中的巯基结合导致其变性。其污染源主要来自汽油中的添加剂、玩具中的颜料和工业排放。铅会对儿童造成不可修复的脑损伤，导致智力发育低下或迟缓。

镉会导致肾损伤，肠胃不适，心血管功能不良，并致癌。锌矿中一般含有0.5%的镉，未经处理的锌矿及相关工业废水、不纯的锌镀物都会造成镉中毒。

污染金属或过量的必需金属可通过药物除去，常见的药物见表2-1。从表中可以看到，一种药物往往可以同时除去几种金属，这样常在除去有害金属的同时造成生命元素的缺失，所以药物的使用必须在医嘱的条件下使用，同时补充必要的生命元素。

从含量上看，生物体内的元素可分为含量较高的常量元素和含量较低的微量元素（表2-2）。常量元素包括碳（C）、氢（H）、氧（O）、氮（N）、硫（S）、磷（P）、钙（Ca）、钾（K）、钠（Na，植物不需要）、氯（Cl）和镁

(Mg),其中 C、H、O、N 四种元素占人体质量的 96.6%,是构成人体蛋白质、糖类、脂肪、水、核酸等的主要成分。微量元素指在人体中含量低于 0.01%的元素,共 14 种,包括铁(Fe)、铜(Cu)、锌(Zn)、锰(Mn)、钼(Mo)、钴(Co)、铬(Cr)、碘(I)、硒(Se)、氟(F)、钒(V)、硅(Si)、镍(Ni)、锡(Sn),其中 10 种为金属元素。

表 2-1 治疗金属过剩及除去污染金属的配体药物

待除金属	Ca	Cu	Fe	Co, Zn	Cd, As, Hg	Pb
药物	EDTA	Na_2[CaEDTA] D-青霉胺	Na_2[CaEDTA] 去铁敏	Na_2[CaEDTA]	BAL (二巯基丙醇)	Na_2[CaEDTA] D-青霉胺

表 2-2 一个体重 70 kg 的人的平均元素组成(g)

主族非金属	H	C	N	O	P	S	Cl	I
	6 580	12 590	1 815	43 550	680	100	115	<1
过渡金属	Mn	Fe	Co	Cu	Zn	Mo	Ni	
	<1	6	<1	<1	1~2	<1	<1	
主族金属	Na	K	Ca	Mg				
	70	250	42	1 700				

2.1.2 人体中的常量元素

1. 碳、氢、氧、氮、硫、磷

尽管这 6 种常量元素占据了机体的大部分,但单独讨论它们在机体中的作用没有任何意义,主要原因是这 6 种元素在机体内不是独立存在的,而是组成各种各样的生命小分子和大分子在起作用。所以只能根据它们在机体内的功能来讨论其存在形式、所形成的化合物或组织的结构及代谢过程,将在第 4 章中讨论。获得这几种元素的途径除了氧可以通过呼吸作用以氧气的形式摄入外,其他 5 种元素只能通过食物获得。豆类植物和一些细菌可以通过固氮酶的作用直接利用空气中的氮气,但人类和动物却不可以,也不能直接利用二氧化碳,植物可通过光合作用利用二氧化碳。

碳除了组成生物分子外,在体内还以二氧化碳及其溶于体液所形成的酸——碳酸(H_2CO_3)的形式存在。二氧化碳是代谢过程中机体氧化营养物质所产生的废物,随着呼吸作用排出体外。但细胞外液的酸碱度主要通过这种“废物”与其电离产物碳酸氢根形成的缓冲体系来维持：

$$H_2CO_3 \rightleftharpoons HCO_3^- + H^+$$

氢和氧除了与其他元素一起参与生命分子的形成外，在生命体内最主要的存在形式是水。水是生命体的重要组成部分，可以稀释血液浓度，保持体液的酸碱度，参与体内各种水解反应，并且是体内新陈代谢、物质交换和生命过程中的必需介质。

磷元素是生命遗传物质DNA（脱氧核糖核酸）和RNA（核糖核酸）的重要组成部分，也是能量物质ATP（三磷酸腺苷）的重要组成部分（图2-3），是生命呼吸过程中最终的能量提供者。

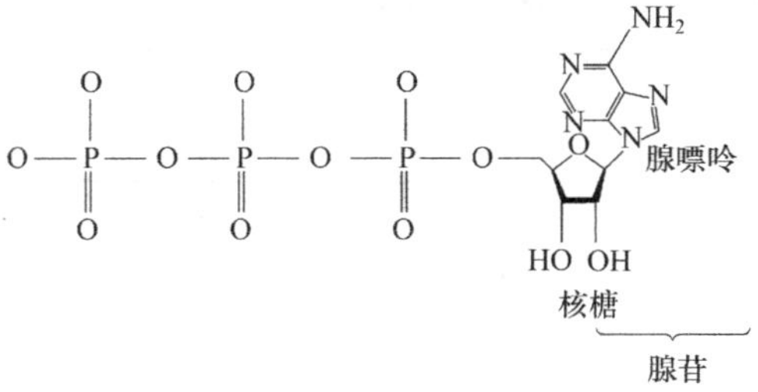

图 2-3 ATP（三磷酸腺苷）的结构式

磷元素在体内也有以无机物存在的形式，一是组成人体骨骼、牙齿、指甲等的无机盐羟磷灰石[$3Ca_3(PO_4)_2 \cdot Ca(OH)_2$]；二是ATP在酶的作用下提供能量后的副产物之一——磷酸二氢根（$H_2PO_4^-$）。后者通过与其电离产物磷酸氢根形成的缓冲体系维持细胞内液的酸碱平衡：

$$H_2PO_4^- \rightleftharpoons HPO_4^{2-} + H^+$$

人体的指甲、头发、皮肤、内脏器官、结缔软组织等都含有丰富的硫化合物，构成肌肉组织的蛋白质中更是富含硫化物，也就是说没有硫元素，就不可能有生命现象。存在人体中的硫元素有85%以甲基磺酰甲烷（MSM）结构形式存在，有别于一般可能引发过敏反应的无机硫化物（如二氧化硫）。MSM是天然有机硫质，存在于自然界的每一种生物之中，是人体不可缺少的营养成分，是人体内含量最多的矿物质之一。硫通常存在于各种新鲜的食物中，如蔬菜、水果、肉类、鱼类、牛奶中都有MSM的存在。在自然界中，可以从海洋中得到MSM，它是一种纯白的粉末。虽然新鲜水果、蔬菜、奶类食品和肉类含MSM较多，但是由于它的挥发性很强，且溶于水，所以食物经过储存、清洗、加热、蒸熟、脱水或烘干以及其他加工处理过程后，MSM将流失殆尽，我们难以从食物中获得足够的 MSM。

与硫元素一样，人体内的氮元素的有益存在方式也是结合在机体中，无机氮在体内有代谢产生的尿素，但必须将其排出体外，否则会引发尿毒症。

2. 钙、钾、钠、氯和镁

尽管这 5 种元素在机体内大量存在，也属于常量元素，但与上述 6 种元素不同，这些元素在体内主要以水合离子的形式存在，即使与其他生物分子结合在一体，也是以比共价键容易解离的弱的配位键或离子键结合，所以分别阐述。

钾离子可以调节细胞内适宜的渗透压和体液的酸碱平衡，参与细胞内糖和蛋白质的代谢，有助于维持神经健康、心跳规律正常，可以预防中风，并协助肌肉正常收缩。在摄入高钠而导致高血压时，钾具有降血压作用。

人体缺乏钾可引起心跳不规律和加速、心电图异常、肌肉衰弱和烦躁，最后导致心跳停止。一般而言，身体健康的人会自动将多余的钾排出体外。但肾病患者要特别留意，避免摄取过量的钾。

成人对钾的每日摄取量为 2000 mg。婴、幼儿对钾的最低日需要量为 90 mg。在乳制品、水果、蔬菜、瘦肉、内脏、香蕉、葡萄干中都含有丰富的钾。

夏季，城市很多人出门都习惯于带一瓶纯净水；而在农村，人们外出劳动时喜欢喝的却是茶水。虽然两者都能补充因大量出汗而丢失的水分，但是它们的作用却不尽相同。饮茶不仅能解渴，而且能消除疲乏。为什么饮茶能消除疲乏呢？原因是夏季人体容易缺钾，缺钾会使人感到倦怠疲乏，而茶叶中刚好含有丰富的钾。

与钾离子相反，钠离子在细胞外的浓度要高于细胞内，是血液中的主要平衡阳离子。钠离子还是构成人体体液的重要成分。人的心脏跳动离不开体液，所以成人每天需摄入一定量的钠离子，同时经汗液、尿液又排出部分钠离子，以维持体内钠离子的含量基本不变。这就是人出汗或动手术后需补充一定量食盐水的原因。由于植物体内不含钠离子，所以在烹饪过程中一定要加入食盐，一方面是为了调味，更主要的原因是为了补充人体必需的钠离子。

体液中钠离子过多，易使血压升高，也易使心脏的负担加重。因此，心脏病、高血压患者忌食过多的食盐（NaCl）。若体液内钠离子过少，则血液中钾的含量就会升高（血钾高），升高到一定程度后，也会影响心脏的跳动。

体内钠元素对肾也有影响。肾炎患者体内的钠离子不易排出，如果再过多地摄入钠离子，患者病情就可能加重，因此，肾炎患者应适当地少摄入食盐。

氯离子与钾离子和钠离子结合，能保持体液和电解质的平衡。人体中氯元素浓度最高的地方是脑脊髓液和胃中的消化液。氯元素主要的饮食来源是食盐（氯化钠）。

若摄入的食盐不足，体内的氯元素水平就会下降。若通过饮食摄入的氯元素太少，肾脏能对氯元素进行再吸收，因此氯元素不足的情况较为罕见。但大量出汗、腹泻和呕吐会使人体失去大量氯元素。氯一般存在于细胞内外，有合成胃酸、调节渗透压以及维持酸碱平衡的作用。氯的摄取和钠是分不开的，合理食用食盐即可。

人体中所含的钙绝大部分都集中在骨骼及牙齿中，以无机盐羟磷灰石的形式存在，此外还有以水合离子存在的游离钙，其作用与钠离子、钾离子类似，还有与蛋白质结合形成的钙结合蛋白和钙调蛋白。

缺钙易造成骨疼、背疼、骨折等后果。骨骼不仅是人体的重要支柱，而且在钙的代谢及维持钙的内循环稳定方面有重要作用。此外，软组织、细胞外液及血液中也含有一定量的钙离子，如果血液中没有钙离子，皮肤划破了血液便不易凝结。钙是人体必需元素，缺钙的主要症状是过敏、肌肉抽搐、痉挛，缺钙会引起高血压，造成动脉硬化，甚至会促成肠癌的发生。因此，人体必须每日摄入足量的钙，才能保证正常的生长发育及新陈代谢。人体内钙的来源主要靠饮食，深绿色的蔬菜、小鱼小虾、豆类、骨粉中含钙较多，奶及奶制品中的钙吸收率高。但是，食物中的某些成分（如菠菜中的草酸、谷类食物中的植酸等）都能与钙结合成不溶性盐，从而使钙不能被人体吸收。要保证钙的吸收，食物中必须有充足的维生素 D，同时要常晒太阳。是不是钙的含量越多越好呢？不是。血液和体液中钙的含量是一定的，多了会使人产生结石，以及骨骼变粗等。

镁离子在人体内大部分存在于骨骼和牙齿中，自由镁离子或与蛋白质、核酸结合的镁离子含量不高，是构成人体内多种酶的重要辅助因子。缺乏镁元素会导致精神疲惫、面黄肌瘦、皮肤粗糙，甚至情绪不稳定，面部、四肢肌肉颤抖。少女一旦出现上述症状，就应当检查一下镁元素是否正常。如果镁元素缺乏或偏低，则可适当服用具有补镁作用的药物。据研究，无花果、香蕉、杏仁、冬瓜子、玉米、红薯、黄瓜、珍珠粉、蘑菇、柿子、黄豆、紫菜、橘子等含有丰富的镁元素。另外，镁离子的存在会抑制黄曲霉菌的产生，黄曲霉素是自然界最强的致癌物之一，广泛存在于发霉的玉米和花生中。波兰有些地区由于土壤中缺少镁离子，导致当地由于黄曲霉素引发的癌症发病率极高，当在土壤中补充含镁的化合物后，当地的癌症发病率很快降到了正常范围。

2.1.3 人体中的微量元素

人体中含量低于0.01%的元素共14种，包括氟、碘、铁、铜、锌、锰、钴、钼、硒、锡、铬、硅、镍、钒，其中10种为金属元素。这些元素尽管含量低微，但它们与各种特定的生物分子结合，维持各种生物功能的正常运转，保证了生命体的存活。

1. 铁

铁是微量元素中含量最高的元素，正常成人体内铁的总量为2～4 g，男子约50 mg/kg，女子约35 mg/kg，其中2/3～4/5为血红蛋白铁，其余均为储存铁。

铁是人体许多生理过程中不可缺少的物质，也是血红蛋白的核心部分。铁与原卟啉结合成血红素，血红素与珠蛋白结合成血红蛋白和肌红蛋白及细胞中许多有重要功能的酶。血红蛋白和肌红蛋白分别是血液和肌肉输送氧气的载体蛋白。其他如细胞色素C、细胞色素氧化酶、细胞色素还原酶、过氧化物酶、过氧化氢酶、还原型烟酰胺腺嘌呤二核苷酸(NADH)脱氢酶等均含有与蛋白质结合的铁。

正常情况下，人体内的铁主要来自食物。食物中铁含量较高的有黑木耳、海带、发菜、紫菜、香菇、猪肝等，其次为豆类、肉类、血、蛋等。人体对各种食物中铁的吸收量是不同的。从动物的肝脏、肌肉、血和黄豆等中能被吸收的铁可达15%～20%，而从谷物、蔬菜或水果中则只能吸收1.7%～7.9%。用铁锅做饭菜也能得到相当量的无机铁。人体从食物中补充的铁只有极小的一部分，而大部分来自红细胞被破坏后，从血红蛋白中分解出来的铁的重新再利用，胎儿体内需要的铁全部来自母体。在病理情况下，铁可以通过药物性铁或输血获得。

铁在体内吸收的机理较为复杂。一般认为，整个肠道对简单的铁化合物均能吸收，但以十二指肠的吸收能力最强。人体对铁的排泄是相当稳定的，因此人体不是通过排泄而是依靠吸收来调节体内铁的平衡。体内缺铁时，铁的吸收增多，缺氧、贫血、红细胞生成加速均促进铁的吸收增加；而体内铁过多时，铁的吸收自动减少。

从肠道吸收进入血浆的铁，或从红细胞破坏释放出来的铁，在血浆铜蓝蛋白的催化下变成 Fe^{3+}，才能与血浆转铁蛋白结合，然后被输送至骨髓中幼红细胞或其他需铁组织。细胞摄铁机制如图 2－4 所示。正常情况下，血浆中的转铁蛋白仅有约 1/3 与铁结合。能与血浆铁结合的转铁蛋白总量称为铁总结合力（TIBC）。当血浆（清）减少，铁总结合力就增高，转铁蛋白饱和度（血清铁/血清铁总结合力×100）降低；反之则升高。正常人的转铁蛋白饱和度为(35±15)%。血浆转铁蛋白中铁的总量不超过 3 mg，但每天转换的铁约为 30 mg。

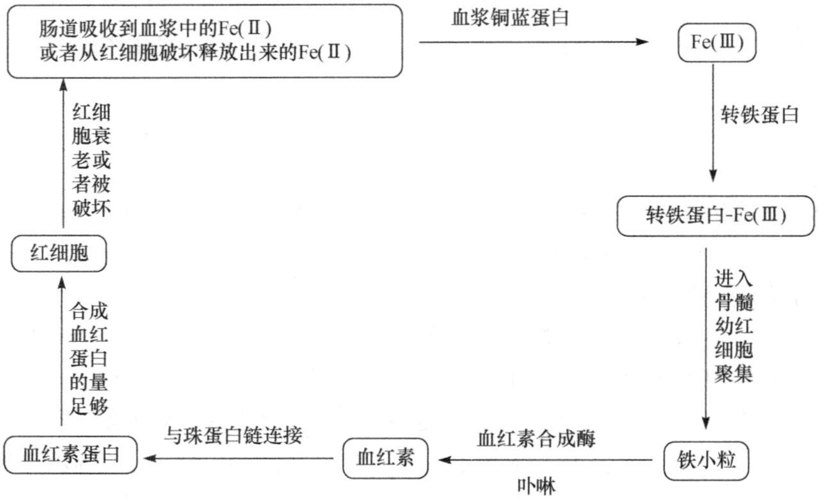

图 2－4　细胞摄铁机制

进入骨髓幼红细胞的铁聚集成小粒，称为“铁小粒”，这类幼红细胞则称为“铁粒幼细胞”。在幼红细胞线粒体中，铁在血红素合成酶的作用下，与卟啉结合成血红素。4 个血红素分子分别与 4 条珠蛋白链连接而成血红蛋白。血红素合成后，多余的铁从幼红细胞中排出，进入巨噬细胞。当幼红细胞内合成的血红蛋白足够时，细胞也已成熟，此时细胞核被排出，成为成熟的红细胞。

当红细胞衰老进入脾脏及其单核巨噬细胞系统（肝、骨髓）时被破坏，将铁释放出来，又与血浆转铁蛋白结合，再次被输送至骨髓幼红细胞内，重新用来合成血红蛋白。多余的铁还可被送至其他需铁组织，或以铁蛋白、含铁血黄素的形式储存在肝、脾、骨髓等器官、组织的单核巨噬细胞系统中。铁蛋白不但具有储存铁的功能，而且还有保护机体免于铁中毒的作用。因为游离铁是有毒的，游离铁与脱铁铁蛋白结合成铁蛋白，就能防止血液中游离铁浓度过高而产生中毒反应。铁在正常情况下基本不会被排出体外，而是进入全身的铁代谢池，可以无数次被重新利用。

铁进入肠道，被肠黏膜细胞吸收后，部分铁进入血浆，部分铁留在肠黏膜细胞内，随着肠黏膜细胞衰老、脱落而进入肠腔，随粪便排出体外。这是铁的主要排泄途径。此外，铁也通过尿、汗等排出，但量极微小。出血也可使铁丧失。妇女在例假、妊娠和分娩、哺乳时都丧失较多的铁。因此，育龄妇女更容易缺铁。

2. 铜

铜常被人们称为“具有绿色面孔的红色金属”，这个美名来自于铜与人体健康的密切关系。成年人体内的铜含量为 1.4～2.1 mg/kg，血液中铜的含量为 1.1～1.5 mg，数量虽少，但对于维持人体健康和器官的正常运行是不可缺少的。

铜元素在机体运行中具有特殊的作用。例如，前文所述的血浆铜蓝蛋白(ceruloplasmin)，其主要作用是进行依赖铜离子的氧化反应，反应时将二价铜离子还原成一价，而把铁离子由二价氧化成三价，成为可以与运铁蛋白(transferrin)结合的型态(图 2－4)。由于血浆铜蓝蛋白是由肝脏制造，因此当有肝脏疾病时其含量就会下降。或是因为基因缺陷而无法制造，如原血浆铜蓝蛋白缺乏症(aceruloplasminemia)。在怀孕或患有淋巴瘤、慢性发炎、类风湿性关节炎的情况下，血浆铜蓝蛋白在血液中的含量则会上升。铜是机体内蛋白质和酶的重要组成部分，许多重要的酶需要微量铜的参与和活化。有的酶能提供体内生化反应所必需的能量，有的酶则参与皮肤色素的生成转换。另外一些酶能帮助形成胶原蛋白和弹性蛋白之间的链条，从而保持及修补细胞组织间的连接，影响头发、骨骼、大脑及心脏、肝脏、中枢神经和免疫系统的功能。这一点对于心脏和动脉血管来说尤为重要。对于一些节肢类动物(如虾等)，其输送氧气的不是含铁的血红蛋白，而是含铜的血蓝蛋白，所以其血液呈蓝色。

如果人体缺铜，其后果将是严重的。研究结果认为，缺铜会导致高血浆胆固醇升高，增加动脉粥样硬化的危险，是引发冠状动脉心脏病的重要因素。科学家还发现，营养性贫血、白癜风、骨质松脆症、胃癌及食道癌等疾病的产生也都与人体缺铜有关。

由于人体本身不能合成铜，主要是从饮食中获取铜元素，因此补铜首先就要从膳食结构的合理化做起。许多天然食物中含有丰富的铜，但光靠膳食补铜是不够的，为了保证人们每天能摄入足够的铜，还需要采取其他方式。使用铜水管就是一个“补铜”的有效途径。饮水是补充人体所需微量铜的另一个重要来源。一般来讲，地表水和地下水中的铜含量非常低，小于 0.01 mg/L，而自来水的水化学特性要受到监控和调节，以延缓管道的腐蚀，水中的微量铜含量被控制在一个很小的范围内，世界卫生组织推荐的饮用水含铜量的安全标准为 2 mg/L，按这个标准算来，很多自来水中的微量铜含量实际上是不够的。如果把铜水管应用于城市自来水供水系统中，水中的微量铜含量会有所增加，可补充人类食物中对铜摄入量的不足，但对饮用水的人是绝对安全的。英国应用微生物研究中心的两位专家的研究表明，铜管是有益于公共健康的供水管材。

3. 锌

锌广泛存在于人体组织（如骨骼、肌肉、皮肤、头发、血液、内脏）中，是几十种酶包括 DNA 聚合酶的组成物质。胰岛素、唾液蛋白、转铁蛋白也有锌的结合。锌的主要作用如下：

（1）维持细胞正常分裂。人体的生长过程主要就是细胞不断分裂的过程。缺锌将影响软骨生长，极易造成儿童发育不良，身材矮小，甚至导致侏儒症。

（2）促进免疫细胞特别是 T 细胞（淋巴细胞的一种，在免疫反应中扮演着重要的角色）的生长，提高免疫力。

（3）促进身体对维生素 A 的吸收，帮助维生素 A 从肝脏转移到血液中并到达所需的器官（如眼睛等），眼睛需要维生素 A，视网膜中含有大量的锌，因此，补锌对提高视力有作用。

（4）前列腺含有大量的锌。经临床证实，补锌可以防治前列腺肥大和性功能衰退。

（5）锌可维持正常的味觉和食欲。缺锌会引起味觉异常，食欲下降，引起儿童异食癖，加重发育停滞。

锌主要存在于动物的瘦肉、肝脏、蛋类及牡蛎等。

4. 硒

硒在酶系统和血液正常机能运转中发挥着重要作用，可以增强人体免疫力，抑制肝肿瘤以及乳腺肿瘤的发生，并对人体内白细胞的杀菌能力有很大的影响。

缺硒会使人体内白细胞的杀菌能力降低，导致多种疾病。1935 年在我国黑龙江省克山县发现，并由此得名的克山病（也称地方性心肌病)，发生在低硒地带，患者头发和血液中的硒明显低于非病区居民，且口服亚硒酸钠可以预防克山病的发生，说明硒与克山病的发生有关。硒过量则引起头发脱落，双目失明甚至死亡。含硒的主要食物有鱼类、虾类等水产品，其次为动物的心、肾、肝。蔬菜中含硒量较高的有金花菜、荠菜、大蒜、蘑菇。

5. 碘

甲状腺球蛋白是一种含碘的蛋白质，一旦人体需要就会很快水解为有活性的甲状腺素。这是一种含碘的氨基酸，具有促进体内物质和能量的代谢，促进身体生长发育，提高神经系统的兴奋性等生理功能。

人体缺碘时，甲状腺素的合成受到影响，使甲状腺组织产生代偿性增生，形成甲状腺肿(大脖子病)。在甲状腺肿流行地区，应普遍推广食用加碘的食盐(含碘酸钾)来作为预防。孕妇在妊娠期的最后 3～4 个月，可每日加服碘化钾 20～30 mg，并多吃含碘丰富的食物，如紫菜、海带、海蜇等。克汀病则主要是儿童在胚胎期和新生儿期缺碘。

6. 铬

三价铬是人体必需的微量元素，它参与人体糖、脂肪和蛋白质的代谢过程，对造血过程也有促进作用。三价铬作用在细胞膜上胰岛素的敏感部位，能增强体内胰岛素的作用，对糖尿病患者有一定治疗作用。而六价铬对人体有毒害作用，可干扰多种酶的活性，损害肝和肾脏，可诱发肺癌等恶性肿瘤。铬存在于糙米、全麦片、小米、玉米、粗制红糖中。国家食品药品监督管理局指定的铬营养补充来源之一是酵母铬(富铬酵母)，将酵母细胞培养在含三价铬的培养基中，通过生物转化将无机铬转变成有机铬，从而提高铬在机体内吸收利用率，降低其毒副作用，更好地发挥其调节血糖、降脂及降胆固醇的作用。

7. 氟

氟是人体骨骼和牙齿的正常成分。它可预防龋齿，防止老年人的骨质疏松。缺氟会导致龋齿，因为牙齿的主要成分是羟磷灰石。但是，过多摄入氟元素又会发生氟中毒，得“牙斑病”，因为氟过多将妨碍牙齿的钙化酶活性，牙齿钙化不能正常进行，色素在牙釉质表面沉着。体内含氟量过多时，还可产生氟骨病，引起自发性骨折。

8. 钴

钴是维生素 B_{12} 的重要组成部分。维生素 B_{12} 又称钴胺素，是金属

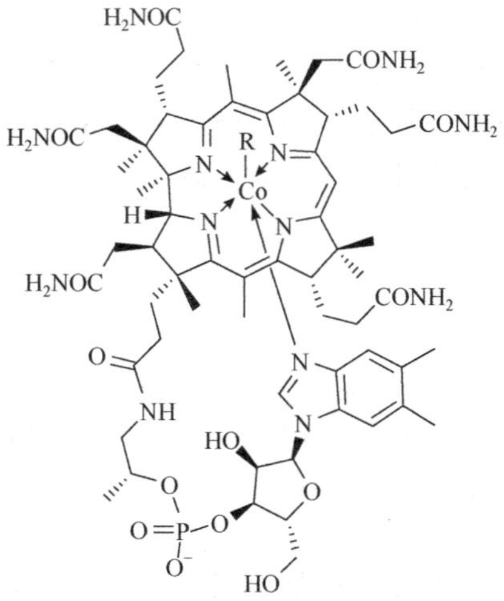

图 2-5　维生素 B_{12} 的结构式

钴的配合物，也是唯一含金属元素的维生素，如图 2-5 所示，其主要生理功能是参与制造骨髓红细胞，防止恶性贫血，防止大脑神经受到破坏。因此，钴对蛋白质、脂肪、糖类代谢、血红蛋白的合成都具有重要的作用，并可扩张血管，降低血压。但钴过量可引起红细胞过多症，还可引起胃肠功能紊乱、耳聋、心肌缺血。

9. 锰

锰对蛋白质和脂肪的代谢、神经系统、免疫系统与血糖的控制有用，与软骨及关节腔内润滑液的形成有关。缺锰会导致动脉硬化等疾病。锰的食物来源有干果、海藻、粗粮等。

10. 钼

氮的代谢中需要钼，能使嘌呤在最后阶段变成尿酸。缺钼引起口腔和齿龈的病变肿瘤。而过量的钼又影响铜的代谢，引起痛风。钼主要来源于干果、海藻、粗粮等。

11. 锡

锡是人体必需的微量元素之一。锡被定为人体必需微量元素的时间较晚，而且现在还有争议，因为锡的生理功能至今仍不清楚。但是在实验室中，缺乏核黄素的大鼠生长受到抑制，无论是给予有机锡或是无机锡都有明显改善作用。

表 2-3 总结了上面讨论的元素对人体健康的影响。

表 2-3　某些金属离子的生理功能及与其有关的疾病

金　属	功　能	缺乏引起的疾病	过剩引起的疾病
钠	电荷载体、渗透压平衡	肾上腺皮质功能衰退 司炉工痉挛	
钾	电荷载体、渗透压平衡		肾上腺皮质功能衰退 （阿狄森氏病）
镁	结构、水解酶、异构酶、光合作用	惊厥	麻木
钙	电荷载体、结构、触发剂	骨骼畸形、痉挛	白内障、结石、动脉粥样硬化

续表

金 属	功 能	缺乏引起的疾病	过剩引起的疾病
钒	固氮、氧化酶		
铬	未知(可能与葡萄糖代谢有关)	葡萄糖代谢失常	
钼	固氮、氧化酶、氧传递		
钨	脱氢酶		
锰	光合作用、氧化酶、结构	骨骼畸形、性腺功能障碍	共济(运动)失调
铁	氧化酶、氧运输与传递 电子转移、固氮	贫血	血色素病(色素性肝硬化) 铁质沉着病
钴	氧化酶、烃基转移	贫血	冠状动脉衰退、红细胞增多症
镍	加氢酶、水解酶		
铜	加氧酶、氧运输、电子转移	贫血、卷毛综合征	肝豆状核变性(威尔逊氏病)
锌	结构、水解酶	侏儒症、性腺功能障碍	金属烟雾热症
锂		狂郁症	
硒		肝坏死、白肌病	牛晕倒病
镉			肾炎
铅			贫血、脑炎、神经炎
汞			脑炎、神经炎

2.2 化学与疾病治疗

2.2.1 诊断疾病过程的化学技术

有效治疗疾病的第一步就是正确诊断疾病。随着科学技术的发展,疾病的诊断也逐渐使用各种新型的分析仪器,其中用X射线诊断肺结核和骨骼疾病已为大家所详知。现在应用核磁共振成像(magnetic resonance imaging,MRI)技术获得人体内部极为清晰的图像也开始被大众所了解,这项技术是源于测量原子核基本性质的物理实验而发展起来的。1946年,研究者在《物理学评论》杂志上报道了在固体和液体中首次观察到核磁共振(nuclear magnetic resonance,NMR)现象,这项发现工作及后来有关理论和技术工作在不到60年间数次获得诺贝尔奖,由此也可见这项工作的巨大意义。

后来，医学家发现水分子中的氢原子可以产生核磁共振现象，利用这一现象可以获取人体内水分子分布的信息，从而精确绘制人体内部结构。在这一理论基础上，1969 年，纽约州立大学南部医学中心的医学博士达马迪安通过测核磁共振的弛豫时间，成功地将小白鼠的癌细胞与正常组织细胞区分开来。在达马迪安新技术的启发下，纽约州立大学石溪分校的物理学家保罗·劳特伯尔于 1973 年开发出了基于核磁共振现象的成像技术(MRI)，并且应用他的设备成功地绘制出了一个活体蛤蜊的内部结构图像。随后，MRI 技术日趋成熟，应用范围日益广泛，成为一项常规的医学检测手段，广泛应用于帕金森氏症、多发性硬化症等脑部与脊椎病变以及癌症的治疗和诊断。2003 年，保罗·劳特伯尔和英国诺丁汉大学教授彼得·曼斯菲尔因为他们在核磁共振成像技术方面的贡献获得了当年度的诺贝尔生理学或医学奖。

2.2.2 化学药物

1. 化学治疗及药物的毒副作用

通过化学药物治疗疾病的方法就是化学疗法，简称化疗。这个词往往被人误解为只对恶性肿瘤患者。Ehrlich 在 20 世纪初给出了化学疗法的一种定义：用药物摧毁入侵的生物体而无损于寄主，增强免疫力、维持身体平衡的过程。无损于寄主是一种理想状态，任何药物都有一定的副作用，即对寄主的损害。这种副作用一般用化学治疗指数 CI 或 LD_{50}/CD_{50} 来度量，CI＝最低治愈剂/最大耐受量，最低治愈剂是指治愈生病寄主所需要的药物最小剂量；最大耐受量是指生病寄主对该药物不产生新的不适或病变的最大剂量。LD_{50}/CD_{50}＝使 50％实验动物致死的剂量/使 50％实验动物治愈的剂量。显然，这两种指标都只具有统计学上的意义。对于指标 CI，显然越小越好；而对于 LD_{50}/CD_{50}，则是越大药物的副作用越小。

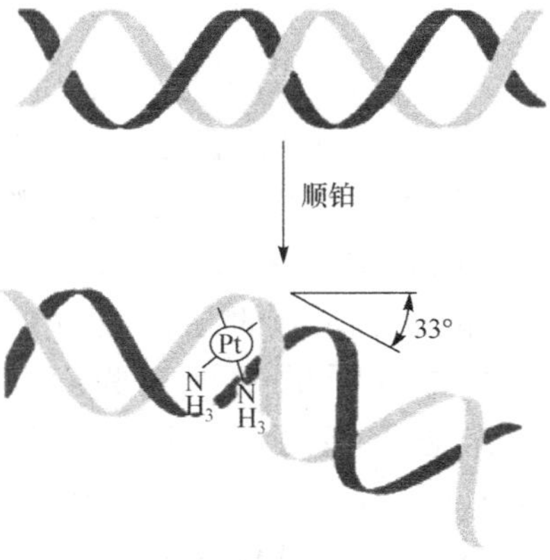

图 2-6 抗癌药物顺铂与 DNA 的作用机理

顺铂[顺-$PtCl_2(NH_3)_2$]是一种著名的抗癌药物，其与 DNA 的作用机理见图 2-6。其类似物的 CI 指标列于表 2－4，从中可看出后来开发的 1,2-二氨基环己烷二氯合铂(Ⅱ)毒性更小。

表 2－4 顺铂类抗癌药物的 CI 指标

抗癌剂	丙二酸二氨合铂(Ⅱ)	顺-二氯二氨合铂(Ⅱ)	1,2-二氨基环己烷二氯合铂(Ⅱ)	顺-二环己胺二氯合铂(Ⅱ)
CI	12.2	8.1	6.9	270

2. 化学药物及其研发

从古到今，所有用于疾病治疗的药物都是化学物质，最早人们是利用天然的矿物或动、植物组织。这种利用有一定的合理性，从图 2－1 可以看到，即使毒物在一定的范围内也可作为药物使用。而且人类后来也确实熬制了不少毒药用于疾病治疗，如魏晋时著名的“五石散”，李世民吃后致死的丹药之类。但这些药物不能称为化学药物。现在药物是指经过严格动物实验和临床实验，明确药理和毒理性质，疗效和副作用通过严格统计评估，组成和结构明确的化合物。例如，我们常见的注射用青霉素钠药品说明书就包括了通用名称、英文名称、性状、药理毒理、药代动力学、适应证、用法和用量、不良反应、禁忌、注意事项等详细信息。广义地讲，所有药物都是化学药物，但狭义的化学药物一般指人工合成的化学品。这种定义很难完全合理，即使是从细菌发酵提取的抗生素，一般也需要人工化学修饰以提高疗效、降低毒性和抗药性，更不用说在提取过程中用到的众多分析分离手段。例如，阿司匹林就是将水杨酸进行化学修饰所得。

现在医药工业已成为最重要的精细化学工业，人类投入巨大的人力和物力研发、生产新药以对抗疾病。尽管制药行业利润巨大，但风险也随之而来。21 世纪初，成功研发一个新药的费用平均高达 2 亿美元，医药公司开发一个新药失败往往面临着破产的危险。医疗保险的巨大支出也成为国家巨大的经济福利和社会负担。

现在寻找开发新药的途径有以下几种：

(1) 对天然产物分离、分析和仿制，以抗生素的研发和生产为代表，可能也是中药现代化最可能的途径。

(2) 变动现有药物分子的结构与基团，从中寻找更好的药物。

(3) 对现有的化学药品进行随机筛选。

(4) 以生理学为基础进行理论探讨，特别是以结构生物学的研究方法，确定病变的分子生物学基础，应用分子力学计算设计合成定点的靶向药物，使其选择地作用于病变细胞或组织中的异常分子。这种方法可能是最有前途的药物设计方法。例如,如果病变是由于某种酶失活,可以通过寻找或合成这种酶的激活剂作为药物来治疗,如果这种失活是由于某种抑制剂侵入人体或细胞造成的,则可以通过寻找或合成这种抑制剂的消除物或拮抗物作为药物来治疗。这种方法设计的药物分子作用和结构都很明确,避免了盲目性。

3. 人体服用化学药剂的方法

人类主要通过3种方式服用药物:其一是经过肠道,如口服、含片和直肠塞入。这种服药途径必须考虑两个因素,首先是药物的稳定性,如胃液是酸性很强的溶液,具有水解蛋白质的功能,水解产物是氨基酸或一些肽链,这样任何作为药物的蛋白质(包括胰岛素)都不能通过口服来进药;其次这种进药方式要求药物要在小肠内跨膜进入体液,必须考虑药物分子可否完成这种跨越。生物大分子即使是稳定的,也不可完成这种跨越。其二是不经过肠道的摄入药物方式,包括皮下注射、皮肤软膏涂敷和气溶胶吸入。气溶胶吸入对于需要吸入β-肾上腺皮质激素以扩张支气管的哮喘病人是非常重要的。还有一种进药方式是从置入金属中吸收金属离子。铜离子对人类的精子有毒,节育环一般由金属铜制成。在体液的腐蚀和氧化作用下,节育环每天大约可释放出29 μg铜离子,以保证长期稳定地杀死精子,达到避孕的目的,同时又不会造成人体铜含量改变。

4. 人类与疾病作斗争的历史上几个著名的药物

1)阿司匹林——树皮里“煮”出来的经典

阿司匹林的化学名称为乙酰水杨酸,人类使用这种药物已有很久的历史。据说早在远古时代,我们的先祖就已知道咀嚼柳树叶有解热镇痛的功效;2000多年前,古希腊著名医学家希波克拉底也常将柳树根或叶浸泡或煮出液体,用于解除妇女分娩时的痛苦以及治疗产后热,但当时人们都不知道柳树根叶中含有能止痛的化学物质——水杨酸。

1828年,德国药学家布赫勒首次从柳树叶中提取出水杨苷,水解后为水杨酸和葡萄糖,不久,意大利化学家也从水杨苷中独立地获得水杨酸。因为最初水杨酸是从柳树皮中获得,故又曾称为柳酸。由于水杨酸对胃肠道刺激性大,当时只有个别疼痛很剧烈的人才服用它。1853年,虽然已有人用水杨酸与乙酸酐合成了乙酰水杨酸(图2-7),但未引起人们的重视。直到1899年,德国拜耳药厂的化学家霍夫曼用人工合成的乙酰水杨酸治好了父亲的关节炎,才将此药取名为“阿司匹林”(Aspirin)，并开始向全世界推荐。

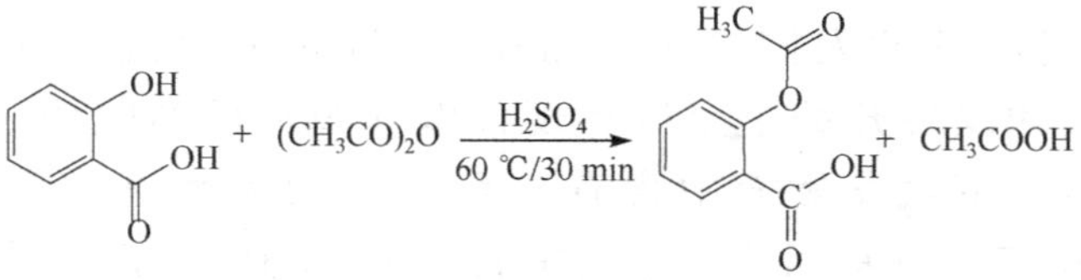

图 2－7　乙酰水杨酸的合成路线

经过一个世纪的临床应用，阿司匹林作为一种有效的解热镇痛药，广泛用于治疗伤风、感冒、头痛、神经痛、关节痛和风湿痛等。近年来，科学家又发现其为不可逆的花生四烯酸环氧酶抑制剂，具有抑制血小板凝聚的作用，其治疗范围又进一步扩大到预防血栓形成，成为治疗心血管疾病的良药，因此称其为“百年魔药”。

2）“606”的传说

哥伦布发现了新大陆，也把美洲的特产之一梅毒带回了欧洲，进而传遍了全世界。在 20 世纪前，人们对肺结核和梅毒的恐惧不比现在对艾滋病小，是不治之症的代名词。肺结核病人会产生一种弱不禁风、两颊微红的病态美，成为 19 世纪的特殊浪漫。而梅毒患者由于到 3 期时往往会伴随着溃疡、骨骼变形、失明甚至痴呆等严重病变，尽管已无传染性，但几乎成为恶魔的象征，命运十分悲惨。据茨威格在《昨日的世界》中描述，许多患者发现自己患了这种所谓不名誉的疾病后会选择自杀。最初医生用汞来治疗梅毒，很多病人的痴呆现在难以判断是由螺旋体病毒侵入脑部造成的，还是由这种剧毒的所谓药物导致的。1908 年，德国科学家埃尔利希因发明“606”获得诺贝尔生理学或医学奖，“606”是当时治疗梅毒的特效药，传说进行了 606 次实验才成功，故取名为“606”。尽管这种传说经不起推敲，而且其后来也被抗生素淘汰，但其合成在药物史上有划时代的意义，我们不得不感谢埃尔利希的伟大贡献。606 的结构见图 2－8，是一种具有 As═As 结构的化合物，砷也是著名的毒药砒霜(As_2O_3，三氧化二砷)的组成元素。

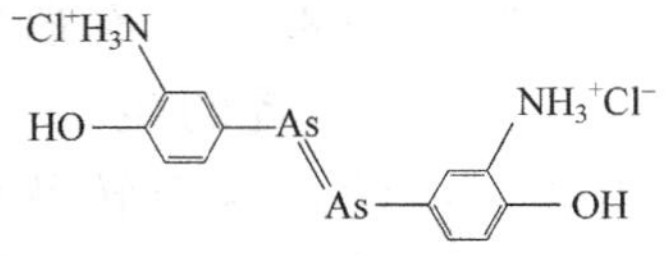

图 2－8　“606”的结构式

3）青霉素——传染病的克星

青霉素作为众多抗生素的代表化合物，大家对其并不陌生，它是一种非常普通而常用的药物。然而，就在几十年前青霉素还是价值千金的名贵药品。那时流行许多传染病，如猩红热、白喉、脑膜炎、淋病、梅毒等，这些疾病严重地威胁着人们的生命。由于没有有效的治疗方法，人们只能眼睁睁地看着一个个病人悲惨地死去。但是，青霉素的发现给在传染病折磨下的人们带来了希望，也带来了生机。可以毫不夸张地说，青霉素的发现开辟了全世界现代医疗革命的新阶段。

实际上，青霉素发酵液中含有 6 种以上的天然青霉素：青霉素 F、G、X、K、V 和二氢青霉素 F 等，其中青霉素 G 在医疗中用得最多。它们具有相同的母体结构，即 6－氨基青霉素烷酸（6－APA），而其侧链 R 基团则各不相同，见图 2－9。

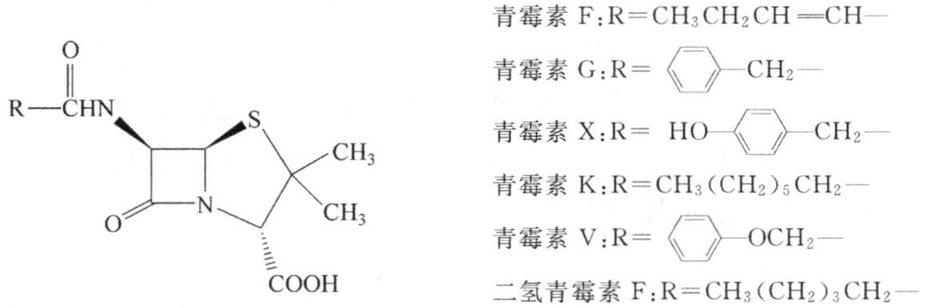

图 2－9　各种青霉素的结构式

青霉素 G 的主要来源是生物合成，即微生物发酵。化学家利用化学合成的方法，巧妙地将青霉素 G 上的 R 侧链转变成其他基团，从而得到了许多效果更好的类似物，如目前临床上广泛使用的氨苄青霉素（ampicillin）和羟氨苄青霉素（amoxicillin）等。这些化学修饰物不仅比天然的青霉素疗效高，而且性质稳定，可以口服。由于这样的抗生素是以天然抗生素为原料，经过“加工”而得到的，故称为半合成抗生素。自 1959 年以来，化学家通过半合成得到的青霉素类化合物已达数千种。

青霉素在临床上主要用于治疗由葡萄球菌传染引发的疾病，如脑膜炎、化脓症、骨髓炎等；溶血性链球菌传染症，如腹膜炎、产褥热，以及肺炎、淋病、梅毒等。有研究认为，青霉素的抗菌作用与抑制细胞壁的合成有关，在后者的生物合成中需要一种关键的酶即转肽酶。青霉素作用的部位就是这个转肽酶，现已证明青霉素内酰胺环上的高活性肽键（酰胺键）受到转肽酶活性部位上丝氨酸残基——羟基的亲核进攻形成共价键，生成青霉素噻唑酰基-酶复合物（图 2－10），从而不可逆地抑制了该酶的催化活性。细胞壁的合成受到抑制，细菌的抗渗透压能力降低，引起菌体变形、破裂而死亡。青霉素选择性地作用于细菌并引起溶菌作用，但几乎不损害人和动物的细胞，是一类比较理想的抗生素。

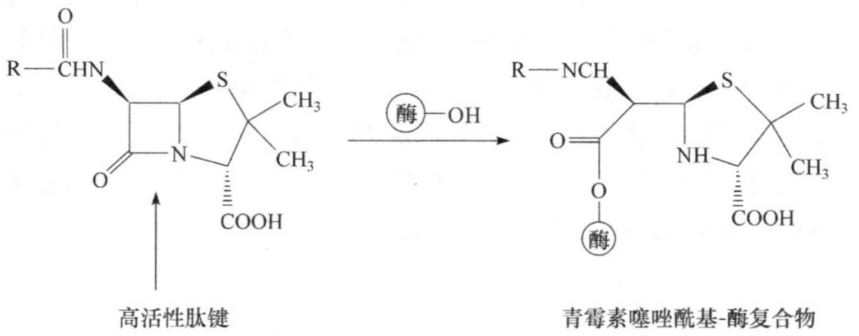

图 2-10　青霉素的抗菌作用机理

与青霉素结构相似的另一类抗生素称为头孢菌素，来源于与青霉菌近源的头孢属真菌。这类化合物在化学上比青霉素稳定，但天然的头孢菌素抗菌效力较低。为此，化学家根据半合成青霉素的经验，成功地合成了一些高效、广谱、可供口服的半合成头孢菌素，如头孢氨苄（先锋Ⅳ号）、头孢拉定（先锋Ⅵ号）等（图 2-11）。

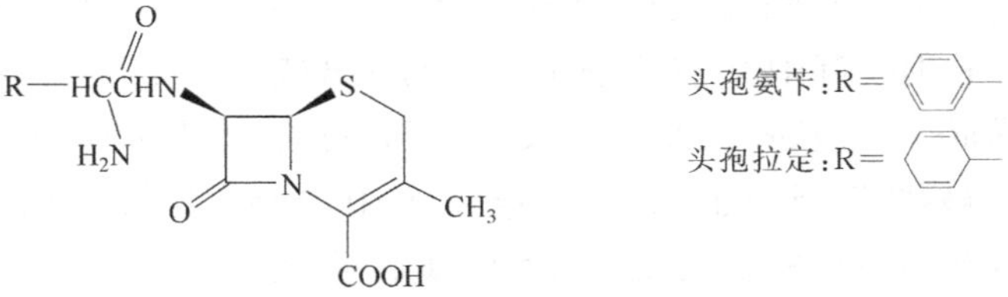

图 2-11　头孢氨苄和头孢拉定的结构式

在抗生素发现以前，霍乱、伤寒、细菌性脑膜炎等疾病的死亡率高得惊人。抗生素的发现与应用彻底扭转了人类在这些疾病与病菌面前无助的局面。因此，在人类健康成长史上，青霉素家族的贡献功不可没。

4）磺胺类药物

尽管 20 世纪初人类已发明和拥有了一些疗效显著的化学药物，可治愈原虫病和螺旋体病，但对细菌性疾病则束手无策。第一次世界大战期间，成千上万的年轻人死于战场，其中许多人是死于轻伤导致的细菌感染。开发研制新药以征服严重威胁人类健康的病原菌成为当时摆在化学家和药学家面前的重要任务，这一难关终于在 1932 年被 32 岁的德国药物学家、病理学家和细菌学家格哈德·多马克攻破。

经过千百次试验和失败后，多马克及其合作者终于在 1932 年 12 月 20 日，发现了一种在试管内并无抑菌作用，却对感染链球菌的小白鼠疗效极佳的橘红色化合物——百浪多息（图 2-12）。该化合物是 4-氨磺酰-2，4-二胺偶氮苯的盐酸盐，美丽的橘红色来自于化合物中间的

N ═N 键。多马克又研究了百浪多息的毒性，发现小白鼠和兔子的耐受量为 500 mg/kg 体重，更大的剂量也只能引起呕吐，说明其毒性很小。正在这时，多马克唯一的女儿因为手指被刺破，感染了链球菌，生命垂危，无药可救。紧急关头，多马克以自己的女儿作为人体实验对象，给女儿服用了百浪多息，挽救了爱女的生命。从此，磺胺类药物成为青霉素发明以前最主要也最有疗效的广谱抗菌药。

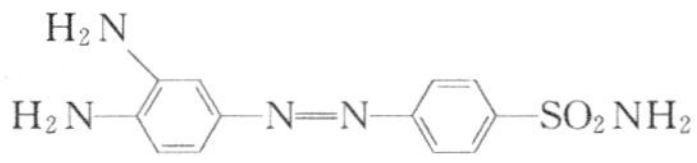

图 2－12　百浪多息的结构式

第一种磺胺药物百浪多息的发现和临床应用成功，使得现代医学进入化学医疗的新时代。磺胺类药物的发现真正开始了现代意义上化学药物的合成、研究和应用，在此之前用于临床治疗的人工合成药物全世界不超过 6 种，其中包括前面介绍的阿司匹林和“606”。不久，巴斯德研究所的特雷富埃夫妇及其同事揭开了百浪多息在活体中发生作用之谜，即其药理作用，百浪多息在体内能分解出磺胺基团——对氨基苯磺酰胺（简称磺胺）。磺胺与细菌生长所需要的对氨基苯甲酸在化学结构上十分相似，被细菌吸收而又不起养料作用，导致细菌死亡。药物的机理清楚后，百浪多息逐渐被更廉价的磺胺类药物所取代，并沿用至今。1939 年，多马克获得了诺贝尔生理学或医学奖。但希特勒禁止德国人接受诺贝尔奖，直到第二次世界大战之后，多马克才于 1947 年赴斯德哥尔摩补领奖章和奖状。

对氨基苯磺酰胺（图 2－13）是磺胺药物的母体。在 N 原子上引入不同的基团，合成的磺胺衍生物有 5000 多种，优良的磺胺药物有 20 多种。

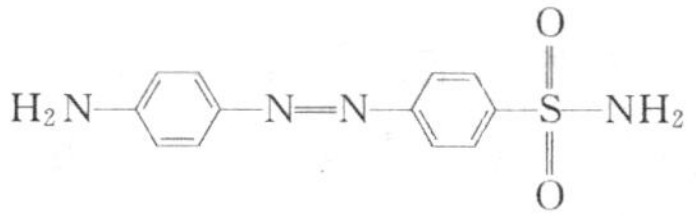

图 2－13　对氨基苯磺酰胺的结构式

磺胺类药物的抑菌机理如下：磺胺类药物的主要作用是抑制细菌繁殖，而没有杀菌的能力。细菌要生存繁衍，必须以对氨基苯甲酸（PABA）作为其合成二氢叶酸所需酶的辅酶（图 2－14）。由于磺胺药物的分子结构、电荷分布与 PABA 很相似，能与 PABA 互相竞争二氢叶酸合成酶，从而妨碍叶酸合成。二氢叶酸是核酸合成酶的辅酶 F，其缺乏将影响核酸的合成，进而使细菌生长繁殖受到抑制，再利用机体各类防御机能克服细菌感染。根据临床用药情况，磺胺类药物可分肠道易吸收类（如磺胺甲基噁唑）、肠道难吸收类（如酞酰磺胺噻唑）、局部外用药（如磺胺乙酰钠）。而肠道易吸收类磺胺药物又可分为短效、中效及长效三种。

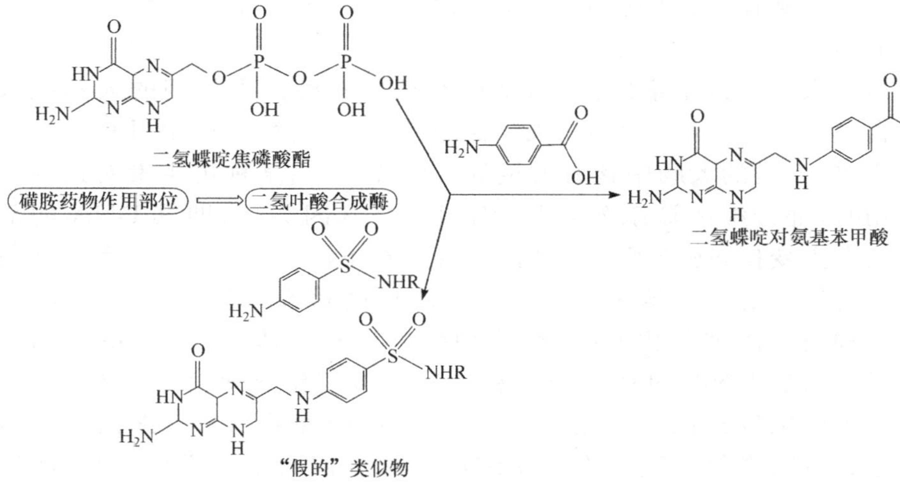

图 2-14　磺胺类药物的抑菌机理

2.2.3　药物的滥用和毒品

尽管抗生素等药物的发明和使用曾一度使人类在和病魔的斗争中取得短暂的上风，但人类在上亿年的生物进化结果面前还是应该保留一种敬畏之情。前面介绍的磺胺类药物和抗生素类药物都是抗菌类药物，治疗细菌感染类疾病。这些药物的发明和应用已有近百年的历史，但我们至今连小小的感冒都治愈不了。感冒是由一种比细菌更原始的生命体——病毒引起的。细菌也是一种细胞，病毒甚至连细胞都算不上，它没有分化出细胞壁和细胞核等细胞器，只有遗传物质 DNA 和 RNA 及一些功能分子，被蛋白质外壳所包围。但人们在感冒病毒面前却束手无策，至今没有治疗病毒感染疾病的特效药物。目前所谓治疗感冒，并不是杀死或抑制了感冒病毒，而是治疗感冒引起的并发症，如咳嗽、伤风等，所以严格地说并不是在治疗感冒。从 20 世纪 80 年代开始，我们所熟知的艾滋病、禽流感、疯牛病、2003 年在我国流行的非典型性肺炎和2009年引起世界性恐慌的甲型流感都是由相应的病毒引起的。艾滋病毒在南部非洲部分国家的成人携带率高达20%以上，在津巴布韦甚至高达34%，其可怕程度可见一斑。在治疗非典型性肺炎时，大量激素的使用给部分幸存者留下股骨头坏死等严重的后遗症。引发疯牛病的是一种叫朊病毒的病原体，在这种病原体体内甚至找不到长链的遗传物质DNA，只有一些短的寡聚核苷酸链，DNA是生物体生命信息的载体，可见它的DNA也说明这种病原体是比病毒更原始的生命体。

由于人类对抗生素的滥用，细菌对任何一种人类使用的天然或人工半合成的抗生素都产生了一定的抗药性。抗药性的产生过程非常容易和简单：人类的大肠中含有大量的大肠杆菌，当某种抗生素对这些细菌作用时，部分细菌被杀死，部分细菌通过基因突变，即其DNA的部分片段发生变换，适应了在该种抗生素存在下的生存环境，即大肠杆菌通过生物进化适应了这种环境。当大肠杆菌随着粪便被排出体外后，在与某种病原体细菌相遇时，对这种抗生素具有适应性的DNA的部分片段会通过DNA的片段交换从大肠杆菌传给这种病原体细菌，从而使后者产生抗药性。从这个意义上讲，抗药性的本质是细菌对环境的适应性生物进化。我们不能使细菌结束它们的生命进化过程，能做的只有尽量不去侵入细菌的领地，控制人类欲望的膨胀，给任何生命自己的生存空间，减少彼此相遇的机会；其次，控制药物的使用，减少药物的滥用，即减少非侵害细菌产生抗药性的机会。

对药物的滥用，带来明显的、可见严重后果的是毒品问题。

毒品是指通过吸食、注射或其他方式进入人体后，使人产生幻觉或精神兴奋的天然或人工化学物质。毒品同时具有成瘾性的特点，即人体会对其产生生理性或心理性依赖。在我国，毒品一般是指鸦片、海洛因、甲基苯丙胺(冰毒)、吗啡、大麻、可卡因以及国家规定管制的其他能使人形成瘾癖的麻醉药品和精神药品。但一般不认为香烟和酒是毒品。

1. 毒品的分类

根据毒品的发展历史可将其分为传统毒品(包括海洛因、鸦片、罂粟等)和新兴毒品(包括冰毒、摇头丸等)。

根据毒品的作用可将其分为以下几类：①麻醉药品类，包括三大类——阿片类、可卡因和大麻，其中阿片类毒品又可分为天然的鸦片及其有效成分吗啡、可待因等和人工或半人工合成的海洛因、杜冷丁等两类；②精神药物类，也包括三大类——巴比妥类、苯二氮类镇静催眠抗焦虑药和苯丙胺类中枢兴奋剂（致幻剂）。

2. 毒品的危害

长期滥用毒品对身体有严重的毒性作用，通常伴有机体功能失调和组织病理变化，会损害神经系统、免疫系统，甚至有致命的危险。主要特征为嗜睡、感觉迟钝、运动失调、幻觉、妄想、定向障碍等。其次，吸毒造成精神障碍与变态，精神障碍最突出的是幻觉和思维障碍。吸毒所造成的精神变态使吸毒者围绕毒品转，甚至为吸毒而丧失人性。而且静脉注射毒品会给滥用者带来感染性并发症，最常见的有化脓性感染、乙型肝炎和艾滋病。

在突然终止使用毒品或减少剂量后会发生戒断反应。戒断反应非常痛苦，如海洛因成瘾者停掉毒品 8～12 h 会出现呕吐、腹泻、出汗、起鸡皮疙瘩、阵颤、抽搐等。戒断反应也是吸毒者戒断难的原因。

吸毒者在自我毁灭的同时，也使家庭陷入经济破产、亲人离散甚至家破人亡的困难境地。吸毒者为了吸毒不择手段，偷盗、抢劫甚至杀人，因此吸毒加剧诱发了各种违法犯罪活动，扰乱了社会治安，给社会安定带来巨大威胁。

3. 毒品化学

1）阿片类

阿片旧称鸦片，还有众多俗名，如大烟、烟土、料子等。鸦片在中国实在是太有名了，几乎成为毒品的代名词，中国近代史初期的两场著名战争即以其命名。鸦片是罂粟科植物罂粟的未成熟蒴果壳浆汁的干燥物，为褐色膏状，长时间放置变为黑色硬块，味辛辣苦涩，有特殊臭味，有的制成淡褐色粉末状阿片粉。阿片中含 20 种以上生物碱，包括吗啡类与罂粟碱类，约占阿片质量的 25%。吗啡类主要有吗啡（morphine，7%～15%）、可待因（codeine，0.5%）、蒂巴因（thebaine，0.2%）；罂粟碱类主要有罂粟碱（papaverine，1%）、那可汀（narcotine，6%）、那碎因（narceine，0.3%）等。另外，阿片类还包括人工合成的乙基吗啡（ethylmorphine）、海洛因（heroin，二乙酰吗啡）、阿扑吗啡（apomorphine）及杜冷丁（pethidine）等。

吗啡：1805 年，从阿片中提取分离得纯品吗啡，但其化学结构经过长期研究，直至 1952 年完成人工全合成工作时才最后确定。其化学名称为 7，8-二去氢-3，6-二羟基-4，5-环氧-17-甲基吗啡烃，结构式见

图 2－15。

治疗量的吗啡可用作镇痛药，镇痛效力较强，但如果反复多次使用就产生成瘾性，用药过量或误用可引起慢性或急性中毒，甚至致死。吗啡口服成人致死量为 0.2～0.25 g，皮下注射其半量就能致死。吗啡对中枢神经系统兼有兴奋与抑制两种作用，以抑制大脑皮层、脑干占有优势；对脊髓及延髓呕吐中枢有兴奋作用，对呼吸中枢有抑制作用。

可待因：从阿片中可分离得到可待因，可待因为吗啡的甲基衍生物，其结构式见图 2－16。

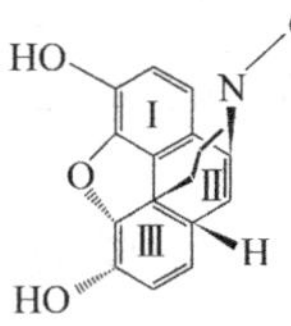

图 2－15　吗啡的结构式

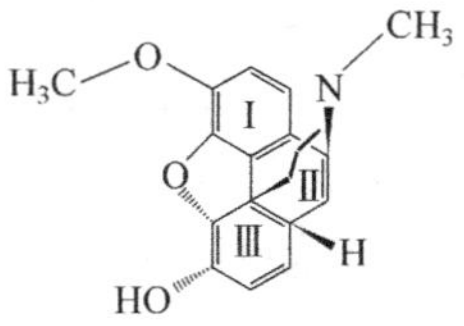

图 2－16　可待因的结构式

可待因的镇痛作用虽较弱，但成瘾性较小，而且有镇咳作用。可待因被吸收进入人体后，部分在肝内脱去环Ⅰ上的甲基转化为吗啡，可待因的作用与此有关。

乙基吗啡和海洛因：乙基吗啡和海洛因是人工合成的吗啡类物质，亦即人工对吗啡的结构进行局部的改变而形成。乙基吗啡又称狄奥宁(dionine)，是吗啡的环Ⅰ上的羟基中的氢被乙基取代；海洛因即二乙酰吗啡，吗啡环Ⅰ、环Ⅲ上两个羟基均发生乙酰化。两者的结构式见图 2－17。

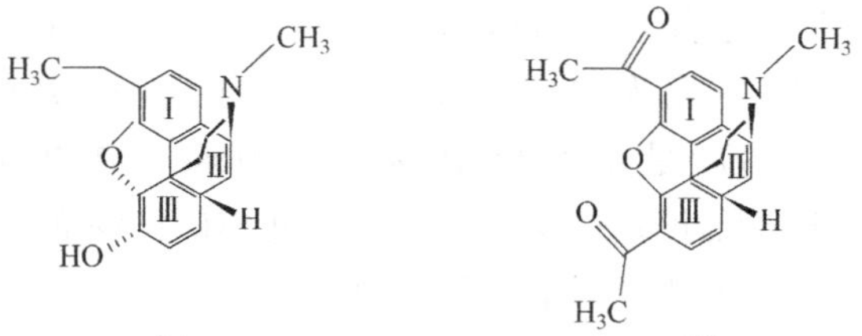

(a)　(b)

图 2－17　乙基吗啡(a)和海洛因(b)的结构式

乙基吗啡的镇痛作用减弱，但其中枢兴奋作用增加。海洛因的镇痛及毒性作用均较强，成瘾性和欣快感更为严重。乙基吗啡的致死量为 0.5 g，海洛因的致死量为 0.2 g。

杜冷丁：杜冷丁即哌替啶，是苯基哌啶的衍生物。与吗啡相比，哌替啶的结构大为简化。杜冷丁主要作用于中枢神经系统，在治疗量(50～100 mg)时可产生明显的镇痛、镇静和呼吸抑制等作用。病人连续使用杜冷丁 1～2 周后，将形成瘾癖，一旦停药，则出现痛苦的戒断症状。

2）可卡因

早在1860年就从古柯叶中分离得古柯碱，即可卡因。纯可卡因为白色结晶，味苦，熔点为98 ℃，难溶于水，易溶于乙醇、乙醚、氯仿，其盐类易溶于水。在医药上，可卡因是最早发现的局部麻醉药，但它成瘾性大，毒性大，因此研究合成了更优良的局部麻醉药。可卡因最突出的作用是对中枢神经的刺激作用。开始作用于大脑皮质，使之兴奋，产生一种欣快的精神状态，解除疲劳及饥饿，进而延及皮质下中枢，严重者产生精神忧郁及呼吸麻痹。可卡因中毒量为30～50 mg；口服致死量为0.5～1 g，对可卡因过敏者30 mg致死。

3）大麻

大麻是一种长纤维植物，栽培种植至少有3000年历史，有印度大麻和美洲大麻，我国新疆种植的大麻属于印度大麻。所有大麻都有精神作用成分，含量最多的是青年株的花梢及幼小叶子。用大麻叶制成的烟卷称为大麻烟。

大麻的有效成分是大麻酚类，存在于大麻树脂中，约有30种以上，主要有四氢大麻酚、大麻酚、大麻二酚及大麻酚酸等，其中以大麻酚作用最强，是产生精神作用的主要物质，脂溶性强，不溶于水。另外，还有大麻甙、大麻酮、大麻素等一些水溶性物质。

大麻制剂自古作为麻醉药，现已不再用于治疗，吸食大麻烟者易成瘾癖。大麻因能产生精神症状，用大麻者主要是追求新的体验或逃避现实，常被认为是致幻剂。

大麻的毒理作用尚未完全清楚，主要影响精神活动，归属于中枢神经系统抑制剂，可引起定向力障碍、人格变异、自发行为减少、产生离奇的幻觉、类偏执狂等，使记忆力不集中，不能意识到危险动作的后果。

4）巴比妥类

巴比妥类是镇静催眠药，能使兴奋不安和焦虑的病人安静下来，但长期服用可成瘾，突然停药可引起严重的戒断症状，如兴奋焦虑，甚至发生惊厥，一次吞服大量的巴比妥类可导致急性中毒。巴比妥类药物的主要作用是抑制中枢神经系统，抑制脑干网状结构上行激活系统，阻断其传导机能，使大脑皮层细胞由兴奋转入抑制。

5）苯二氮类

苯二氮类药物属于镇静催眠抗焦虑药。常用药有3种，即利眠宁（甲氨二氮䓬）、安定（苯甲二氮䓬）和去甲羟基安定。它们的结构式见图2－18。

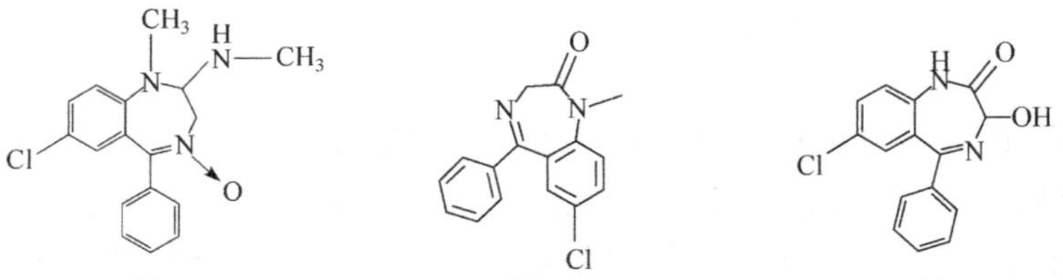

(a)　(b)　(c)

图 2-18　利眠宁(a)、安定(b)和去甲羟基安定(c)的结构式

利眠宁为淡黄色结晶性粉末、无臭、味苦。在乙醚、氯仿或二氯甲烷中溶解，在水中微溶。熔点 239～243 ℃。长期大量服用会出现成瘾性，停药后有戒断症状，表现为激动或忧郁，精神病恶化甚至惊厥。

6）苯丙胺类

苯丙胺即安非他明，属于中枢兴奋剂。苯丙胺为具有氨臭味的无色液体，难溶于水，易溶于醚。苯丙胺类对神经系统有明显的刺激作用，其机理是通过释放中枢及外围神经末梢中储存的去甲肾上腺素，使去甲肾上腺素代谢受阻，致使血中浓度升高而发生作用。苯丙胺类具有较强的习惯性、耐药性及欲求性，服药后有欣快感，久服易成瘾癖，常因滥用或医疗过量发生中毒死亡。

4. 中药如何走向世界

中药是我国 5000 年灿烂文明中的瑰宝，尽管我国在中药行业占有极大的优势，但是，中药迟迟不能以药品的身份打入国际药品市场。中药文化底蕴丰富，然而，无论是中国人还是外国人，对其丰富的文化内涵缺乏全面深刻的理解，故而导致某些误识。其根本原因就在于长期以来，我们对中药文化的研究与宣传力度不够，长此以往，无疑对中药事业的继承、发展与推广十分不利。

目前世界所接受的药物的特点包括：疗效明确，药理作用机理明确，作用成分明确，毒理作用机理明确，毒性成分明确，药物吸收、转运、代谢及代谢过程中活性/毒性的变化机理明确，药物间相互作用机理明确。所以中药走向世界要回答六个“s”：selection 选择性、sourcing 来源、structure 结构、standardization 标准化、study 研究和 safety 安全性，而要寻找这六个问题的答案都离不开化学分析手段。

高效液相色谱在中药研究中有非常重要的作用，中药研究的大趋势是全成分分析，通过对从单味药到复方的不同配伍、煎煮时间等的研究，发现中药中化学成分的变化规律，找到中药机理之间的有机联系。中药成分繁多，且各种成分的性质遍布所有极性段、酸碱范围。实现多成分分析的最简单途径即在一根足够长的色谱柱上，采用温和的流动相，在足够长的时间内洗脱。而现在大量的应用研究表明，高效毛细管电泳在分析中药成分，尤其是高极性化学成分方面有较大优势，在分析大量的复方制剂方面显示了较高的能力。高效毛细管电泳几乎不会出现高效液相色谱分析中常出现的柱床污染现象，而且用过的毛细管柱只需很短的时间进行冲洗后，就可以进行第二个样品的分析，快速高效且分辨率很高。

趣味阅读

磺胺悲剧和“100倍安全系数”

磺胺是一种广泛使用的杀菌剂，对付链球菌十分有效，但它不溶于水，因此一般是片剂或粉剂。1937年，美国田纳西州一家著名的制药厂“S. E. Massengill”收到南方一些销售员的反馈，希望能有更容易服用的液体剂型。药厂的药剂师立即开始研发工作，很快他们就发现磺胺可以很好地溶于二甘醇，实验室对这种溶液的口感、气味和外观的测试结果也令人满意。于是该公司立即生产了一批产品并发往全国，命名为“Elixir Sulfanilamide”。

很快美国医师协会发现一些死亡病例与这种新药有关，随后美国食品药品监督管理局(FDA)也接到报告并立即开始组织美国历史上第一次全国性的召回行动。尽管最终绝大多数药物被追回，但两个月内这种药物还是造成了120多人死亡，其中很多是孩子。一位痛失爱女的美国母亲给当时的罗斯福总统写信说：“看着孩子翻来滚去，痛苦地尖叫，我快要疯了。请你采取措施，不要让悲剧重演。”

你能想象吗？悲剧发生的根源在于这种新药根本没有做过任何毒理学试验，甚至企业连相关文献都没查过！

愤怒的民众希望企业受到法律的严惩，但令人难以接受的事实是，当时的食品药品法并未要求对新药进行安全性研究，因此企业在法律层面并无明显过失，企业负责人甚至理直气壮地声称“我不觉得我们有任何责任”。

最终该公司确实逃避了法律的严惩，只是被处以不疼不痒的罚款，而其原因仅仅是“误导性宣传”，因为“Elixir”是指含有酒精和功效成分的溶液，而实际上这种产品根本不含酒精。假如当初企业换个词“Solution”（溶液），FDA 甚至没有权力要求企业召回产品！

1938 年美国国会通过了新的《联邦食品、药品和化妆品法案》。FDA 也将药品领域的工作重点从打假转变到对新药的监管：新药上市前，企业必须向 FDA 提交动物安全性试验的资料。

可是监管者怎么知道新药到底是否安全呢？即使动物实验证明了安全性，怎么保证对人也安全呢？亡者的不幸给生者带来了曙光，两位 FDA 的科学家从磺胺悲剧中找到了答案。他们搜集了与此案相关的所有病例资料并进行详细的统计分析，也在实验动物身上重现了二甘醇中毒反应。他们发现致死剂量在同一种实验动物个体间大约有 10 倍的差异，而且实验动物和人之间也有约 10 倍的差异，两者相乘就是 100 倍。他们由此推断，如果找到了对实验动物无害的剂量（NOAEL，no observed adverse effect level），那么除以“100 倍安全系数”就得到了对人的安全剂量。

这是人类历史上第一次将“安全”的概念变为可量化、可操作的规则，100 倍安全系数也成为当今世界食品药品风险评估的重要依据之一。在食品添加剂和污染物的风险评估中用到的重要参数 ADI（adaptable daily intake，每日容许摄入量）、TDI（tolerable daily intake，每日耐受摄入量）就是这样得到的。当然，随着毒理学的发展，人们对“安全”的理解也在不断深入。根据不确定性的不同，“安全系数”也可以是 200、1000 甚至是 1，但“100 倍安全系数”将作为里程碑而载入史册。

思考题

1. 解释为什么夏天植物的颜色多为绿色,而到了秋天颜色却丰富多彩。
2. 解释现在社会所说的餐馆综合征的原因。
3. 查文献并举例说明化学分析方法在药物成分分析中的重要作用。

第3章

化学与环境

美国女生物学家卡森(R. Carson)在1962年出版了一本题为*Silent Spring*(《寂静的春天》)的专著。她告诫人们,DDT(双对氯苯基三氯乙烷)等农药的使用,杀死了虫子,也杀死了鸟儿,严重破坏了生态系统,使万物复苏的春天居然听不到鸟鸣,成为寂静的春天。该书的出版吹响了环境保护的号角。在20世纪50～60年代化学的辉煌时期,化学家把化学看成是诸多社会需求的解决办法。确实,他们创造的东西现在使用起来习以为常。也许有人还记得杜邦公司的一句标语:“美好生活源于化学”。在人造地球卫星时代,科学家就是英雄。也正是在那时,由于有了化学和抗生素的帮助,很多传染性疾病都被攻克。然而,在很多成功的故事背后蕴涵着一些化学家始料不及的后果。例如,当时人们没有认识到许多氯代物杀虫剂(如DDT)会由鸟类进行生物富集。这会引起蛋壳变薄和筑巢失败,从而导致秃鹰、鹗和鹈鹕等鸟类的数目下降。现在这些杀虫剂在很多国家已经禁用,而动物种群也正在恢复中。

如今,有人用“散发着恶臭”来描述着迷的化学家。有些人持有这样一个观点:“科学是枯燥乏味的、保守的、缺乏神秘性的和对社会有负面作用的”。化学恐惧症在增长,许多人认为化学品是不好的,纯自然的才好,尽管他们中有人并不知道什么是化学。事实上,作为化学家,一方面要用化学的技术和方法研究环境中物质间的相互作用,包括物质在环境介质(大气、水体、土壤、生物)中的存在、化学特性、行为和效应,并在此基础上研究控制污染的化学原理和方法;另一方面,还要利用化学原理从源头上消除污染,即采用无毒、无害的原料和洁净的化学品,如可降解塑料、可循环使用的金属和橡胶、对臭氧层不会构成威胁的新型制冷剂、能控制害虫而不会威胁人类和有用生物的农药等。前者的研究领域目前已经发展成为一门新兴的交叉学科,即环境化学;后者则是一个新兴的化学分支,即绿色化学。

3.1 自然环境中化学物质的循环

生物体内的化学成分总是在不断地新陈代谢，周转速度很快，由摄入到排出，基本形成一个单向物流。在生物体重稳定不变的条件下，向外排出多少物质，必然要从环境摄入等量的同类物质。虽然新摄入的物质一般不会是刚排出的，但如果把环境中的同类物质视为一个整体，这样的一个物流也可以视为一种循环。物流可能只是某个生物与环境之间的交换，也可能是由绿色植物开始，通过复杂的食物链再返回自然界。农业施肥和畜牧喂饲等是生物地球化学循环中的人工辅助环节。

虽然地壳变动可以使海底沉积的磷酸盐升至地面，但这种概率很低。而生物可以搬运固态物质，如海鸟捕食海鱼后把粪便排在海岛，从而使一部分海中的磷质（可能是上升流由海底带上来的）集中于地面。水速和风速达到一定程度时，也可携带固体物质。但这几种运动的规模都不大。具有生物学意义的循环主要是可溶性物质随水流的运动。

生物需要的液态物质就是水及其中溶解的营养物。但水流只能由高至低单向流动，即从高海拔流向低海拔，最后汇于海洋。水分蒸发为气态后才能随气流返回内陆，原来溶于水中的物质大部分不能随同返回。气态物质的活动性最大，特别是陆地生物生活于空气中，摄取和排放气态物质都很方便。自然界中的水、碳、氮、磷、硫等重要物质的循环基本是以液、气两种物态运动的。以溶液方式运动的营养物（如磷）大量地以沉积物的形式储存在土壤和岩石中，这类物质的循环也常称为沉积型循环。

3.1.1 水循环

水是原生质的主要组成成分，是生命活动和生物化学过程赖以进行的介质，生命必需的元素除碳、氧、氮外，多种营养元素是通过水进入生态系统的。其中数量最大的离子形态养分包括 Ca^{2+}、Na^{+}、K^{+}、NO_3^{-}、PO_4^{3-}、SO_4^{2-} 和 CO_3^{2-}。植物吸收养分必须以水作为介质，在能量的驱动下才能完成。同时，水还是调节环境温度的冷却剂，所以水循环是生物地球化学循环中最重要的循环。

水循环主要由四大过程组成：蒸发、水汽运输、降水和径流。水循环由太阳能驱动，太阳能使冰雪融化，液态水变为气态水进入大气。太阳辐射所引起的大气环流导致水汽的移动及水汽受冷凝结成雨，从而在海洋、大气、陆地、地表水和地下水之间循环流动。由于陆地上江河归海是单向流动，所以溶于水中的营养物从陆地流失后便难以返回。海水占地球总水量的97%，淡水只占3%，其中又有3/4为固态(冰)。所以陆地上可利用的淡水不足地球总水量的1%。淡水湖泊含水量占地球总水量的0.3%，土壤含水量也占0.3%，河流只占0.005%。陆地上的淡水分布很不均匀，有地区差异，也有季节年度差异。

人类活动对水循环的影响也是巨大的。例如，植被破坏导致水土流失、河流洪涝或干枯；兴建大型水利工程有利于防洪、发电、航运、灌溉，但也会改变流域水平衡、局部地下水位升降、上游水库淤积、水库下游河床下切、改变生物的栖息环境等；围湖造田造成的地表水蓄水、调洪能力降低，易造成地区性干旱(如湿地的减少)；过度开采地下水造成水位下降、河流干枯、海水入侵等。所有这些都使淡水资源问题日益突出。

水分的垂直移动主要表现为三种情况：一是太阳辐射的热力作用使水面及土壤表层的水分蒸发；二是植物根系吸收的大量水分经叶面蒸腾；三是空中的水汽遇冷后又凝结降落。空中气态水的周转速度很快，一般持水量不大。水分的水平移动，在空中表现为气态水随气流的移动，在地面表现为液态水自高向低的流动。所以，水循环的动力就是太阳辐射和重力作用。

在全球范围内，海面的蒸发量大于降水量，一部分水降到大陆；陆地的降水量大于蒸发和蒸腾量，多余的水流经地表和地下返回海洋。整个过程即为水的全球循环(图3-1)。陆地上的降水大部分直达地面，小部分被植被截留后蒸发或间接落到地面。一切到达地面的降水

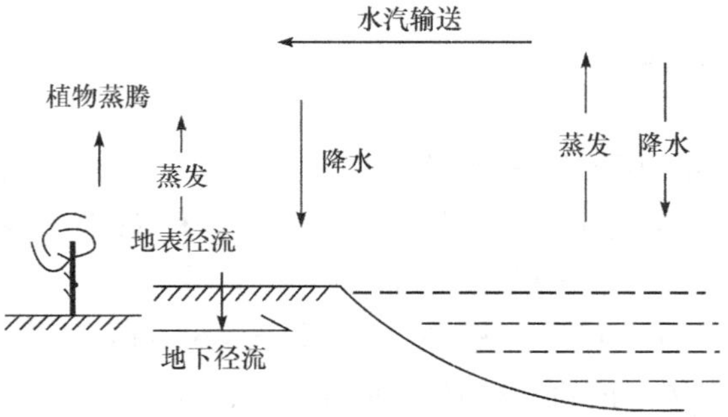

图3-1　水循环示意图

多经过下渗及填洼后形成径流。对于裸露的地面，较大的降雨和径流能破坏土壤，冲走营养物质。但有植被覆盖的地面，大部分降水可能被截留，而且富含腐殖质的土壤持水量较大，因此即使还有径流，其水量和速度也会小得多，不致造成严重的水土流失。

3.1.2 碳循环

碳是构成一切有机物的基本元素，也存在于人们的食物、衣服、大多数燃料以及其他许多材料中。90% 以上的化合物都含有碳。

绿色植物通过光合作用，将吸收的太阳能固定于碳水化合物中，这些化合物再沿食物链传递并在各级生物体内氧化放能，从而带动群落整体的生命活动，因此碳水化合物是生物圈中的主要能源物质。生态系统的能流过程即表现为碳水化合物的合成、传递与分解（图 3 - 2）。

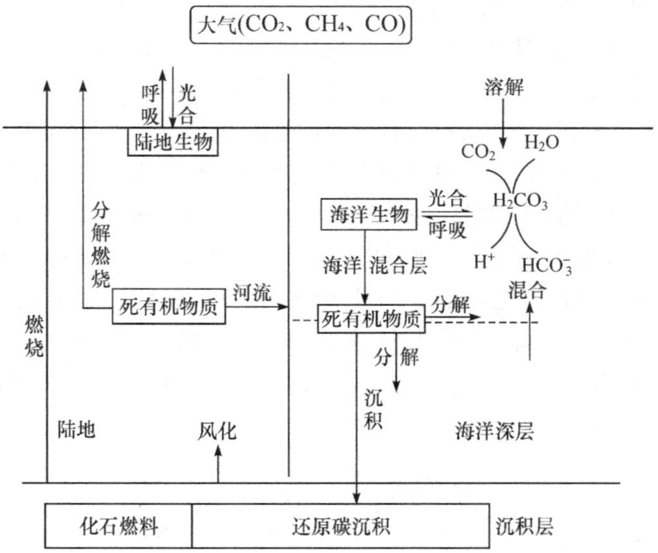

图 3 - 2　生物圈中的碳循环

自然界有大量碳酸盐沉积物，但其中的碳却难以进入生物循环。植物吸收的碳完全来自气态 CO_2。生物体通过呼吸作用将体内的 CO_2 作为废物排入空气中。翻耕土地也使土壤中容纳的一部分 CO_2 释放出来，腐殖质氧化产生的 CO_2 更多。燃烧煤炭和石油等燃料也能产生 CO_2，特别是工业化以后，以这种方式产生的 CO_2 量逐渐增大，甚至超过来自其他途径的 CO_2 量。大气中的 CO_2 一方面因植物的减少而降低了消耗，另一方面又因上述燃料使用量的增加而增多了补充，所以浓度有增大的趋势。但海水中可以溶解大量 CO_2，并以碳酸盐的形式储存起来，因此可以帮助调节大气中 CO_2 的浓度(图 3－2)。

3.1.3 氮循环

氮是构成生物蛋白质和核酸的主要元素，在生物学上具有重要的意义。氮的生物地球化学循环过程非常复杂，循环性能极为完善。虽然大气中有 79％的氮，但一般生物不能直接利用，必须通过固氮作用将氮与氧结合成为硝酸盐和亚硝酸盐，或者与氢结合形成氨以后，植物才能利用。

氮循环的很多环节都有特定的微生物参加。虽然大气中富含氮元素(79％)，植物却不能直接利用，只有经固氮生物(主要是固氮菌类和蓝藻)将其转化为氨(NH_3)后才能被植物吸收，并用于合成蛋白质和其他含氮有机质。在生物体内，氮存在于氨基中，呈－3 价。在土壤富氧层中，氮主要以硝酸盐(＋5 价)或亚硝酸盐(＋3 价)形式存在。土壤中有两类硝化细菌，一类将氨氧化为亚硝酸盐，另一类将亚硝酸盐氧化为硝酸盐，两类都依靠氧化作用释放的能量生存。除了与固氮菌共生的植物(主要为豆科)可以直接利用空气中的氮转化为氨以外，一般植物都是吸收土壤中的硝酸盐。植物吸收硝酸盐的速度很快，叶和根中有相应的还原酶，能将硝酸根逆向还原为 NH_3，但这需要供能。土壤中还有一类细菌为反硝化细菌，当土壤缺氧而同时有充足的碳水化合物时，它们可以将硝酸盐还原为气态的氮(N_2)或一氧化二氮(N_2O)。由进化的角度来看，这一步骤极为重要，否则大量的氮将储存在海洋或沉积物中(图 3－3)。

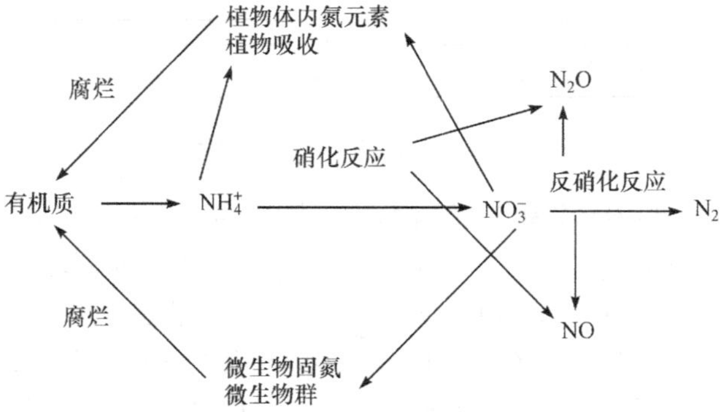

图 3－3　生物圈中的氮循环过程

20 世纪发展起来的氮肥工业以越来越大的规模将空气中的氮固定为氨和硝酸盐。现在全球范围的固氮速度可能已超过反硝化作用释放氮的速度。人工固氮对于养活世界上不断增加的人口具有重大贡献,同时,它也通过全球氮循环带来了许多不良的后果,其中有些是威胁人类在地球上持续生存的生态问题。大量有活性的含氮化合物进入土壤和各种水体以后对环境产生影响,其范围可能从局域卫生到全球变化,深至地下水,高达同温层。

流入池塘、湖泊、河流、海湾的化肥造成水体富营养化,藻类和蓝细菌种群大爆发,其尸体分解过程中大量掠夺其他生物所必需的氧,造成鱼类、贝类大规模死亡。海洋和海湾的富营养化称为赤潮,某些赤潮藻类还形成毒素,引起记忆丧失以及肾脏和肝脏的疾病等(图 3-3)。

3.1.4 磷循环

磷是有机体不可缺少的元素,生物的细胞内发生的一切生物化学反应中的能量转移都是通过高能磷酸键在二磷酸腺苷(ADP)和三磷酸腺苷(ATP)之间的可逆转化实现的。同时,磷还是构成核酸的重要元素。所以磷循环对于生物体有至关重要的作用。

磷主要以磷酸盐形式储存于沉积物中,以磷酸盐溶液形式被植物吸收。所以,磷循环起始于岩石的风化,终止于水中的沉积。植物可以直接从土壤或水中吸收 PO_4^{3-},合成自身原生质,然后通过植食动物、肉食动物在生态系统中循环,并借助于排泄物和动、植物残体再分解成无机离子形式,又重新回到环境中,再被植物吸收(图 3-4)。但土壤中的磷酸根在碱性环境中易与钙结合,酸性环境中易与铁、铝结合,都形成难以溶解的磷酸盐,植物不能利用,而且磷酸盐易被径流携带而沉积于海底。磷质离开生物圈即不易返回,除非有地质变动或生物搬运。

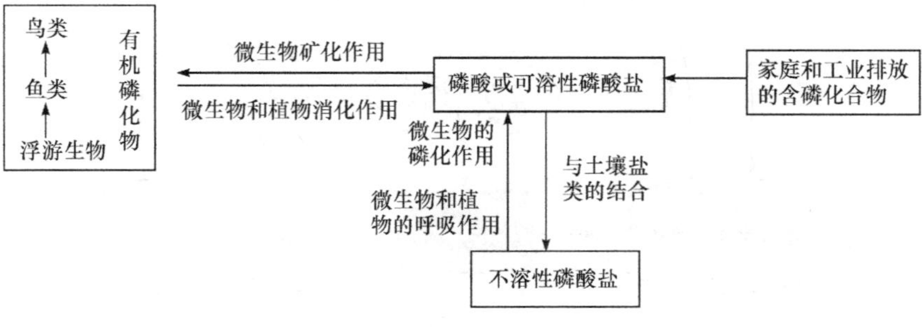

图 3-4　磷循环过程

生态系统中磷的来源是磷酸盐岩石和沉积物以及鸟粪层和动物化石。这些磷酸盐矿床经过天然侵蚀或人工开采，磷酸盐进入水体和土壤，供植物吸收利用，然后进入食物链。经短期循环后，这些磷的大部分随水流失到海洋的沉积层中。因此，在生物圈内，大部分磷只是单向流动，不形成循环。因而磷酸盐资源是一种不能再生的资源。

3.1.5 硫循环

陆地和海洋中的硫通过生物分解、火山爆发等进入大气；大气中的硫通过降水和沉降、表面吸收等作用，回到陆地和海洋；地表径流又带着硫进入河流，输往海洋，并沉积于海底。在人类开采和利用含硫的矿物燃料和金属矿石的过程中，硫被氧化为二氧化硫（SO_2）或还原为硫化氢（H_2S）进入大气。硫还随着酸性矿水的排放而进入水体或土壤。硫主要以硫酸盐形式储存于沉积物中，以硫酸盐溶液形式被植物吸收。但沉积的硫在土壤微生物的帮助下可转化为气态的硫化氢，再经大气氧化为硫酸（H_2SO_4）复降于地面或海洋中。与氮相似的是，硫在生物体内以-2价形式存在，而在大气环境中却主要以硫酸盐（$+6$价）形式存在，因此在植物体内也存在相应的还原酶系。在土壤富氧层和贫氧层中分别存在氧化和还原两种微生物系，可促进硫酸盐与水之间的相互转化（图3-5）。

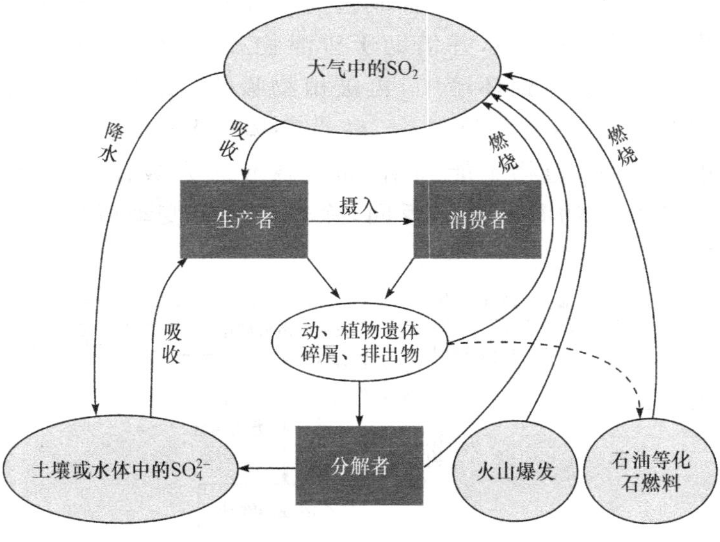

图3-5　硫循环过程

人类燃烧含硫矿物燃料和柴草，冶炼含硫矿石，释放大量的 SO_2。石油炼制释放的 H_2S 在大气中很快氧化为 SO_2。这些活动使城市和工矿区的局部地区大气中 SO_2 浓度大幅升高，对人和动、植物有伤害作用。SO_2 在大气中氧化为 SO_3，是形成酸雨和能见度降低的主要原因。

3.1.6 其他元素和化合物的循环与环境激素

除上述几种重要元素和化合物外，被植物根系吸收乃至随食物进入动物体内的化学物质还有很多，大致可分为生物必需的营养物质和非必需的化学物质两类。前一类包括钙、钾、钠、氯、镁、铁等元素和维生素等化合物，它们在生物体内的浓度常有一定限度，是由生物体本身调节的；后一类（如汞、铅等）逐渐受到重视，因为非必需物质达到一定浓度时可能造成机体功能紊乱，甚至破坏机体结构导致中毒。环境污染是造成这类中毒的主要原因。上述物质的循环常包括多生物环节。例如，肠道微生物能制造动物体需要的某些 B 族维生素，它们又依靠肠道内的废物为生，形成一种人体内循环。又如，生物对自己所需的营养物质有一定的浓缩本领，能把分散于环境中的低浓度营养物质浓缩到体内。但很多非必需物质也常一同被浓缩，如果不能及时将其降解或排泄，就可能引起中毒。这类物质积累在生物体内并沿食物链传递，其浓缩系数逐级增加，到顶级肉食动物体内便能达到极高的浓度。例如，湖水中的 DDT 经水生植物、无脊椎动物和鱼类，最后到达鸟类时其浓度比湖水中的高几十万倍（图 3－6）。

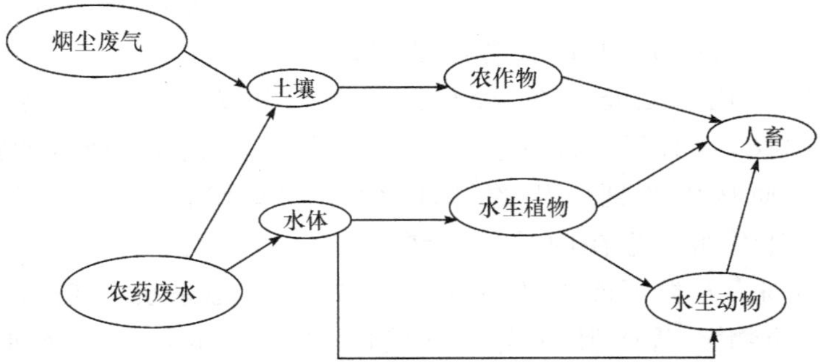

图 3－6　有毒物质的生物循环

此外，在近些年产业化的浪潮之中，伴随着人类大量的生产活动还出现了非必需人造化学物质在环境中的累积所导致的“化学背景”效应——环境激素，这一问题严重影响人类自身的生殖安全。

“环境激素”一词，最早出现在1996年美国《波士顿环境报》记者安·达玛诺斯基所著的《被夺去的未来》一书中，它的产生却始于20世纪30年代，当时人们采用人工合成的方法生产雌性激素，用作药品以及纺织工业的洗涤和印染用剂。目前已经发现，许多人工合成的化学物质具有激素活性，并且由于人类活动而广泛存在于环境之中，主要包括：①杀虫剂，如DDT、氯丹等；②多氯联苯（PCBs）和多环芳烃（PAHs）；③非离子表面活性剂中烷基苯酚类化合物；④塑料添加剂，如塑化剂；⑤食品添加剂，如抗氧化剂。另外，有研究指出环境污染物中的镉（Cd）、铅（Pb）和汞（Hg）等重金属产物也为可疑的内分泌干扰物。由于许多化学物质陆续被归入环境激素的类目，因此亟须发展相对应的标准检测方法和应对措施，而激素的反应特性在于只要极少量就可对生物体造成生理上的影响。

目前对环境激素问题的重视，源于这些化学物质对人类自身生殖的巨大威胁：其一，由于食物、饮水中大量存在环境激素物质，造成男性的精子减少，雄性退化，乃至男性不育症的高发；其二，则会导致怀孕胎儿的畸形。经研究发现，育龄妇女长期受环境激素的污染，会使受孕胎儿畸形的可能性大大增加，使胎儿的五官、肢体或性器官发生局部畸形。2011年台湾爆发塑化剂事件，起因在于不法厂商将食品添加物中的棕榈油成分用价格更为低廉、保存期限更长，但却会使人体致癌及生殖系统异变的工业原料“塑化剂”取代。而在2010年6月出版的《中国环境监测》杂志上，研究人员就已经发现，包括塑化剂邻苯二甲酸二(2-乙基)己酯(DEHP)在内的邻苯二甲酸酯类物质早已渗入北京的地面水体与空气之中，部分水体污染严重；长江三峡库区DEHP最高浓度和黄河部分河段中DEHP浓度都已超标。

环境激素几乎无处不在，要彻底杜绝已不太可能。这意味着人类已经别无选择，唯有尽量减少向环境中释放有害化学物质，加强对人工合成化学物质从生产到应用的管理，停用或替代目前正在使用的包括杀虫剂、塑料添加剂等在内的环境激素。

千百年来，人类不断扩大用人为的农业生态系统代替自然生态系统，用人为的物质循环渠道代替自然的物质循环渠道。例如，在农田中，一年生作物的单种栽培代替了自然植被；消灭了大量肉食动物，只保留少数役用和肉用植食动物。人工灌溉系统减轻了缺水地区和缺水季节的供水问题，稻秆喂饲家畜和粪肥施田形成了局部循环，但不恰当的耕作方法却造成水土流失。特别是工业化以后，大量生产矿质肥料和人造氮肥，极大地改变了自然界原有的物质平衡。而且，工业污染物侵入生物地球化学循环渠道，对人畜造成直接威胁。所以，人类应该保护自然界营养物质的正常循环，甚至通过人工辅助手段促进这些循环。同时，还应有效地防止有毒物质进入生物循环。生物圈中，一些物种排泄的废物可能是另一些物种的营养物，从而形成生生不息的物质循环。这一事实也启发人们在生产中探求化废为利的途径，这样既能提高经济效益，又可防止污染环境。

3.2 保护大气环境

大气是由一定比例的氮、氧、二氧化碳、水蒸气和固体杂质微粒组成的混合物。按体积计算，在标准状态下，氮气占 78.08%，氧气占 20.94%，氩气占 0.93%，二氧化碳占 0.03%，而其他气体的体积则非常小。但是各种自然变化往往会引起大气成分的变化。例如，火山爆发时有大量的粉尘和二氧化碳等气体喷射到大气中，造成火山喷发地区烟雾弥漫，毒气熏人；雷电等自然原因引起的森林火灾也会增加大气中二氧化碳和烟粒的含量等。通常，这些自然变化是局部的、短时间的。由地表至 1000 km 左右高空的大气层一般可认为是由干燥、清洁的空气、水蒸气和各种杂质三部分组成。干燥、清洁的空气组成是基本不变的，水蒸气的含量因时因地变化，各种杂质（如粉尘、烟、有害气体等）则会受到自然因素或人类活动的影响，无论其种类还是含量的变动都很大，甚至导致大气污染。特别是随着现代工业和交通运输的发展，向大气中持续排放的物质数量越来越多，种类越来越复杂，这些都会引起大气成分的急剧变化。当大气正常成分之外的物质对人类健康、动、植物生长以及气象气候产生危害时，就说明大气受到污染。大气污染通常是指由于人类活动和自然过程引起某种物质进入大气中，呈现出足够的浓度，达到足够的时间，并因此而危害了人体健康、舒适感和环境。

导致大气污染的自然因素包括火山活动、森林火灾、海啸、土壤和岩石的风化以及大气圈中空气运动等自然现象。一般说来，由于自然环境的自净机能，各种自然现象一般多能自动协调生态系统的动平衡关系。

人类活动包括生活活动和生产活动，而防止大气污染的主要对象首先是生产活动。人类活动所造成的空气污染主要来自燃料的燃烧过程、工业生产过程、交通运输等三个方面。其中燃料(包括煤、汽油、柴油、天然气等)燃烧产生的空气污染物约占全部污染物的70%;工业生产产生的空气污染物约占20%;机动车产生的空气污染物约占10%。

3.2.1 空气质量指数和PM 2.5

空气污染物的种类有很多,常见的有二氧化硫(SO_2)、二氧化氮(NO_2)、一氧化碳(CO)、臭氧(O_3)和悬浮颗粒物。悬浮颗粒物中,直径≤10 μm的称为PM 10,直径≤2.5 μm的称为PM 2.5,现阶段对人们健康影响最大的正是后者。2013年,"雾霾"成为中国年度关键词。这一年的1月,4次雾霾过程笼罩30个省(区、市);在北京,仅有5天不是雾霾天。有报告显示,中国最大的500个城市中,只有不到1%的城市达到世界卫生组织推荐的空气质量标准。而2013年底,上海、南京等华中地区也遭遇严重的雾霾侵袭,上海多地多次出现PM 2.5数据"爆表"(超过500)。此外,广东甚至海南地区同样遭遇雾霾侵袭。不夸张地说,"雾霾"已经成为中国环境污染第一词。

持续的雾霾天气导致空中浮游大量尘粒和烟粒等有害物质,一旦被人体吸入,就会刺激并破坏呼吸道黏膜,使鼻腔变得干燥,破坏呼吸道黏膜防御能力,容易造成上呼吸道感染。由于意识到其危害的严重性,我国即将颁行的2016年《环境空气质量标准》中,新增了对PM 2.5的监测要求并规定了浓度限值。

环境监测部门每天发布的空气质量报告中包含各种污染物的浓度值,如SO_2浓度为20.5 $\mu g/m^3$、PM 10浓度为150.8 $\mu g/m^3$、PM 2.5浓度为130.7 $\mu g/m^3$等。但是,人们很难从这么多个抽象的浓度数据中判断出当前的空气质量到底处在什么水平。于是,就有人想出了一个办法,将各种不同污染物含量折算成一个统一的指数,这就是空气质量指数。

空气质量指数(air quality index,AQI)是一个用来定量描述空气质量水平的数值。世界各国制定的空气质量标准不同,AQI的取值范围也各有不同。我国采用的是和美国相似的标准,AQI的取值范围为0~500。

空气质量指数的值在不同的区间,就代表了不同的空气质量水平。例如,0~50代表"良好",51~100代表"中等",101~150代表"对敏感人群不健康"等。为了更直观起见,每个区间都有一个固定的颜色值与其对应(表3-1)。这样,根据报告的AQI值,甚至只看颜色,即可直观判断空气质量水平。

表 3-1 空气质量指数标准

AQI	AQI 分类	AQI 颜色	O_3/ppb		PM 2.5 /(μg/m³)	PM 10 /(μg/m³)
			8 h	10 h		
0～50	好	绿	0～64	—	0～15	0～54
51～100	中	黄	65～84	—	16～40	55～154
101～150	不宜敏感人群	橙	85～104	125～164	41～65	155～254
151～200	差	红	105～124	165～204	66～150	255～354
201～300	很差	紫	125～374	205～404	151～250	355～424
301⁺	危险	棕	—	405～604	251～500	425～604

3.2.2 大气的主要污染源和污染物

大气污染源就是大气污染物的来源，按照污染源的位置通常分固定排放源和流动排放源。固定排放源是指工业、企业排气筒和工业炉窑、烟囱，其位置固定不变。流动排放源是指汽车、拖拉机、火车、轮船、飞机等交通运输工具，其位置流动多变。大气污染主要有以下三个来源：

(1) 工业：工业是大气污染的一个重要来源。工业排放到大气中的污染物种类繁多，性质复杂，有烟尘、硫的氧化物、氮的氧化物、有机化合物、卤化物、碳化合物等，其中有的是烟尘，有的是气体。例如，著名的"马斯河谷事件"，比利时的马斯河谷位于狭窄的盆地中，1930 年 12 月 1～5 日，气温发生逆转，致使工厂中排放的有害气体和煤烟粉尘在近地大气层中集聚不散，3 天后开始有人发病。其症状表现为：胸痛、咳嗽、呼吸困难等，一周内有 60 多人死亡，其中心脏病、肺病患者死亡率最高。同时，还有许多家畜致死。事件发生期间，SO_2浓度很高，并可能含有氟化物。事后分析认为，此次污染事件是几种有害气体与煤烟粉尘对人体综合作用所致。

(2) 生活炉灶与采暖锅炉：城市中大量民用生活炉灶和采暖锅炉需要消耗大量煤炭，煤炭在燃烧过程中释放大量的灰尘、二氧化硫、二氧化碳、一氧化碳等有害物质污染大气。特别是在冬季采暖时，往往使污染地区烟雾弥漫，是一种不容忽视的污染源。

(3) 交通运输：汽车、火车、飞机、轮船是当代的主要运输工具，它们烧煤或石油产生的废气也是重要的污染物。特别是城市中的汽车，量大而集中，排放的污染物能直接侵袭人的呼吸器官，对城市的空气污染很严重，成为大城市空气的主要污染源之一。汽车排放的废气主要有一氧化碳、二氧化硫、氮氧化物和碳氢化合物等，前三种物质危害性很大。汽车尾气所造成的污染公害的典型实例是美国的“洛杉矶光化学烟雾事件”。洛杉矶位于美国西南海岸，早期是个小牧区，加利福尼亚金矿发现后，人口剧增，迅速发展为名闻遐迩的大城市，单是汽车就增加了数百万辆 。到 20 世纪 40 年代初期，每年 5～8 月，在阳光的强烈照射下，城市上空常出现迷漫天空的浅蓝色烟雾，使整座城市变得浑浊不清。这种烟雾对喉、鼻有强烈的刺激作用，引发喉头炎、头痛等许多疾病。研究发现，汽车尾气就是产生这种烟雾的罪魁祸首。由于洛杉矶三面环山，市区大气的水平流动相对缓慢，而这些成分复杂（通常含有硫氧化物、氮氧化物）的汽车尾气在强光的照射下产生臭氧，并发生一系列化学变化，从而危害人们的健康。因此，人们把这种城市上空的浅蓝色烟雾称为“光化学烟雾”。

3.2.3 大气污染的危害

大气污染的危害主要有以下几个方面：

（1）对人体健康的危害。世界卫生组织和联合国环境组织发表的一份报告说：“空气污染已成为全世界城市居民生活中一个无法逃避的现实。”如果人类生活在污染十分严重的空气中，将可能在几分钟内全部死亡。人需要呼吸空气以维持生命。一个成年人每天呼吸大约 2 万多次，吸入空气达 15～20 m^3，因此，被污染的空气对人体健康有直接的影响。大气污染物主要通过三条途径危害人体：一是人体表面接触后受到伤害；二是食用含有大气污染物的食物和水中毒；三是吸入污染的空气后患上各种疾病。

例如，1952 年 12 月 5～8 日在英国伦敦发生的煤烟雾事件死亡 4000 人。人们把这个灾难的烟雾称为“杀人的烟雾”。据分析，这是因为那几天伦敦无风有雾，工厂烟囱和居民取暖排出的废气、烟尘弥漫在伦敦市区经久不散，烟尘最高浓度达 4.46 mg/m^3，二氧化硫的日平均浓度竟达到 3.83 cm^3/m^3。二氧化硫经过某种化学反应，生成硫酸液沫附着在烟尘上或凝聚在雾滴上，通过呼吸进入器官，使人发病或加速慢性病患者的死亡。

由此可见，大气中污染物的浓度很高时，会造成急性污染中毒，或使病情恶化，甚至在几天内夺去几千人的生命。其实，即使大气中的污染物浓度不高，但人体成年累月呼吸这种污染了的空气，也会引起慢性支气管炎、支气管哮喘、肺气肿及肺癌等疾病。表3-2列出了几种大气污染物对人体的危害，可以看到，各种大气污染物是通过多种途径进入人体的，对人体的影响又是多方面的。

表3-2 几种大气污染物对人体的危害

名称	对人体的影响
二氧化硫	视程减少，流泪，眼睛有炎症；可闻到有异味，胸闷，导致呼吸道炎症，呼吸困难，肺水肿，迅速窒息死亡
硫化氢	恶臭难闻，恶心、呕吐，影响人体呼吸、血液循环、内分泌、消化和神经系统，导致昏迷、中毒和死亡
氮氧化物	可闻到有异味，导致支气管炎、气管炎、肺水肿、肺气肿，呼吸困难，直至死亡
粉尘	伤害眼睛，视程减少，可导致慢性气管炎、幼儿气喘病和尘肺，死亡率增加；可以使得能见度降低，交通事故增多
光化学烟雾	眼睛红痛，视力减弱；可导致头痛、胸痛、全身疼痛，麻痹，肺水肿，严重的在1 h内死亡
碳氢化合物	皮肤和肝脏损害，可致癌或死亡
一氧化碳	头晕、头痛，贫血、心肌损伤，导致中枢神经麻痹、呼吸困难，严重的在1 h内死亡
氟和氟化氢	强烈刺激眼睛、鼻腔和呼吸道，引起气管炎、肺水肿、氟骨症和斑釉齿
氯气和氯化氢	刺激眼睛、上呼吸道，严重时引起中毒性肺水肿
铅	导致神经衰弱，腹部不适，便秘、贫血，记忆力低下
煤烟	引起支气管炎等；如果煤烟中附有各种工业粉尘（如金属颗粒），则可引起相应的尘肺等疾病
硫酸烟雾	对皮肤、眼结膜、鼻黏膜、咽喉等均有强烈刺激和损害；严重患者会并发如胃穿孔、声带水肿、狭窄、心力衰竭或胃脏刺激症状，均有生命危险
臭氧	其影响较复杂，症状较轻时表现为肺活量少，症状较重时导致支气管炎等
氰化物	轻度中毒有黏膜刺激症状，重者可使意识逐渐丧失，血压下降，迅速发生呼吸障碍而死亡；氰化物蒸气可引起急性结膜充血、气喘等。氰化物中毒后遗症为头痛，失语症、癫痫发作等
氯	主要通过呼吸道和皮肤黏膜对人体发生毒害作用。当空气中氯的浓度达0.04～0.06 mg/L时，30～60 min即可致严重中毒；当浓度达3 mg/L时，则可引起肺内化学性烧伤而迅速死亡

（2）大气污染危害生物的生存和发育。大气污染主要通过以下三条途径危害生物的生存和发育：一是使生物中毒或枯竭死亡；二是减缓

生物的正常发育；三是降低生物对病虫害的抗御能力。植物在生长期中长期接触污染的大气，损伤了叶面，减弱了光合作用，并且伤害了内部结构，使植物枯萎，直至死亡。各种有害气体中，二氧化硫、氯气和氟化氢等对植物的危害最大。大气污染对动物的损害主要是呼吸道感染和食用被大气污染的食物。其中，以砷、氟、铅、钼等的危害最大。大气污染使动物体质变弱，以致死亡。大气污染还通过酸雨形式杀死土壤微生物，使土壤酸化，降低土壤肥力，危害农作物和森林。

(3) 大气污染对全球大气环境的影响。大气污染发展至今已超越国界，其危害遍及全球。对全球大气的明显影响表现为三个方面：一是臭氧层破坏；二是酸雨腐蚀；三是全球气候变暖。

1. 南极上空出现臭氧洞

在离地面 10～55 km 的平流层中，大气中的臭氧相对集中，形成臭氧层。臭氧层起净化大气和杀菌作用，可以把大部分有害的紫外线过滤掉，减少对人体的伤害，而且使许多农作物增产。臭氧浓度过高会使人体中毒，而臭氧含量减少，紫外线就长驱直入，使人体皮肤癌发病率增加，农作物减产。1984 年，英国科学家法尔曼等在南极哈雷湾观测站发现：在过去 10～15 年间，每到春天南极上空的臭氧浓度就会减少约 30%，极地上空的中心地带有近 95% 的臭氧被破坏。从地面上观测，高空的臭氧层已极其稀薄，与周围相比像是形成一个“洞”，“臭氧洞”由此而得名，这是人类历史上第一次发现臭氧空洞，当时观察此洞覆盖面积只有美国的国土面积那么大。紫外线就通过“臭氧洞”进入大气，危害人类和自然界的其他生物。“臭氧洞”的出现与广泛使用氟利昂(Freon，冰箱、空调等的制冷剂)有关。美国和欧洲等国家自 2000 年起停止生产氟利昂。

1) 大气臭氧层的作用

臭氧层中的臭氧是在离地面较高的大气层中自然形成的，其形成机理如下：

$$O_2 + h\nu \longrightarrow O + O$$

(高层大气中的氧气受波长小于 242 nm 的紫外线照射，变成游离的氧原子)

$$O_2 + O \longrightarrow O_3$$

(有些游离的氧原子又与氧气结合生成臭氧，大气中 90%的臭氧是以这种方式形成的)

O_3 是不稳定分子，来自太阳光的小于 1140 nm 的射线照射又使 O_3

分解，产生 O_2 分子和游离 O 原子，因此大气中臭氧的浓度取决于其生成与分解速率的动态平衡。

太阳是一个巨大的热体，表面温度高达 6000 ℃，是地球取之不尽的能量来源。但太阳辐射的紫外光中有一部分能量极高，如果到达地球表面，就可能对地球生物的生存造成无法挽回的影响。然而自然的力量改变了这一过程，地球的大气层就像一个过滤器，一把保护伞，将太阳辐射中的有害部分阻挡在大气层之外，使地球成为人类可爱的家园。完成这一工作的就是“臭氧层”。

臭氧是地球大气层中的一种蓝色、有刺激性的微量气体，是平流层大气的最关键组成部分。大气中 90％的臭氧集中在距地球表面 10～50 km 的高度，分布厚度为 10～15 km，其平均密度约为 9×10^{-8} g/L。臭氧层在地球表面并不太厚，臭氧在大气层中只占百万分之几，若在气温 0 ℃ 时，将地表大气中的臭氧全部压缩到一个标准大气压时，臭氧层的总厚度才不过 3 mm，总质量不过 30 亿 t 左右。但就是这样的一个臭氧层，却吸收了来自太阳 99％的高强度紫外辐射，保护了人类和生物免遭紫外辐射的伤害。

2）臭氧空洞的成因

臭氧层损耗是臭氧空洞的真正成因，那么，臭氧层是如何耗损的呢？人类活动排入大气中的一些物质进入平流层，与臭氧发生化学反应，就会导致臭氧耗损，使臭氧浓度减少。

人为消耗臭氧层的物质主要是：广泛用于冰箱和空调制冷、泡沫塑料发泡、电子器件清洗的氯氟烷烃（CF_xCl_{4-x}，又称氟利昂），以及用于特殊场合灭火的溴氟烷烃［$CFXBr_{4-x}$，又称哈龙（Halons）］等化学物质。

消耗臭氧层的物质在大气的对流层中是非常稳定的，可以停留很长时间，如 CF_2Cl_2 在对流层中寿命长达 120 年左右。因此，这类物质可以扩散到大气的各个部位，但是到了平流层后，就会在太阳的紫外辐射下发生光化反应，释放出活性很强的游离氯原子或溴原子，参与导致臭氧损耗的一系列化学反应：

$$CF_xCl_{4-x}+h\nu \longrightarrow \cdot CF_xCl_{3-x}+\cdot Cl$$

$$\cdot Cl+O_3 \longrightarrow \cdot ClO+O_2$$

$$\cdot ClO+O \longrightarrow O_2+\cdot Cl$$

这样的反应循环不断，每个游离氯原子或溴原子可以破坏约 10 万个 O_3 分子，这就是氯氟烷烃或溴氟烷烃破坏臭氧层的原因。

《关于消耗臭氧层物质的蒙特利尔议定书》规定了 15 种氯氟烷烃、

3 种哈龙、40 种含氢氯氟烷烃、34 种含氢溴氟烷烃、四氯化碳(CCl_4)、甲基氯仿(CH_3CCl_3)和甲基溴(CH_3Br)为控制使用的消耗臭氧层物质，也称受控物质。其中含氢氯氟烷烃类(如 $HCFCl_2$)物质是氯氟烷烃的一种过渡性替代品，因其含有 H，在底层大气易于分解，对 O_3 层的破坏能力低于氯氟烷烃，但长期和大量使用对臭氧层危害也很大。

在工程和生产中作为溶剂的四氯化碳和甲基氯仿同样具有很大的破坏臭氧层的潜值，所以也被列为受控物质。

溴氟烷烃主要包括哈龙 1211(CF_2BrCl)、哈龙 1310(CF_3Br)、哈龙 2420($C_2F_4Br_2$)，这些物质一般用作特殊场合的灭火剂。此类物质对臭氧层最具破坏性，比氯氟烷烃高 3～10 倍，1994 年发达国家已经停止生产这 3 种哈龙。

近年来的研究发现，核爆炸、航空器发射、超音速飞机将大量的氮氧化物注入平流层中，也会使臭氧浓度下降。

NO 对臭氧层破坏作用的机理如下：

$$O_3 + NO \longrightarrow O_2 + NO_2$$

$$O + NO_2 \longrightarrow O_2 + NO$$

总反应式为

$$O + O_3 \longrightarrow 2O_2$$

3）臭氧空洞的危害

臭氧层中的臭氧能吸收 200～300 nm 的紫外线辐射，因此臭氧空洞可使紫外线辐射到地球表面的量大大增加，从而产生一系列严重的危害。

在日常生活中，紫外线可分为三大类：近紫外线(UVA)、中紫外线(UVB)和远紫外线(UVC)。

近紫外线(UVA)又称长波紫外线 A 光，波长为 315～400 nm，可穿透云层、玻璃进入室内及车内，可穿透至皮肤真皮层，使皮肤晒黑，也是皮肤老化、出现皱纹及皮肤癌的主因。UVA 可再细分为 UVA-2(315～340 nm)与 UVA-1(340～400 nm)。UVA-1 穿透力最强，可达真皮层使皮肤晒黑，对皮肤的伤害性最大，但也是最容易对它忽视的，特别在非夏季时 UVA-1 强度虽然较弱，但仍然存在，会因为长时间累积的量造成皮肤伤害，尤其是皮肤老化松弛、出现皱纹、失去弹性、黑色素沉淀等。UVA-2 则与 UVB 一样可到达皮肤表皮，它会引起皮肤晒伤、变红发痛、日光性角化症(老人斑)、失去透明感。

中紫外线(UVB)也称中波紫外线 B 光，波长为 280～315 nm，会被平流层的臭氧吸收，会引起晒伤及皮肤红、肿、热及痛，严重者还会起水泡或脱皮(类似烧烫伤的症状)。我们日常生活中使用的防晒霜上通常标有 SPF 是什么意思呢？SPF 是 sun protection factor 的缩写，是美国的防晒标准，意即防晒系数或防晒因子。而防晒系数的测量是针对 UVB，如 SPF 30 代表的意思是该防晒霜可以抵挡 97%的紫外线，是按(30－1)/30＝97%计算出来的；而 SPF 20 就可以抵挡 95%的紫外线，按(20－1)/20＝95%计算得出。当然，相应的还有日系的防晒标准 PA，PA +大概相当于 SPF 15，PA ++大概相当于 SPF30，PA +++大概相当于 SPF 50～60。还有欧洲的防晒标准是 IP，如 IP 10 就大概相当于 SPF 15，是按 10 乘以 1.5 计算得到的。

远紫外线(UVC)即短波紫外线 C 光，波长为 100～280 nm，波长更短、更危险，但可被臭氧层所阻隔，不会到达地球表面，不会侵害人体肌肤。但是，当臭氧层被破坏时，这类强紫外线会照射到地面，对地球上的生物造成伤害，在紫外线增强的同时，反而会将部分氧气转变为臭氧，使近地面对流层中的臭氧浓度增加，尤其是在人口和机动车辆密集的城市，从而使光化学烟雾污染的概率增加。

2. 酸雨

一般未受污染的雨水是呈弱酸性的，因为大气中约含有 0.03%的二氧化碳，而其溶于水达成平衡的 pH 约为 5.6。因此，我们所说的酸雨是指 pH<5.5 以下的雨水，而酸雨笼罩的地区 pH 在 4.5 左右是相当常见的，最低曾发现 pH＝1.5。pH 差 1 个单位即表示氢离子浓度差 10 倍，即一般酸雨的酸度比正常雨水高 10 倍，且最高可达 10 000 倍。

SO_2 和 NO_x 是造成雨水酸化最主要的污染物。SO_2 氧化的基本机理包括气相光化学氧化和液相溶解 SO_2 氧化。在气相光化学氧化中，若有碳氢化合物存在，则其反应速率增快很多，在 SO_2 的氧化反应中，以参与自由基(如 OH、H_2O 等)作用者贡献最大，液相氧化机理包括催化与非催化反应，前者的反应速率远超过后者，而最有效的催化剂(M)为 Mn^{2+}、Fe^{3+}、Cu^{2+} 等微量金属。SO_2 氧化为 SO_4^{2-} 的反应式可以表示如下：

$$SO_2 + O_2 \longrightarrow SO_3$$

$$SO_2 + O_2 + O + M \longrightarrow SO_3 + M$$

$$SO_2 + O_2 + OH + M \longrightarrow HOSO_2 + O_2 + M$$

$$SO_3 + H_2O \longrightarrow H_2SO_4$$

$$SO_2 + O_2 + H_2O \longrightarrow SO_4^{2-} + H^+$$

NO_x 氧化成硝酸盐可经由 NO 和 NO_2 的氧化达成。NO 可与空气中的氧气及金属催化剂发生化学反应，形成 NO_2、无机硝酸盐等物质。NO_2 可被微粒表面吸收，转变为无机硝酸盐或硝酸，硝酸再与氨（NH_3）反应生成硝酸铵（NH_4NO_3）；或经由水滴直接吸收，溶解并转变为硝酸，其反应式可以表示如下：

$$NO + O_2 \longrightarrow NO_2$$

$$NO + O_3 \longrightarrow NO_2 + O_2$$

$$NO_2 + O_3 \longrightarrow NO_3 + O_2$$

$$NO_3 + NO_2 + H_2O \longrightarrow HNO_3$$

$$NO_2 + H_2O + O_2 \longrightarrow HNO_3$$

$$HNO_3 + NH_3 \longrightarrow NH_4NO_3$$

$$NO_2 + H_2O + M \longrightarrow H^+ + NO_3^- + M$$

酸雨能使大片森林和农作物毁坏，使纸制品、纺织品、皮革制品等腐蚀破碎，使金属的防锈涂料变质而降低保护作用，还会腐蚀、污染建筑物。

3. “温室效应”加剧

我们居住的地球周围包裹着一层厚厚的大气，形成了一座无形的“玻璃房”，在地球上产生了类似玻璃暖房的效应，这种“温室效应”是地球进化的正常结果。空气中含有的二氧化碳，在过去很长一段时期含量基本上保持恒定，原因是大气中的二氧化碳始终处于“边增长、边消耗”的动态平衡状态。大气中的二氧化碳有 80％来自人和动、植物的呼吸，20％来自燃料的燃烧；散布在大气中的二氧化碳有 75％被海洋、湖泊、河流等地表水及空中降水吸收溶解，还有 5％通过植物光合作用转化为有机物储藏起来。这就是多年来二氧化碳占空气成分 0.03％（体积分数）基本保持不变的原因。

但是，进入工业革命以来，由于人类大量燃烧煤、石油和天然气等燃料，大气中二氧化碳的含量骤增，“玻璃房”吸收的太阳能量也随之增加。同时，由于森林被大量砍伐，大气中应被森林吸收的二氧化碳相应减少，导致二氧化碳逐渐增加，温室效应也不断增强。据分析，在过去 200 年中，二氧化碳浓度增加 25％，地球平均气温上升 0.5℃。估计到 22 世纪中叶，地球表面平均温度将上升 1.5～4.5℃，而在中、高纬度地区温度上升更多。温室效应在地球上产生了干旱、热浪、热带风暴和海平面上升等一系列严重的自然灾害，对人类造成了巨大的威胁。

在空气中，氮气和氧气所占的比例最高，它们都可以透过可见光和红外辐射；但是二氧化碳不同，它不能透过红外辐射。因此，二氧化碳可以防止地表热量辐射到太空中，具有调节地球气温的功能；如果没有二氧化碳，地球的年平均气温会比目前降低 20 ℃。但是，二氧化碳含量过高，就会使地球温度逐渐升高，形成“温室效应”。在可以形成温室效应的气体中，二氧化碳约占 75%、氯氟代烷占 15%～20%，此外还有甲烷、一氧化氮等 30 多种气体对此均有贡献。

如果二氧化碳含量比现在增加一倍，全球气温将升高 3～5 ℃，两极地区可能升高 10 ℃，气候将明显变暖；气温升高，将导致某些地区雨量增加，某些地区出现干旱，飓风力量增强，出现频率也将提高，自然灾害加剧。更令人担忧的是，气温升高将使两极地区冰川融化，海平面升高，许多沿海城市、岛屿或低洼地区将面临海水上涨的威胁，甚至被海水吞没。20 世纪 60 年代末，非洲撒哈拉牧区曾发生持续 6 年的干旱。由于缺少粮食和牧草，牲畜被宰杀，饥饿致死者超过 150 万人。

这是“温室效应”给人类带来灾害的典型事例。因此，必须有效地控制二氧化碳含量增加，控制人口增长，科学使用燃料，加强植树造林，绿化大地，防止温室效应给全球带来的巨大灾难。

3.2.4 大气污染的防治

大气污染的防治措施很多，最根本的一条是减少污染源。一般采用以下几种措施：

（1）工业合理布局。这是解决大气污染的重要措施。工厂不宜过分集中，以减少一个地区内污染物的排放量。另外，还应把有原料供应关系的化工厂放在一起，通过对废气的综合利用，减少废气排放量。

（2）区域采暖和集中供热。分散于千家万户的炉灶是煤烟粉尘污染的主要污染源。采取区域采暖和集中供热的方法，即用设立在郊外的几个大的、具有高效率除尘设备的热电厂代替千家万户的炉灶，这是消除煤烟的一项重要措施。

（3）减少交通废气的污染。减少汽车废气污染关键在于改进发动机的燃烧设计和提高汽油的燃烧质量，使油充分燃烧，从而减少有害废气。

（4）改变燃料构成。实行自煤向燃气的转换，同时加紧研究和开发其他新能源，如太阳能、氢燃料、地热等。这样，可以大大减少烟尘的污染。

（5）绿化造林。茂密的丛林能降低风速，使空气中携带的大粒灰尘下降。树叶表面粗糙不平，有的有绒毛，有的能分泌黏液和油脂，能吸附大量飘尘。蒙尘的叶子经雨水冲洗后，能继续吸附飘尘。如此反复拦阻和吸附尘埃，能使空气得到净化。

3.3 土壤污染

土壤是地球生态系统的重要组成部分，在地球演化漫长的历史过程中，与大气、水、生物系统形成了宏观的相对平衡的体系。由于具有生理毒性的物质或过量的植物营养元素进入土壤而导致土壤性质恶化和植物生理功能失调的现象称为土壤污染。

人类活动对土壤环境的影响可以追溯到远古时代，但那时影响的范围和深度是很小的。在欧洲一直到工业革命以后，人类活动对土壤环境的影响才开始急剧地增长。在我国则是自新中国成立以后，随着工业的发展，大量的废水、废气和固体废弃物（简称固废）排向环境造成了环境污染，其中包括土壤污染。外来的有毒有害农药、石油、重金属以及酸性物质破坏了土壤中物质和生态系统固有的动态平衡。

3.3.1 土壤污染物的来源

土壤污染物主要来自大气沉降，工业废水和生活污水排放，农药施用，工业固废和生活垃圾堆放，以及矿产资源开发和炼制等。

1. 大气沉降

大气中的有害气体主要是工业排出的有毒废气，它的污染面大，会对土壤造成严重污染。工业废气的污染大致分为两类：气体污染，如二氧化硫、氟化物、臭氧、氮氧化物、碳氢化合物等；气溶胶污染，如粉尘、烟尘等固体粒子及烟雾、雾气等液体粒子。它们通过沉降或降水进入土壤，造成污染。例如，有色金属冶炼厂排出的废气中含有铬、铅、铜、镉等重金属，对附近的土壤造成污染；生产磷肥、氟化物的工厂会对附近的土壤造成粉尘污染和氟污染。

2. 化肥和农药对土壤的污染

施用化肥是农业增产的重要措施，但不合理的使用也会引起土壤污染。长期大量使用氮肥会破坏土壤结构，造成土壤板结，生物学性质恶化，影响农作物的产量和质量。过量使用硝态氮肥，会使饲料作物含有过多的硝酸盐，妨碍牲畜体内氧的输送，使其患病或导致死亡。

化学农药包括各种杀虫剂、杀菌剂、除草剂和植物生长剂等。1949年我国还不能生产化学农药。1950年生产了1000 t化学农药，随着经济快速发展，到1980年达到53万t，不久发现“六六六”和“DDT”大吨位产品为难降解有机氯农药，于是逐渐减少产量直至停止生产，农药总产量下降了20万t。但随着其他品种以及新农药不断发展，到2000年农药总产量达到60.7万t。农药的不合理、不科学施用，不仅污染了农产品，而且还残留在土壤中。有机氯农药虽已停止生产20多年，但是各地的土壤中仍发现有较高的残留浓度。

从上述可知，大量的有毒有害物质通过大气沉降、废水和污水排放、工业固废和城市垃圾倾泻、化学农药施用而进入土壤和水体，对环境和人体健康造成危害。据统计，2000年我国环境污染与破坏事故共发生2411次，造成直接经济损失17 807万元，间接的经济损失更大。

3. 工业固废和城市垃圾

我国工业固体废弃物主要来自采掘业、化学原料及化学制品、黑色冶金及化工、非金属矿物加工、电力煤气生产、有色金属冶炼等。这些固废中主要有煤矸石、铬渣、粉煤灰、碱渣以及其他各种矿渣和工业生产废渣。1949年全国废渣产生量只有1140万t，2001年全国工业固废产生量为8.9亿t(其中危险废物952万t)，比1949年增加79倍。城市垃圾清运量由1949年的869万t增加到2000年的16 200万t，增加了19倍。工业废渣量大面广，含有各种重金属元素，占据大面积土地，污染和破坏土壤。

城市垃圾半个世纪以来不仅产生量迅速增长，而且化学组成也发生了根本的变化，早期的城市垃圾主要来自厨房和卫生间，垃圾组成基本上也是燃煤炉灰和生物有机质。这种组成的垃圾很受农民欢迎，可用作农田肥料。现代城市垃圾的化学组成则完全不同，含有各种重金属和其他有害物质。

3.3.2 污染物类型

土壤污染物有以下4类：

(1) 化学污染物。包括无机污染物和有机污染物。无机污染物包括汞、镉、铅、砷等重金属，过量的氮、磷植物营养元素以及氧化物和硫化物等；有机污染物包括各种化学农药、石油及其裂解产物，以及其他各类有机合成产物等。

（2）物理污染物。指来自工厂、矿山的固体废弃物，如尾矿、废石、粉煤灰和工业垃圾等。

（3）生物污染物。指带有各种病菌的城市垃圾和由卫生设施（包括医院）排出的废水、废物以及厩肥等。

（4）放射性污染物。主要存在于核原料开采和大气层核爆炸地区，以锶和铯等在土壤中生存期长的放射性元素为主。

3.3.3 污染物在土壤中的生物物理化学行为

各种有毒有害物质以原子、分子或其他形式，以气体、液体、固体或复合的状态散落或沉降到土壤生态系统后，伴随着迁移、吸附、吸收、转化、降解等一系列生物物理化学过程。查明这些过程的机理、动力学和生物效应，对从根本上防治土壤生态系统污染具有重要意义。

土壤生态系统与大气、水体相比更为复杂，它是由气、水、固、生物组成的复杂系统，有气-固、气-液、液-固，以致相界面交错、不清晰，污染物在单相和相界面进行复杂的物理、化学和生物化学的多相过程，这就决定了这类研究的多学科性，要从不同的学科观点联合共同研究，剖析和阐明污染物在土壤系统中的生物物理化学行为。

污染物在土壤生态系统中的生物物理化学行为可以是相继的，也可以是同时发生的。为方便起见，可将全过程分阶段研究，本书仅就吸附、吸收和转化分别进行简要介绍。

1. 吸附

污染物由气相或液相向土壤颗粒表面的扩散或迁移称为吸附。吸附是首先发生的物理或化学过程。污染物的吸附类型可用不同的吸附等温式描述，根据污染物质和土壤颗粒的性质和结构与吸附条件的不同而异。

2. 迁移和扩散

污染物沉降到土壤后，在土壤中的迁移和扩散速率缓慢，其速率不仅与土壤理化性质、生物种类和数量、土壤环境条件有关，而且也与污染物种类及其存在的形态有关。

土壤系统是由气、液、土壤固体颗粒以及植物根系等组成的动态三相体系。污染物在均相内、相界面间以离子、分子、原子团形式迁移和扩散，因此这些过程要比在均相中进行的过程复杂得多。

3. 酸沉降对土壤系统的影响

长期的酸沉降能引起土壤理化性质的一系列变化，使土壤酸化，土壤营养元素流失，重金属阳离子活化，土壤微生物过程受到抑制，有机物分解速率降低，从而导致作物减产，林木衰亡，在欧洲和北美曾经成为严重的区域性环境问题，其重要性远远超过其他类型的土壤污染。国外众多的科学工作者已进行了长期的研究。

酸化的土壤中过量的 H^+ 置换了土壤中可交换的阳离子，使土壤中 Ca^{2+}、Mg^{2+}、K^+ 等盐基阳离子流失。土壤酸度上升，盐基饱和度下降。植物营养元素供给量减少，导致植物生长衰退，农作物产量降低。严重时，当土壤 pH 降低到一定水平时，能使土壤中有害金属元素（如 Al^{3+}）活化，使林木衰竭以致死亡。此外，土壤理化性质的改变还能引起生物多样性的减少、物种种群组成和生态系统结构的改变。

土壤酸度升高，使土壤微生物活性降低，由微生物小循环增加土壤肥力的作用受到阻碍，导致土壤退化，微生物数量减少，群落结构发生变化，最终影响有机物的分解、硝化、反硝化以及固氮过程。由于不同类型土壤的理化性能不同，对酸沉降的敏感性差异也大，因此如何评价土壤对酸沉降的敏感性是土壤酸化生态效应研究的重要领域。

我国早已成为世界酸沉降量最大的国家，酸雨面积约占大陆面积的 1/3，酸雨区主要在长江以南广大的红壤和砖红壤地区，这里的土壤 pH、Ca^{2+} 和 Mg^{2+} 浓度都低，且更容易流失。为了保护生态环境，国外 20 世纪 80 年代初向科学界提出一项任务，研究和提供不同的生态环境能允许的酸排放限值，后来称此限值为临界负荷。于是不同领域的科学工作者纷纷开展研究，并为本领域提出更为准确的临界负荷定义。土壤科学家定义森林土壤的酸沉降临界负荷为保护土壤遭受因大气沉降影响而引起的不能被自然过程补偿的长期化学变化的最高酸沉降量。这里所说的化学变化包括土壤 pH 降低，以及潜在的毒性阳离子 Al^{3+} 的活化等。

20 多年来国外对临界负荷进行了大量的研究，特别是欧洲提出了各种计算方法和模型，计算了欧洲硫沉降、氮沉降临界负荷和 H^+ 沉降临界负荷，由于土壤化学过程的复杂性，至今仍有许多人还在进行研究。我国从 20 世纪 80 年代已有人进行局部地区研究，特别是近几年来有较大的进展，并提出了相应的临界负荷图，这些工作对控制酸性物排放和保护土壤起到了积极的作用。由于我国幅员辽阔，地理气候环境各异，土壤临界负荷仍有待深入研究。

3.3.4 土壤污染的防治

防治土壤污染，首先应通过国家立法，健全有关环境保护的法律、标准和制度；同时应通过土壤质量监测，严格控制污染物排放，合理施用农药、化肥，禁用长残留和对人畜高毒性的农药；还应对土地严重破坏的矿山和工业区进行地表景观的修复，以保持环境清洁等，预防土壤污染的发生。对于已经污染的土壤，一般可采取下列措施进行改良和利用。

(1) 改革耕作制度。土壤中污染物的危害程度常与土壤性质密切相关。例如，有机氯农药在旱作物土壤中的残留期可长达数年，而在水田中微生物群体的作用下，只需 2～3 个月即可基本消失。在水田中镉离子易形成难溶性化合物而毒害减轻；砷则相反，在水田中可形成比砷酸毒性更强的亚砷酸。可根据这些原理调整耕作制度，以减轻土壤污染的危害。

(2) 合理利用污染土地。严重污染的土壤可改种非食用经济作物或经济林木，以减少食品污染。

(3) 施用石灰、磷酸盐、氧化铁等化学改良剂，可减轻土壤中重金属的毒害。采用稀酸和氯化铁处理土壤可加速排除土壤中的重金属，但具体实施时要防止污染地下水。

(4) 客土或深埋等工程措施是快速和较彻底地治理土壤污染的方法，但工程量较大。

全球土壤污染物的来源与聚集及其在自然界的循环已进行多年研究，虽已取得很大进展，但由于基础资料收集困难，可靠性差，参数多而复杂，尚未能很好地解决。我国随着工业高速发展排放了大量的各类污染物，其中大部分沉降到土壤，进入土壤的各类污染物的量及其地理分布还需要进行深入的研究。半个世纪以来，各类污染物累积排放总量、沉积强度、土壤中的浓度分布，特别是不能降解的重金属的污染现状亟待查明，迫切需要进行一次全国性的土壤污染普查，以查清土壤污染的现状、性质和地区分布。

我国工业化带给环境的最大负面影响之一是土壤污染。在过去的几十年中，环境研究的重点主要在大气污染和水污染，对土壤污染的关注很不够。

近年来，我国对土壤污染问题已有较多报道和关注，特别是重金属污染造成的在作物中的蓄积问题。例如，金属“镉”被国际癌症研究机构列为强致癌物质，它在人体的积蓄潜伏可以长达 10～30 年，可以导致肾脏等器官发生病变，还可能引发骨痛病，甚至影响下一代的健康。20 世纪 80 年代中期，对南方某省镉污染水灌溉导致的污染地区所做的研究表明，大米镉含量超标率为 71.69%；2005～2009 年对南方某省食品镉污染情况进行调查，镉的检出率为 64.4%。镉超标食品涉及粮食、水果、食用菌、水产品、动物内脏等，说明在一些地区镉污染情况比较普遍。2013 年 5 月 16 日，广州市食品药品监督管理局的网站公布了第一季度餐饮食品抽验结果，其中 44.4% 的大米及米制品抽检产品发现镉超标。

污染物在土壤中的生物物理化学行为研究是预防土壤污染和污染土壤修复的科学基础。在这方面，我国科学工作者进行了大量工作，但由于土壤系统的复杂性，许多重要问题仍然不很清楚。重金属在土壤中的吸附与解吸、固定与释放的平衡关系，存在的形态及转变，化学变化与迁移规律，在生物体内的累积以及污染物的生物物理化学过程，重金属对土壤微生物及其他污染物的复合生态效应，重金属土壤污染临界值或基准值，土壤酸化机理；硫、氮、酸沉降临界负荷，酸化土壤的营养元素流失与有害元素释放，有机农药与难降解有机物在土壤系统中降解的机理和动力学等课题，都有待进一步研究。

思考题

1. 二氧化碳产生的原因是什么？
2. 臭氧层有什么作用？破坏臭氧层的主要因素有哪些？
3. 酸雨有哪些危害？
4. 为了保护大气环境，个人应该从哪里做起？
5. 土壤污染的来源有哪些？
6. 不合理使用化肥和农药会造成怎样的后果？

第4章

化学与生命

在前面的有关章节已经涉及不少化学和生命体的关系。但具体地讲，生命体中有哪些化学物质？这些物质从哪里来？具有什么样的结构和功能？它们又是以何种方式来维持生命体的正常运行？如果把“化学物质”换成其他的词汇，这些问题几乎伴随着整个人类的发展史，不知多少哲人为之皓首穷经。本章借助现代科学或现代化学的原理和方法，努力回答这些问题。

有关化学和生物的交叉学科，常见的有生物化学、生物无机化学、生物有机化学；不含“化学”这个词的有分子生物学、大分子生物学、生物物理；近年来又有新的名词出现，如超分子生物化学、结构生物学和化学生物学。而且还创办了各种以此命名的杂志。这些学科本质上没有什么区别，根本上都是为了在微观层次，即分子的水平上认识生命过程及解决生命体系的实际问题，如医药、农林、环境、生态、毒理等。本质上，这些从事与生物体系相关研究的化学家就是应用化学的原理、研究方法和手段，从分子或超分子水平上认识和解决生命体系的有关问题。由于众多科学家的贡献，人类在近200年来对生物体系在微观水平上的认识取得了巨大的进展。但是，我们很难单纯地将这些伟大的人物归结为化学家、生物学家或物理学家，很多情况下这种分类是没有意义的。

19世纪初，英国化学家维勒人工合成了尿素，这个可导致尿毒症的简单有机分子是人体的代谢产物，也是化肥工业的主角之一。其人工合成说明生命中的物质并没有来自上帝的生命力，生物体的反应同样是遵循物理和化学的规律。19世纪中叶，法国微生物学家巴斯德用小镊子在光学显微镜下分离出左旋和右旋的酒石酸晶体。现在，左旋或右旋已成为最重要的物理、化学和生物学概念。对两种光学异构体，大部分生物只能选择单一手性的使用。在此，我们不能不提到19世纪末20世纪初伟大的德国有机化学家费歇尔(E. Fischer)对生物学的伟大贡献：在结构分析方法极其落后的情况下，凭借个人智慧确定了糖这种生物最重要的能量物质的结构；为了解释生物酶促反应的专一性，提出酶与底物的作用的“钥匙与锁”原理（“lock and key”principle），这个模型到现在仍是理解酶反应的重要手段，后来生物学上的受体（receptor）概念超分子化学中的主客体（guest-host）概念都是受此启发而产生。

进入 20 世纪，以量子力学和相对论为代表的近代物理理论及其研究方法的发展对化学及生物学的发展影响深远。其中以量子力学及有关微观世界研究的方法最为重要。单晶 X 射线衍射技术为测定晶态物质在原子水平上的结构提供详细的结构信息，如原子坐标、键长、键角、扭角、分子的立体构象、绝对构型、原子或分子的堆积方式等。通过这种技术，人类确定了大量物质的结构。其中最重要的是 20 世纪中叶确定了遗传物质 DNA 的双螺旋结构和遗传密码的解密。这是 1953 年由剑桥大学年轻的学者沃森（Watson）和克里克（Crick）合作完成的，其中还有一位杰出而无名的女性富兰克林的前期工作。1959 年，克里克在此基础上提出生物的“中心法则”。大量蛋白质的结构也由这种方法确定。20 世纪 40 年代，同样是剑桥大学的佩鲁茨确定了人体血液中输送氧气的血红蛋白的结构。迄今为止，有关蛋白质的最直接和最多的结构信息都是来自这种方法，对确定蛋白质结构与功能的关系起了决定性作用，这也是结构生物学这门学科产生的原因。但是这种方法对样品要求很高，要求样品必须是完美的晶体——透明的凸多面体，像水晶那样。对于生物大分子，另外一种结构分析方法是核磁共振技术，可以得到蛋白质等生物大分子的液相结构信息，这更接近其在生物体内的状态。

化学分离纯化技术的发展对生物化学的发展也起了很大的推动作用，其中代表性的技术是 19 世纪末俄国科学家发明的色谱分离技术（图 4－1）。这项技术可以从复杂的生命体中提出纯的生物分子进行结构和功能的分析，以了解这些物质在生命体中的作用。没有这项技术的发明，几乎不会有 20 世纪化学和生物学的发展。我们发现的绝大多数生物分子都是通过这种分离手段得到的。

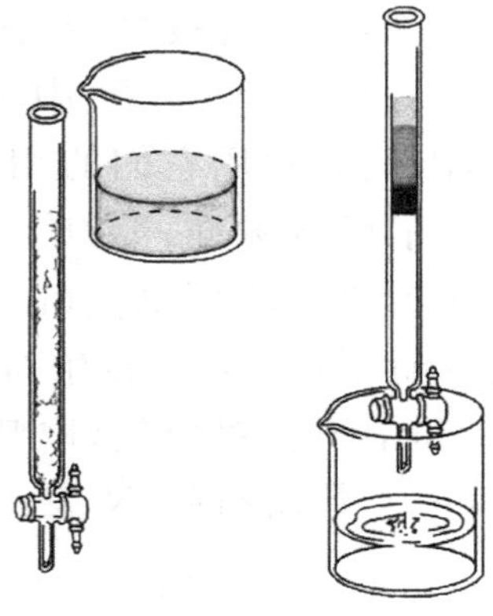

图 4－1　柱色谱分离图

本书难以详述化学对生物学产生的巨大影响，本章只对几个问题做一些介绍。

4.1 物质的产生和生命起源中的化学

几乎任何一个民族都有自己的创世神话，我们的先民认为是自己所信仰的神创造了包括人类的这个世界，并安排了我们的生活方式。这说明人类一开始就关心一些根本问题并给出自己的答案。这些问题包括：我们从哪里来？物质从哪里来？世界为什么是这样的？诸如此类。在以逻辑和实证为基础的近代科学兴起之前，很难说他们给出的答案就是错误的或斥之为迷信。本节简单地介绍现代科学家如何理解从元素的产生到生命的产生这个过程。

4.1.1 元素的产生

在讲元素的形成过程前，我们先来了解一下原子的结构。20 世纪初，卢瑟福(Rutherford)在电子、质子、放射性等一批重大科学发现的基础上，通过 α 粒子散射实验提出了带核的原子模型：原子由原子核和核外电子组成，原子核带正电荷，并位于原子中心，电子带负电荷，在原子核周围空间做高速运动。

后来，科学家进一步证实原子核也具有复杂的结构，它由带正电荷的质子和不带电荷的中子组成。因此，核电荷数由质子数决定，核电荷数的符号为 Z：核电荷数(Z)＝质子数＝核外电子数。

由于电子、质子、中子和原子质量都很小(表 4－1)，计算起来不方便，因此通常用它们的相对质量来计算。国际上选用 ${}^{12}_{6}C = 12$ 作为相对原子质量标准，即以一个 ${}^{12}_{6}C$ 原子的质量(1.9927×10^{-26} kg)的 1/12 定义为原子质量单位(u)，$1u = 1.660\ 540\ 2\times10^{-27}$ kg。如果电子的质量忽略不计，原子的相对质量的整数部分就等于质子相对质量(取整数)和中子相对质量(取整数)之和，这个数值称为质量数，用符号 A 表示，中子数用符号 N 表示，则

$$质量数(A) = 质子数(Z) + 中子数(N)$$

表 4-1 电子、质子和中子的基本数据

粒　子	质量/kg	电荷/C	电荷/e
电子	$9.109\,389\,7\times10^{-31}$	1.6×10^{-19}	-1
质子	$1.672\,623\,1\times10^{-27}$	1.6×10^{-19}	$+1$
中子	$1.674\,928\,6\times10^{-27}$	0	0

如果以$^{A}_{Z}X$代表一个质量数为 A、质子数为 Z 的原子，那么构成原子的粒子间的关系可以表示如下：

$$\text{原子}(^{A}_{Z}X)\begin{cases}\text{原子核}\begin{cases}\text{质子} & Z\text{个}\\ \text{中子} & (A-Z)\text{个}\end{cases}\\ \text{核外电子} \quad Z\text{个}\end{cases}$$

具有相同质子数(核电荷)的同一类原子总称为元素。同种元素的原子的质子数相同，但中子数不一定相同，这些具有相同质子数而质量数不同的原子互为同位素。例如，元素铀(U)有$^{234}_{92}U$、$^{235}_{92}U$和$^{238}_{92}U$三种天然同位素，$^{235}_{92}U$是制造原子弹和核反应堆的燃料，可见不同的同位素，其性质有较大的差别。同位素在自然界中的天然存在比(又称丰度)是指该同位素在这种元素的所有天然同位素中所占的比例。丰度的大小一般以百分数表示，人造同位素的丰度为零。我们平常所用的元素的相对原子质量是按各种天然同位素原子所占的一定百分比计算出来的平均值。

20 世纪 50 年代，伯比奇(Burbidge)夫妇、福勒(Fowler)和霍伊尔(Hoyle)等提出了元素在恒星中形成的假说，即 B^2FH 理论。如果我们现在关于宇宙的认识是正确的，那么根据宇宙产生的大爆炸理论，宇宙最初不过是一个超高温度、超高密度的原始“奇点”，其中既没有现在通俗意义上的物质，也没有所谓的时间和空间概念，现在的物理规律在当时是否起作用也是疑问。在 100 亿到 200 亿年前，这个超高能密度的点发生了大爆炸，产生了现代意义上的宇宙。爆炸后约 0.01 s 时，宇宙温度约为上千亿度，此时宇宙中存在大量光子、电子、正电子、中微子和反中微子等轻基本粒子，同时还存在一些质子和中子等重基本粒子。当时宇宙中只有这些高速运动的基本粒子，这时除了氢的原子核——质子外没有其他原子核，更谈不上存在原子和分子了。

在爆炸后 3 min 左右，随着宇宙的膨胀，宇宙的温度迅速下降。这时，初始的原子核开始形成，一个中子和一个质子作用，产生了宇宙中的第一种非简单质子的原子核——氘核(氢的一种同位素)。氘核或者吸收一个中子形成氚核——这是氢的第三种同位素，或者吸收一个质子形成氦的一种同位素核^{3}He。然后氚核与质子反应，可形成氦核^{4}He。于是元素周期表中两个最轻的元素氢和氦的原子核及其同位素的核就产生了。再经过几十万年，宇宙温度逐渐降下来，高速运动的电子开始与包括质子的这些早期原子核结合形成稳定的氢原子和氦原子及其同位素原子(图 4－2)。

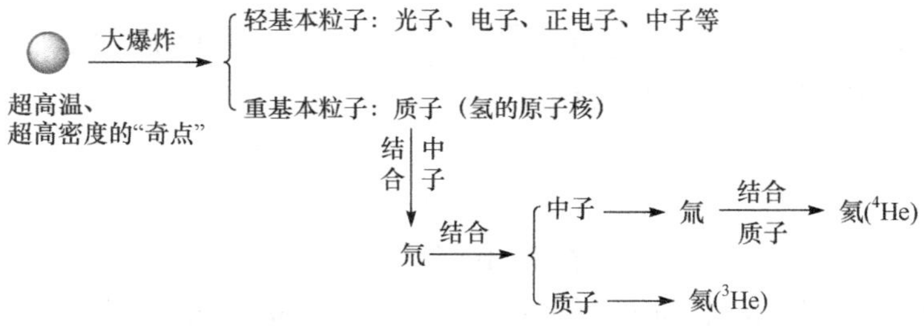

图 4－2　宇宙大爆炸原子的形成过程

现在发现的元素除了氢和氦外，包括人工合成的还有上百种，那么这些元素又是如何形成的呢？著名的物理学家费米断言，重元素的原子核和原子的形成将通过与氢、氦不同的途径来实现。1957 年，美国科学家福勒等发表了一篇著名论文，提出重元素可以在恒星内部生成的理论。

早期宇宙所形成的氢和氦由于万有引力的作用聚集在一起成为一颗恒星，进而组成星系和星云等恒星聚集体。也是由于引力的作用，组成恒星的氢和氦向恒星中心收缩，温度升高，导致热核反应发生，氢核聚变成氦核，同时发射出正电子、中微子和能量。当恒星中心的氢核燃烧完时，其中心区主要是氦核，外围仍由未聚合的氢核组成。引力收缩继续导致恒星中心的温度升高和密度的增大，当中心温度达到上亿度时，氦核开始发生聚变反应，产生碳、氧等元素，同时产生低丰度(含量)的锂、铍、硼等，进而产生一系列元素，构成纷繁复杂的宇宙。碳、氧、钙、铁等元素起源于恒星中心部位的燃烧。

若恒星的质量足够大，氦聚合结束后，温度进一步升高，当达到 2 亿度时，碳核开始聚合，产生了氧、氖、钠、镁、硅等。碳聚合结束后，中心区温度继续升高到 10 亿度(宇宙大爆炸发生几分钟的温度)时，氧开始聚合并产生了磷、硫等核素。继而硅、镁等陆续聚合，直到中心区剩下的大部分是铁、镍等元素为止。在所有元素中，铁核的平均结合能最大，比铁轻的原子核一起发生核聚变时，要放出能量；而聚合形成比铁重的原子核则要消耗能量。宇宙大爆炸之后，原始恒星或第一代恒星一般都十分庞大，形成铁核后其核聚变反应达到终点，进入热死亡状态。

那么比铁重的元素的核如何形成呢？一般认为，重元素是在超新星的爆发中形成的。1987 年的超新星爆发是当年引起轰动的大事件，也让我们回忆起宋代记录的有关蟹状星云发生的相同事件。恒星在核燃料用尽时，由于没有核反应产生的能量抵挡引力的塌缩作用，根据质量的大小将进入不同的死亡或演化状态，如中子星或白矮星。质量中等的恒星会发生一次大爆炸——超新星爆发，由于剧烈收缩，恒星的温度升高，残留的核燃料剧烈反应，发生爆炸，其亮度增加，表面膨胀，并将外围的轻元素抛出。同时强烈的加热使那些在稳定恒星内部不可能发生的核反应发生，形成超过铁的新元素的核。太阳系就是数十亿年前一颗原始恒星发生超新星爆发产生的，残留的燃料组成第二代恒星——现在的太阳，抛出物形成了各个行星和小行星带。

由上述演化过程可见，今天地球上的元素都是宇宙各级核反应的产物，各燃烧阶段的恒星向外抛射物质的结果。地球刚形成时，氢和氦等挥发性物质占很大部分。但这些较轻的物质最终逃离地球，留下的是重物质。现在地球核主要是液态的铁和镍。

但是，元素起源问题作为一个复杂而又综合的问题，它的定量理论仍是不成熟的。其发展还有待于核物理实验、天文学观测、天体演化理论和粒子物理等方面水平的提高。尽管还存在各种争议，特别是对铍、硼和锂的来源仍然不是很明确，但是化学元素起源问题的轮廓已经清晰。

4.1.2 化合物的产生

除生命分子外，似乎没有人关注宇宙内其他分子态物质的产生过程。造成这种情况的原因有以下几个。一是化合物的种类繁多，人类已知的就有几百万种。二是与核反应不同，化学反应形成新的化合物极为常见，我们每天会接触到无数种化学反应，包括生物体内众多的化学反应和物质转化。例如，做饭生火就是使燃料和空气中的氧气发生化学反应，汽车发动机的情况也类似。最后一个原因是自维勒以来，人类创造了大量自然界中不存在的化合物，除了伦理学的不同外，这种工作的科学意义和宗教意义不比绵羊“多莉”之后各种“人造生命”的意义小。

从原理上讲，两个或多个自由的原子或离子相遇时，必然会发生热力学第二定律所允许的反应形成分子，可能是单质，也可能是化合物。

那么我们怎么知道浩瀚的宇宙中存在哪些分子呢？这要借助天文望远镜来观察。我们现在观察到的都是比早期地球上及其大气中都要简单的分子，而且很易在实验室合成或在现在的地球上、太阳系中找到。

20 世纪 60 年代四大天文发现之一——星际分子的发现直接导致了一门新学科——分子天体物理学的诞生。分子具有极丰富的、从厘米波至远紫外波段的谱线，不同的物质具有自己特定的谱线，可用各种波段的望远镜及相应的分光手段来观测宇宙中的分子，前面介绍的元素也是通过这种方式测试其在宇宙中的含量。射线和红外线的谱线波长较长，其相应的望远镜最适合于宇宙中分子的测试。20 世纪 40 年代，科学家首次观测到星际中 CH、CH^+ 和 CN 的光学谱线，也就是在星际中看到了这些分子，但未引起重视。1963 年用射线望远镜检测到 OH（羟基）分子的微波谱线后，人们终于相信分子能够大量产生和存在于宇宙中，其实对于化学家这是完全可以想象的。从此大量的分子在天体观察中被发现，迄今已有 100 多种天文分子被发现。丰度最大的分子是 H_2，其次是 CO，相对丰度约为 H_2 的万分之一。其他分子的相对丰度都只有 H_2 的亿分之一以下。所发现的分子大多是由氢、氧、碳、氮、硫、硅组成的，其中既有常见的简单分子又有多原子分子，包括有机化学中常见的醛、酮、醇、酸、酰胺、酯、醚、烯、炔、腈等。表 4－2 给出了一些分子的发现年份。尽管每种星际有机分子在宇宙中的浓度很低，但由于宇宙太大，其绝对数量都远远高于它们在地球上的数量。20 世纪 80 年代以来，检测到一系列碳链分子，也可能发现了多环芳香族碳氢化合物(PAHS)。同样有人认为，或许富勒烯(C_{60})这样的特殊分子也能在天文环境中找到，事实上，富勒烯就是在用激光照射石墨以模拟天体中碳簇分子时被发现的。尽管在宇宙中发现的大部分分子(包括自由基)可在地球上发现或在实验室人工合成，但还是有少量星际分子在地球环境中找不到，甚至在实验室中也无法得到，如在金牛座的星云中发现的分子式为 HC_7N 的有机分子。

表 4－2　天体观察中发现的部分分子及其发现年份

发现年份	分子式(中文名称)
1937	CH^+(次甲基正离子)，CH(次甲基)
1939	CN(氰基)
1963	OH(羟基)
1968	NH_3(氨)，H_2O(水)
1969	CH_2O(甲醛)

发现年份	分子式(中文名称)
1970	CO(一氧化碳), HCN(氰化氢), HC≡CCN(氰基乙炔), H_2(氢), CH_3OH(甲醇), HCOOH(甲酸)
1971	CS(一硫化碳), $HCONH_2$(甲酰胺), OCS(硫化羰基), CH_3CN(乙腈), SiO(一氧化硅), HNCO(异氰酸), HNC(异氰化氢), CH_3CHO(乙醛), $CH_3C≡CH$(丙炔)
1972	H_2S(硫化氢)
1973	SO(一氧化硫)
1974	CH_3NH_2(甲胺), CH_3OCH_3(甲醚), C≡CH(乙炔基), SiS(硫化硅), C_2H_5OH(乙醇), HCO^+(甲酰离子), N_2H^+(氢化偶氮离子)
1975	SO_2(二氧化硫), CH_2CHCN(丙烯腈), NS(硫化氮), H_2NCN(氰胺)
1976	HCO(甲酰基), HC≡CC≡CCN(氰基丁二炔), HC≡CH(乙炔), $HCOOCH_3$(甲酸甲酯)
1977	C≡CCN(氰乙炔基), HNO(次硝酸), $H_2C=CO$(乙烯酮), CH_3CH_2CN(丙腈), HC≡CC≡CC≡CCN(氰基己三炔)
1978	C_2(双碳分子), NO(一氧化氮), HC≡CC≡C(丁二炔基), HC≡CC≡CC≡CC≡CCN(氰基辛四炔)
1979	CH_4(甲烷), CH_3SH(甲硫醇), HNCS(硫代异氰酸)
1984	SiC_2(碳化硅,第一个天体环形分子)
1987	PN(氮化磷)
1989	PC(碳化磷)

尽管近年来有发现来自地球外的生物小分子——氨基酸和糖类的报告,而且我们也相信这类分子在地球外存在的可能性,但这些报告中来自光谱的证明还是不完全肯定。而来自于地球上陨石的报告难以消除陨石途经大气层时被大气悬浮物污染的嫌疑,并且陨石上的大部分有机质会在大气中被烧掉。所以我们即使采用来自陨石的证据,也应该去月球上寻找。

4.1.3 生命分子的产生和生物的化学进化

地球上的生命分子究竟从何而来?目前来自宇宙空间的证据还不足,尽管酰胺类分子的发现为氨基酸在地球外存在提供了极大的可能性,同时有不少人相信其来自外星并不停地寻找证据。就目前的科学证据而言,在早期地球环境形成这些分子的可能性还是非常大,尽管我们不能保证它们最早是在这里形成的。

美国大气化学家尤里认为生命出现以前，地球上的大气中没有氧气，而是包含氮气、甲烷、水蒸气和氢气的还原性气体。闪电释放出的电或紫外线辐射可能产生简单的生物分子，如氨基酸和糖。1953 年，其学生米勒通过实验验证了老师的观点。他利用试管中简单的化学物质模拟原始的大气，通过放电后从中分离出包括甘氨酸、丙氨酸、谷氨酸、天冬氨酸等多种生物小分子。这就是著名的“米勒实验”，它证实了生物小分子是自然合成的结果。自此以后，对生命起源的研究基本上都是遵循米勒的实验模式，所有生命基本构成成分的合成也以其为基础。而且之后的大量实验研究表明，生命所需的主要小分子完全可能在原始地球条件下合成。

既然有了小分子，那么这些有机小分子如何聚合成多肽、蛋白质及核酸等生命大分子呢？其中用来制造陶器和瓷器的黏土，特别是一种名为蒙脱石的黏土混合物起了巨大的作用。广泛存在于水边湿地的黏土具有吸附和催化性能，可能通过吸附作用聚集、浓缩最早出现的生物小分子，并催化其缩合形成较大的分子或大分子。最近的发现表明，黏土还可以协助脂肪酸更快速地形成一种名为小囊泡的包状物质，而让黏附在黏土上的 RNA（早期可能的遗传物质）进入其中，即包裹着生命物质并将其与环境相对隔离的体系。如果这个囊泡可以与环境交换物质，并进行自我复制，那么它就是一定意义上的生命体。

现代生命的信息载体是 DNA 的双螺旋结构的长链分子，其指导了生命的表现形式——蛋白质的合成，但在信息复制、输出和表达过程中又少不了蛋白质中酶的帮助。这就陷入一个“先有鸡还是先有蛋”的悖论之中。有几种实验证据和理论解决这个难题。

20 世纪 60 年代早期，科学家发现了某些病毒可使用 RNA 作为遗传物质，并且结构也比 DNA 简单。20 世纪 80 年代，科学家发现了核酶，即 RNA 具有催化活性，打破了生物催化剂只能是蛋白质的结论。这样 RNA 既有遗传信息载体的功能，又有催化功能，在早期生命的化学进化阶段可能只有这种物质，而 DNA 和蛋白质则是进化的产物。这种生物世界起源于 RNA 的想法最早由科学家奥格尔（L. E. Orgel）提出。奥格尔同时也是化学中有关金属配合物价键理论-配位场理论的创立者。这个著名的“RNA 世界”（RNA world）假说在逻辑上非常合理，但在实验室中却无法模拟在原始地球大气的状况下成功制备 RNA，这可能是构成 RNA 的基本原料核糖在低氧和高辐射的环境下无法稳定存在造成的。

此外，引起疯牛病和羊瘙痒症的朊病毒并不含长链的DNA或RNA作为其遗传物质，在这种生命体内只含有一些很短的DNA或RNA碎片，根本不能起到生命信息载体的作用。这也是对生命在化学进化阶段是否需要DNA或RNA作为信息载体的一种挑战。

对于蛋白质而言，只有30个氨基酸残基以上的肽链才能形成稳定的空间构象，进而表现出特定的功能，如催化功能等。所以生命起源过程需要在自然条件下，即没有蛋白酶催化的条件下形成至少30个氨基酸残基以上的肽链，才算产生了原始的蛋白质。

无论是蛋白质还是DNA，甚至较简单的RNA，都是由有限的数种简单的小分子排列组合连在一起形成的。蛋白质由20种氨基酸形成，而DNA和RNA都分别由4种相应的小分子形成。需要强调的是，这些小分子的排列顺序非常重要，其中一个排错，就可能导致相应生物大分子功能的丧失。如果序列出错，可能导致新生体的畸变，对人类而言可能导致癌症等疾病。那么在生命进化早期，这些小分子如何选择了这种顺序来聚合成相应的生物大分子？在统计学上我们无法理解，在化学反应活性的差异上也无法理解。

另一方面，艾根(M. Eigen)的超循环理论可能是对这个问题的最佳解释。艾根是著名的德国物理化学家，曾因有关化学反应动力学的研究而获得诺贝尔化学奖。超循环理论认为，对于蛋白质和DNA这样互为因果的复杂体系的演化，不可能先出现其中的某种而引发其他物质的产生，只能在不停地循环和进化过程中，通过彼此的偶合和协调，演化而同时出现。

4.1.4 氧气的产生与生命进化

尽管生命已经出现，但很长时间内地球上原始的大气中不含氧气，那时的生物都是厌氧生物，通过发酵获得能量。大约27亿年前，地球上出现了蓝藻等自养型生物后，大气才有了氧气，这些生物采用有氧呼吸获得新陈代谢的能量。与厌氧发酵相比，有氧呼吸对生物能量资源的利用率更高，利用1 mol葡萄糖，可以获得1161 kJ左右的有效能量并将其储存在ATP(三磷酸腺苷)中，而厌氧发酵却只能储存61 kJ的能量。这样需氧型生物生命活动所需要的能量只能通过有氧呼吸获得，厌氧发酵所提供的能量不足以维持其生命活动。有氧呼吸的终产物是对生物体无害的二氧化碳和水，而无氧呼吸的终产物是对生物体有害的乳酸、乙醇和二氧化碳。除了与呼吸有关的两个结果外，氧气的出现也为地球上的生命覆盖了一层防紫外线的保护膜，即臭氧层随之出现，生物体的重要物质蛋白质和DNA从此免受高能紫外线的损伤，使复杂生命的演化成为可能。这样，氧气的出现，一方面是厌氧细胞的致命毒药，大部分原始生命因此而灭亡；另一方面，对其表现出进化适应性的需氧生命变成了生物界的主体，并最后产生了丰富的生命体系，也为人类的产生提供了一种可能性。

大气中为什么会出现氧气？这是一个非常复杂的过程，机理也不清楚。但有一点可以肯定的是，大量的氧气来自光合作用，而且涉及金属离子在生命体内的进化。一般认为大气中最早的氧气是由海洋中的单细胞有机生物产生的。原始的冰河融化增加了海洋中营养成分的含量，并导致单细胞有机生物发生增殖性细胞分裂，它们开始通过光合作用释放氧气。这些细胞除了含叶绿素外，还含有藻褐素、藻蓝素或藻红素等其他色素。太阳光照到海面上之后，各种波长的光进入不同深度的海水。红光在海面上就被绿藻中的叶绿素吸收并进行光合作用放出氧气；能量最大的蓝、紫光可以穿透到深海中。藻红素、藻蓝素等虽然不能进行光合作用，但其吸收光之后，可把能量传给叶绿素，由后者进行光合作用放出氧气。加拿大阿尔伯塔大学的康豪瑟尔研究小组最近提出一种新的氧气产生机理。他们认为尽管第一种光合微生物“蓝绿”藻在大气中出现氧气以前已存在了很久，但其生成的氧气很快就被数量更多的产甲烷细菌生成的甲烷破坏。所以大气中氧气的含量总是维持在很低的水平。更多的产甲烷细菌的生存必须有金属镍离子的存在，镍离子的缺乏会导致这类细菌中一些重要酶的失活，从而导致细胞死亡。大约在27亿年前，随着地壳运动的逐渐平复，镍通过火山爆发的途径进入生态环境的机会大大减少，这种对于原始生命的环境恶化使产甲烷细菌大量死亡，反而导致地球上的氧气迅速增多，随之对这种“恶劣环境”更加适应的单细胞生命同时出现在地球上。

氧气的出现改变了环境中和原始生命所必需的一些元素的氧化态，特别是其中的Mn(Ⅱ)、Fe(Ⅱ)、Co(Ⅱ)和Cu(Ⅰ)。其中Fe(Ⅱ)变为Fe(Ⅲ)，开始大量进入环境并为生命体所用，成为现在生命体中含量最高的过渡金属元素，在大量金属酶和金属蛋白中起作用，如输送氧气的血红蛋白，还有防止氧气氧化损害的过氧化氢酶——这也是受女性青睐的防止衰老的酶。而厌氧生命大量使用的Cu(Ⅰ)，由于易被氧化成Cu(Ⅱ)而变成了含量很低的微量元素。

4.1.5 手性起源的困惑

米勒实验及以后相关的实验用人工模拟合成生物小分子时，在没有手性源的情况下，只能得到左旋和右旋的混合物——外消旋体。那些天外来客——碳质球粒陨石中的有机分子也不例外，不存在单一旋光性分子。但是一切生物都仅仅只能利用左旋的氨基酸和右旋的糖分子，而不是其对映体或外消旋体。生命体作出这种选择的原因至今不明，为什么我们在现实中看不到一个镜中的人物呢？

手性的概念直观简单，只要想象宇宙处于一面镜子前就可以了（图 4－3）。尽管我们可以理解镜像世界中的物质行为，但是无论人类还是其他生命体系，并不能同时利用镜像对映体中不能重叠的异构体，只能二者择一，即对于手性异构体，只有其中一种对生命体系体现功能，另一种只能留给镜像宇宙中的生命体去利用。

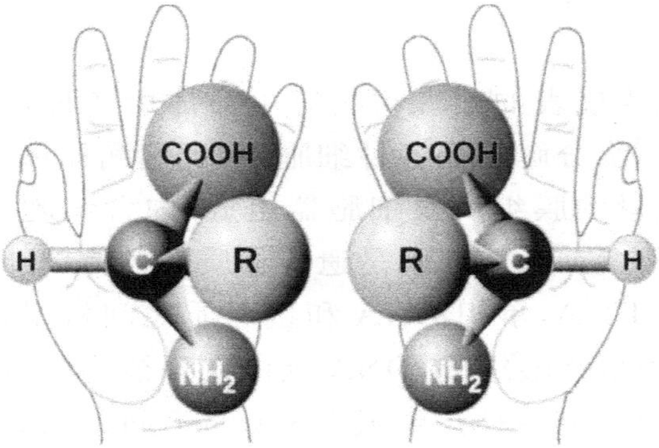

图 4－3　手性分子示意图

虽然对手性起源问题进行了大量研究，提出了多种理论，但没有一个能够经得起严谨的追究或得到广泛的公认。手性起源问题是生命起源研究亟待解决的难题。对于手性起源的研究已经远远超越了生命起源的范畴，其涉及基本的"对称性破缺"问题，越来越多的物理学家、化学家、生物化学家甚至哲学家等投入其中。尽管如此，在发现分子不对称一个半世纪后的今天，这个问题仍然是一个谜。

4.1.6 关于外星生命和外星文明

外星生命或外星文明究竟是否存在？许多人浪漫地相信其必然存

在。但是迄今为止，地球生命是宇宙中唯一的生命，也是其中最复杂的分子体系。生命起源十分偶然，可以说是零概率事件，即一个不可能发生的事件发生了。不仅生命起源如此，进化过程中产生的任何一个单独物种也是如此。具体对一个物种，无数零概率事件的发生导致了其偶然产生，其中任何一个环节出了问题，这个物种就不会出现在宇宙中了。既然没有任何关于外星生命存在的科学证据，也就更谈不上外星智慧和外星文明的存在问题了。在火星探测、月球探测等太空计划中，探测水的存在是其主要的科学目标之一。其原因就是水是生命的溶剂，是生命存在的前提。迄今为止，人类只在月球极地及火星表面发现了水的痕迹，并提出存在生命的可能性，但尚无任何有生命存在的直接证据。

4.2 生命体系的化学组成

植物及以人为代表的哺乳动物等生命体由各种器官组成，器官又由组织形成，进一步分解则是各种细胞，细菌等病原体就是由单细胞组成。细胞又由大量的膜组织及细胞器组成，内含细胞核。细胞器中包含功能各异的蛋白质，细胞核则是遗传物质染色体的所在，染色体中承担遗传功能的是 DNA，承担 DNA 和蛋白质之间桥梁作用的是 RNA。蛋白质由 20 余种氨基酸组成，DNA 则由 4 种核苷酸组成，RNA 也由 4 种核苷酸组成，但其中一种与组成 DNA 的不同。除此之外，细胞内还包含维生素、金属离子、阴离子、各种代谢的中间产物及氨基酸和核苷酸等各种小分子。当然也有能量物质，如糖类和脂肪类化合物。这些化合物由十几种元素组成。尽管我们不厌其烦地罗列这些组成物质的次序，但化学家只关注小分子和生物大分子这一段。

4.2.1 氨基酸

氨基酸是组成蛋白质的小分子。由于这类分子中同时具有氨基（$—NH_2$，amino）和羧基（—COOH，carboxyl，有机酸基团），故得名氨基酸。其结构见图 4 - 4，由于氨基接在与羧基相连的第一个碳原子上，定义该碳的位置为 α 位，所以称为 α-氨基酸。生物体所用的都是左旋氨基酸，左旋用 L 表示，所以这些氨基酸也可以表示为 L-α-氨基酸。根据 R 基团的不同有不同的氨基酸，20 世纪 50 年代，科学家就证实生物体中含有 20 种氨基酸（表 4-3），其中 8 种氨基酸是人体自身不能合成的，必须依靠食物获取，称为必需氨基酸。1986 年和 2002 年，科学家又分别报道了硒半胱氨酸和吡咯赖氨酸，并分别称为第 21 种和第 22 种氨基酸。

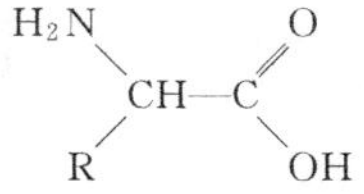

图 4-4　氨基酸的结构

表 4-3　生物体中的 20 种氨基酸

名　称	结　构	名　称	结　构
甘氨酸 Glycine Gly/G	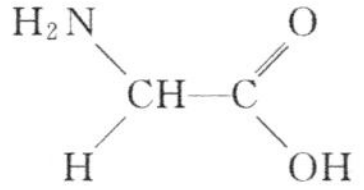	* 缬氨酸 Valine Val/V	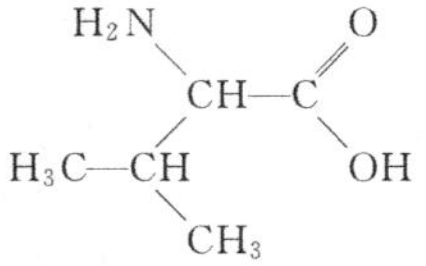
* 异亮氨酸 Isoleucine Ile/I	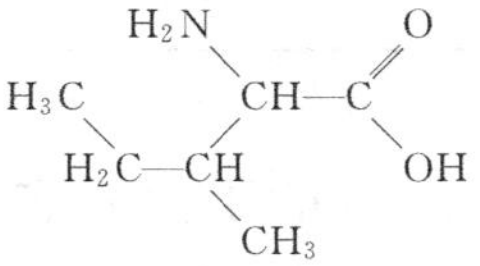	* 亮氨酸 Leucine Leu/L	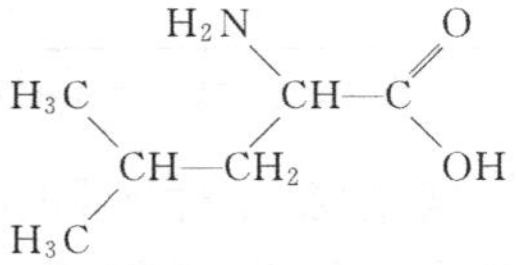
* 苯丙氨酸 Phenylalanine Phe/F	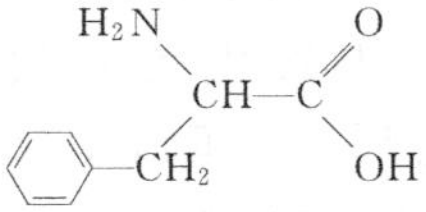	脯氨酸 Proline Pro/P	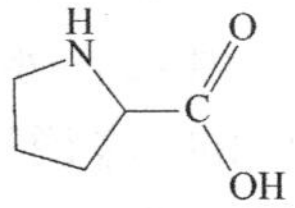
* 色氨酸 Tryptophan Trp/W	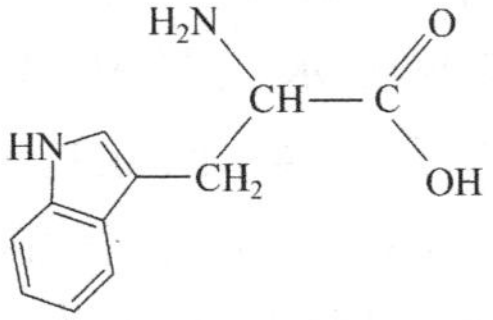	酪氨酸 Tyrosine Tyr/Y	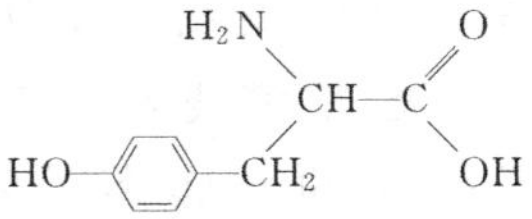
天冬氨酸 Aspartate Asp/D	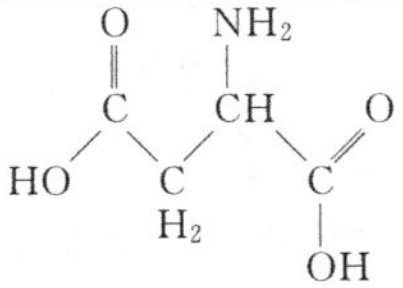	丝氨酸 Serine Ser/S	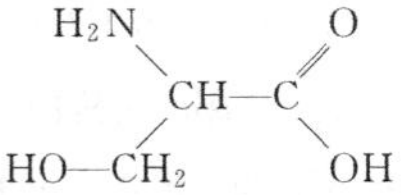
天冬酰胺 Asparagine Asn/N	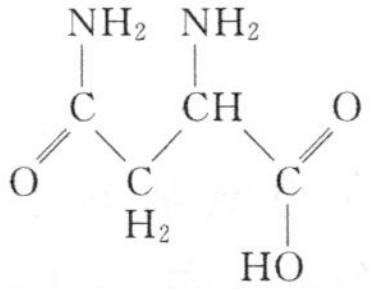	* 苏氨酸 Threonine Thr/T	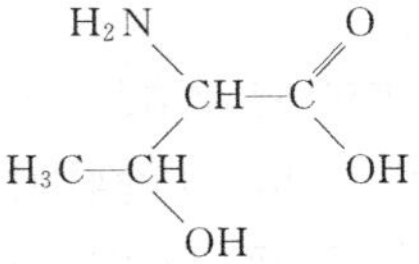
半胱氨酸 Cysteine Cys/C	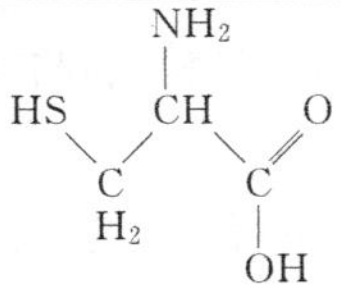	谷氨酸 Glutamate Glu/E	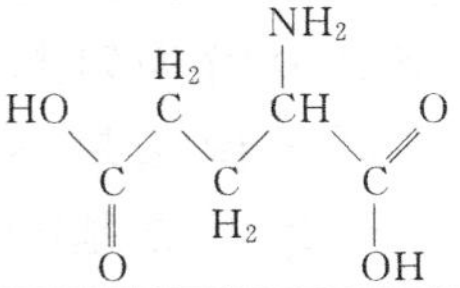

续表

名　称	结　构	名　称	结　构
* 赖氨酸 Lysine Lys/K	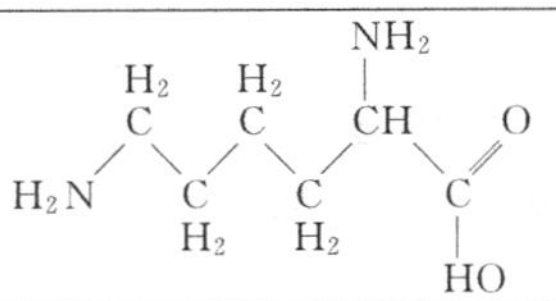	谷氨酰胺 Glutarnine Gln/Q	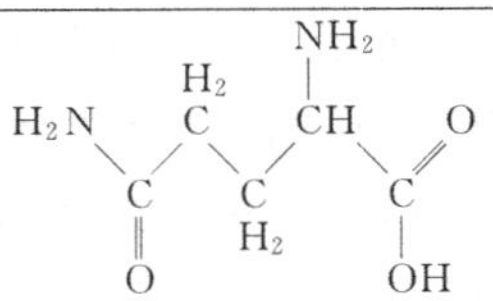
精氨酸 Arginine Arg/R	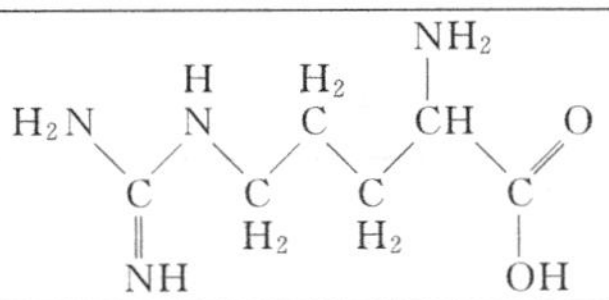	* 蛋氨酸 Methionine Met/M	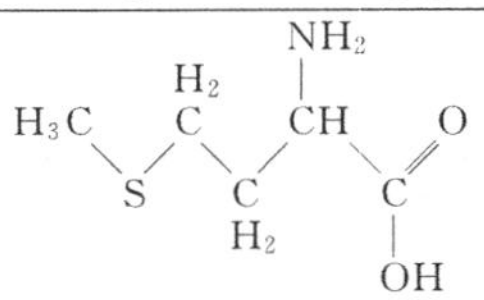
丙氨酸 Alanine Ala/A	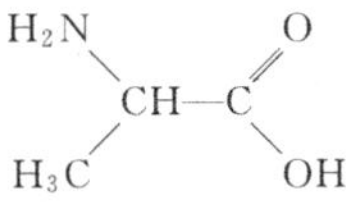	组氨酸 Histidine His/H	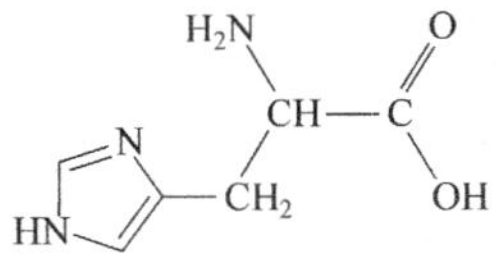

注：* 为必需氨基酸。“名称”栏所列的依次为中文名、英文名、通常的三字母代码/最新的单字母代码。

氨基酸各种不同的支链 R 基团为其组成的蛋白质表现各种不同的生物功能提供了保障。例如，已知在生命体外的实验室条件下，大部分有机反应很难在水溶液中进行，而生命体内发生的有机反应都是在水相中进行的，这说明进行这些反应的催化剂——酶，也就是某种蛋白质在水溶液中为这些反应提供了一个疏水的微环境。这个微环境就是蛋白质通过构象折叠，由一些氨基酸残基的疏水支链在其内部形成的。其他的氨基酸支链，有的使蛋白质容易结合金属，而这些蛋白质只有结合了相应的金属离子才能体现其功能，如输送氧气、传输电子；有的帮助蛋白质选择性结合反应原料——底物，提高反应的专一性和反应效率；有的帮助蛋白质维持一定的结构，保证其功能的实施，如胰岛素 Cys 残基中的—SH 通过氧化形成 S—S 键，将两条蛋白质链相连，保证了葡萄糖的正常代谢。如果葡萄糖不能正常代谢，人就会患上糖尿病。

纯的氨基酸一般是无色或白色晶体，极易溶于水形成无色溶液。但我们摄取的食物中这种没有连成蛋白质的氨基酸小分子并不多，摄取蛋白质后，肠胃并不能直接吸收生物大分子，而是在各种蛋白酶的作用下将其分解为氨基酸吸收。所以食品广告中称某种食物富含氨基酸和蛋白质的说法是不严格的。

尽管纯的氨基酸是无色的，但当它和一种化合物茚三酮作用会呈现出很深的蓝紫色，蛋白质也可以和茚三酮发生同样的显色反应，所以在食品和医疗等领域常用该物质检测氨基酸和蛋白质的含量，其显色机理见图 4-5。在法医学上，使用茚三酮反应可采集犯罪嫌疑人在犯罪现场留下的指纹。因为手汗中含有多种氨基酸，遇茚三酮后发生显色反应。

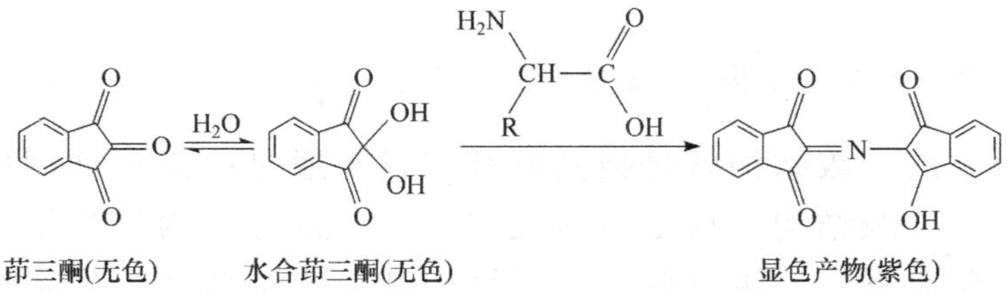

图 4-5　蛋白质和茚三酮反应显色机理

4.2.2　蛋白质

人体的毛发和指甲、动物的蹄和角、蚕和蜘蛛吐出的丝甚至蛇毒都是蛋白质。蛋白质由氨基酸组成，可是 20 种氨基酸通过什么方式组成各种奇形怪状、功能各异的蛋白质呢？

1. 从二肽、多肽到蛋白质

两个氨基酸通过其中一个分子的氨基和另一个分子的羧基发生缩合反应，形成以肽键相连的分子(图 4-6)，这个新的分子称为二肽。如果这个二肽分子继续与其他氨基酸缩合则会形成三肽，依此下去形成各种肽。二肽以上的肽分子统称为多肽。一定长度的多肽分子可以自身首尾缩合相连形成环状分子——环肽，不少抗生素就是环肽分子，如我们熟悉的缬氨霉素和红霉素。

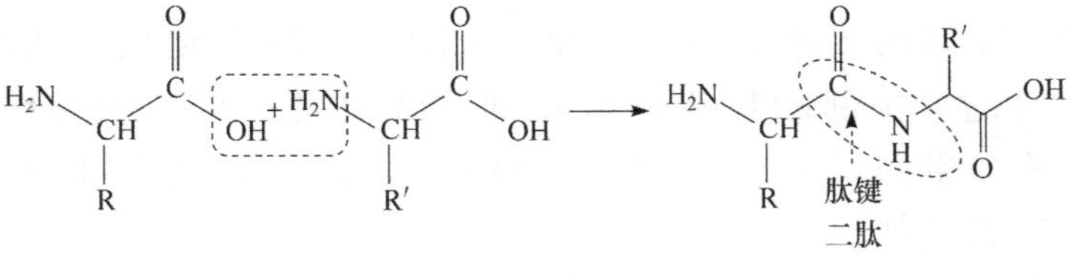

图 4-6　肽键的形成

连接到一定长度的多肽就是蛋白质。这种长度没有明确的定义，一般在 30 个氨基酸以上，并表现出特定功能的多肽就是蛋白质。组成多肽链或蛋白质的氨基酸已不是小分子意义上的氨基酸，也不具有相应的性质，而只是组成大分子的一部分，一般称为氨基酸残基。一条蛋白质链，如果不是闭合环状的，则有两个端，带氨基的一端称为 N 端，带羧基的一端称为C端，蛋白质的氨基酸残基编码从N端开始。氨基酸残基的排列顺序可通过埃德曼(Edman)降解反应并结合其他方法确定。

2. 蛋白质的二级结构——α螺旋和β折叠

蛋白质的一级结构就是指其氨基酸残基通过肽键排列而成的一维链状结构。二级结构是指蛋白质或多肽链通过分子内氢键导致的相近一段的构象关系。二级结构和三级结构其本质是肽链为了降低分子的能量而采取的符合分子力学原理的一种存在形式。采取什么样的二级或三级结构是由分子的一级结构决定的，当然也和存在的介质有一定的关系，如不同的pH介质、在高浓度电解质溶液或有机溶剂中会与水相中不同。

蛋白质常见的二级结构有α螺旋和β折叠，这两种构象可同时存在于同一个蛋白质分子内。α螺旋一般采用右旋，β折叠有平行和反平行两种方式。蛋白质的二级结构和三级结构对蛋白质实现其功能有巨大的影响。具有特定功能的蛋白质如果结构发生改变，通常意味着其功能的丧失，即失活。对人类而言，则意味着病变，甚至死亡。

3. 蛋白质的三级结构和高级结构

如果二级结构指一个蛋白质分子的局部构象，则三级结构就是其整体构象，即在氢键、疏水作用等弱作用下蛋白质分子进一步以降低能量的形式存在。大部分水溶性蛋白质折叠组合成接近球形或椭球形的存在形式。蛋白质通过三级结构的构建，在其内部形成一些特殊的区域，如疏水的空腔或结合金属离子的部位，实现其功能。图4－7是从小牛胸腺中提取的羧肽酶A的结构，从图中可以看到蛋白质所采用的α螺旋和β折叠(中部的片状体)，较细的线也是一种二级结构，称为无规线团。整个蛋白质分子采取一种球形结构，并在其中部形成一个结合锌离子的活性部位。

蛋白质在生命体内究竟有什么作用呢？例如，血红蛋白具有输送氧气的功能；生物体内还有许多运载蛋白，人体吸收铁、钠、钾等金属离子和有机小分子都离不开它们。蛋白质最主要的功能还是其作为生物催化剂——酶的功能。酶催化反应具有高效性、专一性和反应条件温和的特点。蛋白质也是生物体机体的重要组成部分，包括角质物、毛发等。

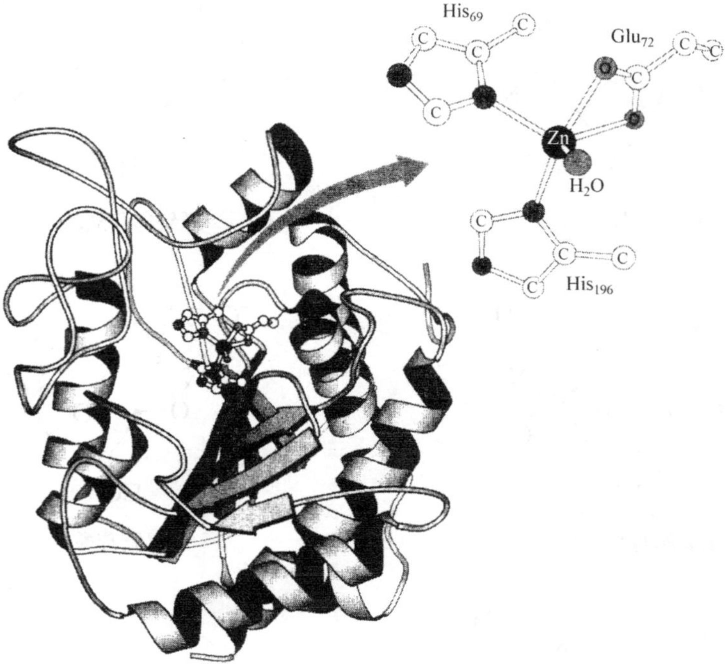

图 4-7 从小牛胸腺中提取的羧肽酶 A 的结构

4.2.3 核苷酸和脱氧核苷酸

核苷酸是组成 RNA 的小分子，脱氧核苷酸是组成 DNA 的小分子。尽管与氨基酸同属小分子，但这两类分子比氨基酸复杂得多，由碱基、糖基和磷酸基三部分组成。其中碱基又分为嘧啶类（3 种）和嘌呤类（2 种），共计 5 种；糖基来自一种五元环的糖，故称为戊糖，包括 β-D-核糖和 β-D-2-脱氧核糖。这样组合形成的核苷酸应该有 5 种，但实际上用于 DNA 合成有 4 种，其不用含尿嘧啶 U 的脱氧核苷酸——脱氧尿苷酸；用于 RNA 合成也有 4 种，其不用含胸腺嘧啶 T 的核苷酸——胸苷酸。这些组成 DNA 和 RNA 的脱氧核苷酸和核苷酸如下，其中括号内的字母只表示所用的碱基种类：A—腺嘌呤，G—鸟嘌呤，C—胞嘧啶，T—胸腺嘧啶，U—尿嘧啶。必须强调的是，这些小分子或其组成原料可由食物提供，不需额外的补充。

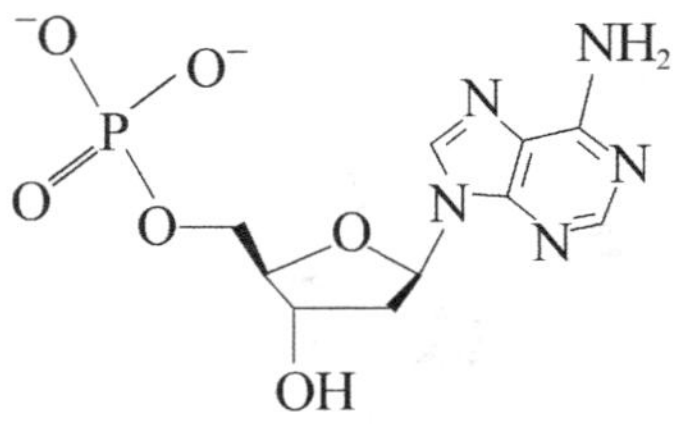

脱氧腺苷酸(A)

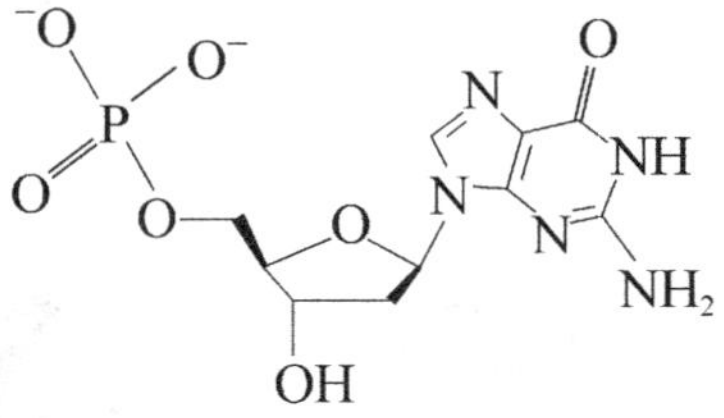

脱氧鸟苷酸(G)

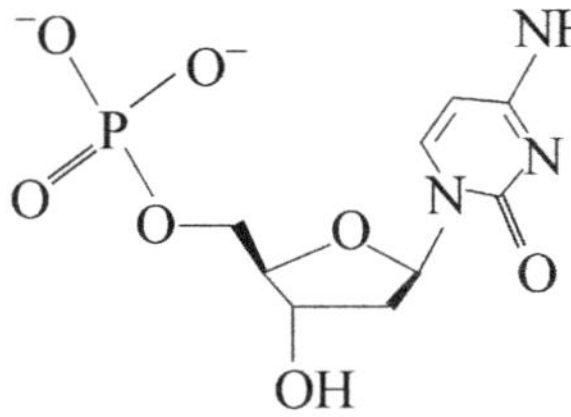

脱氧胞苷酸(C)

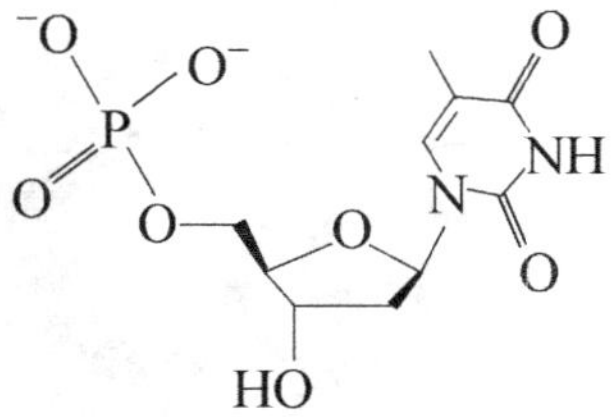

脱氧胸苷酸(T)

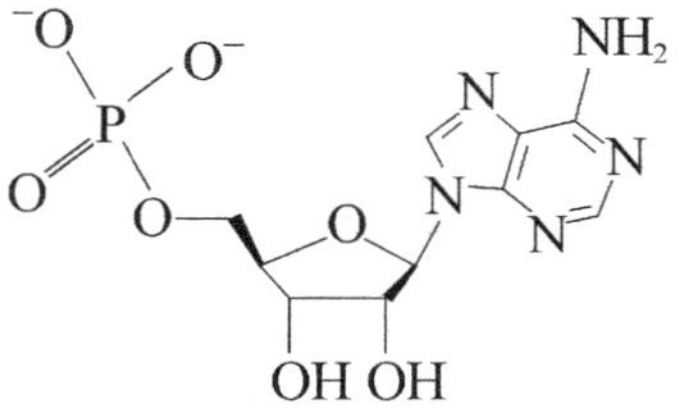

腺苷酸(A)

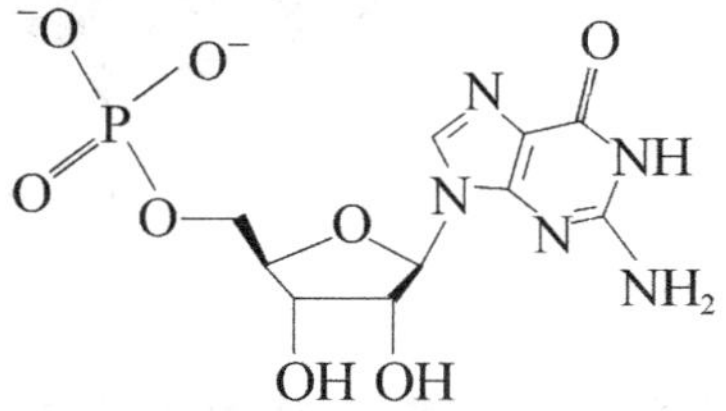

鸟苷酸(G)

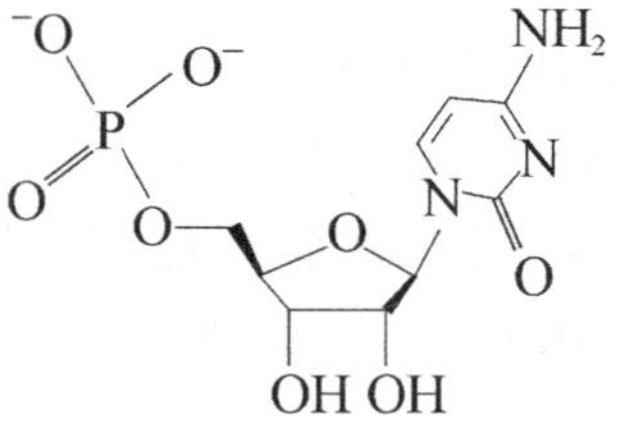

胞苷酸(C)

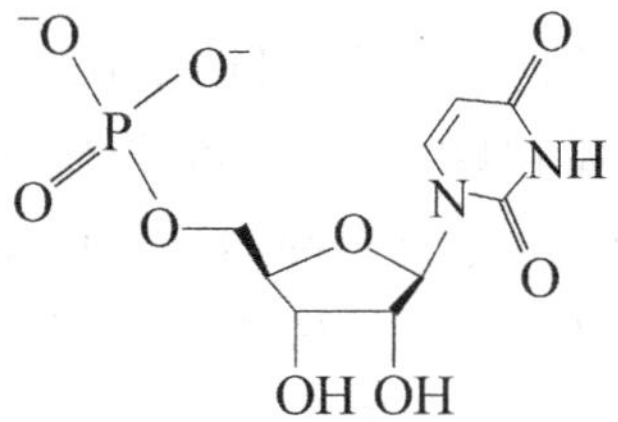

尿苷酸(U)

4.2.4 核酸——DNA 和 RNA

核酸包括脱氧核糖核酸(DNA)和核糖核酸(RNA),是生物体内信息的载体和传输介质,其分别由脱氧核苷酸和核苷酸通过磷酸二酯键

(图 4－8)聚合而成，是远比一般蛋白质大的生物分子，尤其是 DNA 更大。与蛋白质一样，核酸的一级结构仅仅指通过这种磷酸酯键连接而成的一维链状大分子。

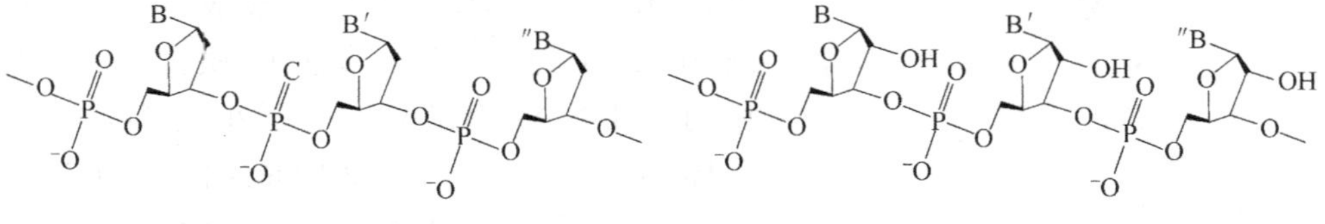

(a) (b)

图 4－8 DNA(a)和 RNA(b)的一级结构

DNA 次级结构中最著名的就是其由两条链组成的右手双螺旋结构[图 4－9(a)]，具有以下特点：首先两条链不是独立的，两条链之间通过碱基配对相互作用。这种碱基间的相互作用是通过氢键完成的，而且碱基 A 只能和 T 相配，碱基 C 只能和 G 相配，这就是著名的沃森-克里克配对[图 4－9(b)]。这种严格的配对也导致两条链的组成和脱氧核苷酸残基排序的相互依赖性，如果一段 DNA 链为 ACTTGACAT，则与其形成双螺旋结构的另一条链在相应段则为 TGAACTGTA。

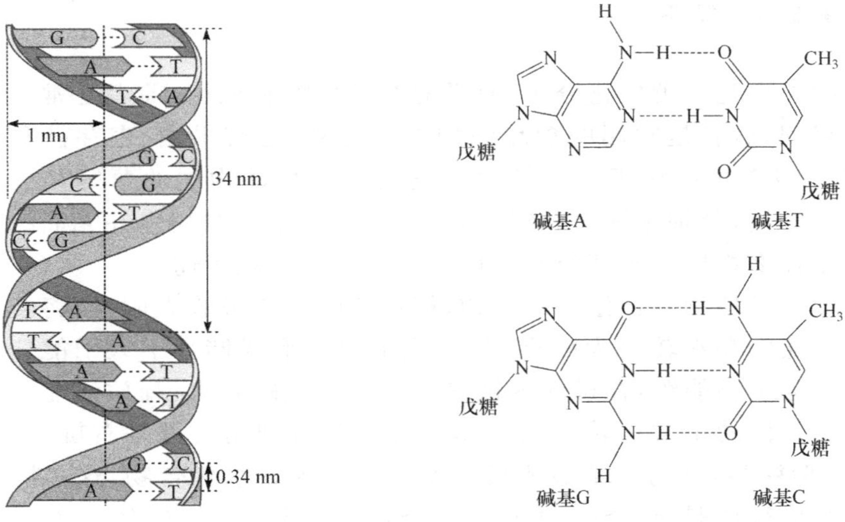

(a) (b)

图 4－9 DNA 的右手双螺旋结构(a)和碱基间的沃森-克里克配对(b)

从图 4－9 中还可以看到，这种配对的碱基处于双螺旋结构的内部，碱基平面平行于螺旋轴；亲水的糖基和磷酸基位于双螺旋的外侧。从外形上看，这种双螺旋结构还形成一个大沟(major groove)和一个小

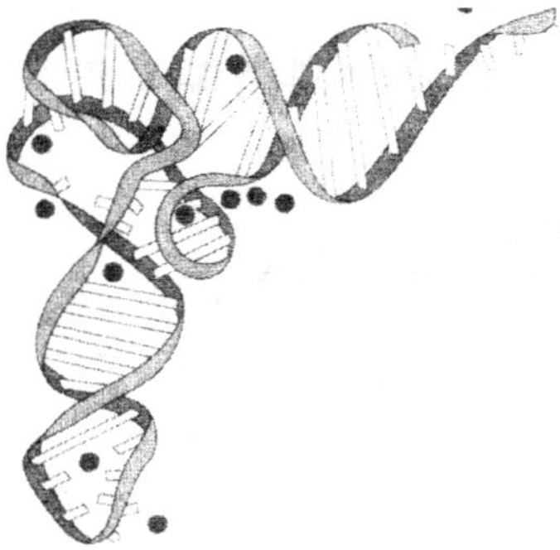

图 4-10　tRNA 的结构示意图

沟(minor groove)的结构。

与蛋白质一样，DNA 也可以进一步形成各种高级结构，最具代表性的就是染色体。染色体是 DNA 形成的超螺旋结构，其中结合了许多蛋白质。染色体相对于 DNA、RNA 分子要小得多，在生命体内主要承担 3 种功能：信使 RNA(mRNA)将来自 DNA 的遗传信息转移到合成蛋白质的核糖体上；核糖体由核糖体 RNA(rRNA)组成；转移 RNA(tRNA)将相应的氨基酸俘获并将其带至核糖体。此外，部分病毒以 RNA 为遗传物质，进化的早期可能也是如此。RNA 的结构比 DNA 复杂，现在了解最多的是 tRNA。图 4-10 是一种 tRNA 的结构示意图，RNA 含有大量的金属离子以稳定其结构，图中的小黑点就是结合金属的部位，棒形直线表示配对的碱基。与 DNA 不同，RNA 中与腺嘌呤 A 配对的是尿嘧啶 U。

4.2.5　糖类

糖类也是一类生物分子，熟悉的有葡萄糖和蔗糖，前者是常用的药物稀释剂，后者是常用的食品添加剂。此外，还有果糖、麦芽糖和组成 DNA 和 RNA 的戊糖。我们每天吃的米、面，动物吃的草等其主要成分也是糖类，分别是淀粉和纤维素，尽管这些东西在嘴里并无甜味。那么究竟什么物质属于糖类呢？糖类有什么特点和用途？

糖类是植物光合作用的产物，植物的叶绿素吸收太阳光，将空气中的二氧化碳和水转变为糖类，并以化学能的形式储存了太阳能。其中部分作为生物能源，在机体内被氧化成二氧化碳和水，释放的能量用于维持生命体的正常运转。生物体所合成和可利用的都是右旋的糖类，即 D-型糖类，这与氨基酸相反。糖类也称为碳水化合物，这是因为它们的组成很像是 m 个碳原子和 n 个水分子化合而成，其分子通式为 $C_m(H_2O)_n$，虽然有例外，但很少。根据其结构特点和化学性质，糖类大体可分为单糖、低聚糖和多糖三类。

最常见的单糖是葡萄糖，有线状和环状两种存在方式(图 4-11)，这两种方式可以相互转化。需要说明的是，由于手性表示方式的定义和限制，羟基(OH)和氢原子(H)的方向不可改变，否则就不是葡萄糖了。

果糖也是一种单糖，是葡萄糖的一种同分异构体(图 4－12)，其与葡萄糖的区别在于链状表示时的上部。具有葡萄糖上部结构的是醛糖，由于醛基具有还原性，这类糖也称为还原性糖；具有果糖上部结构的是酮糖，没有还原性。这种性质的差异使得葡萄糖可用于制备银镜，如可用于制造暖水瓶内胆。在医学上检测尿液中葡萄糖含量是否正常的费林(Fehling)试剂也是应用了同样的原理。

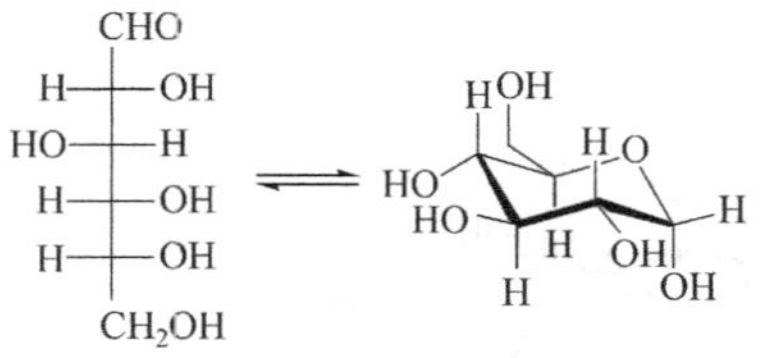

图 4－11　葡萄糖的结构式

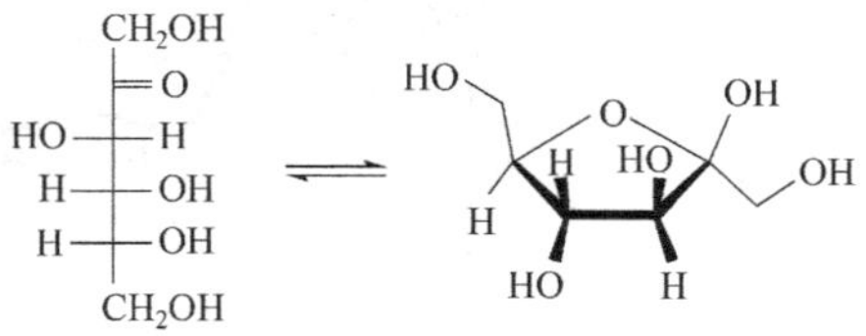

图 4－12　果糖的结构式

几种常见的低聚糖见图 4－13。最常见的低聚糖就是蔗糖，即一般的食用糖。每年全世界的蔗糖产量为 1 亿 t 左右，人均几十千克，是产量最大的有机物。蔗糖分子是由一个葡萄糖分子与一个果糖分子缩合而成的一种二糖分子，由于果糖分子甜度比蔗糖大，所以工业食品中常以其水解混合物代替食用。

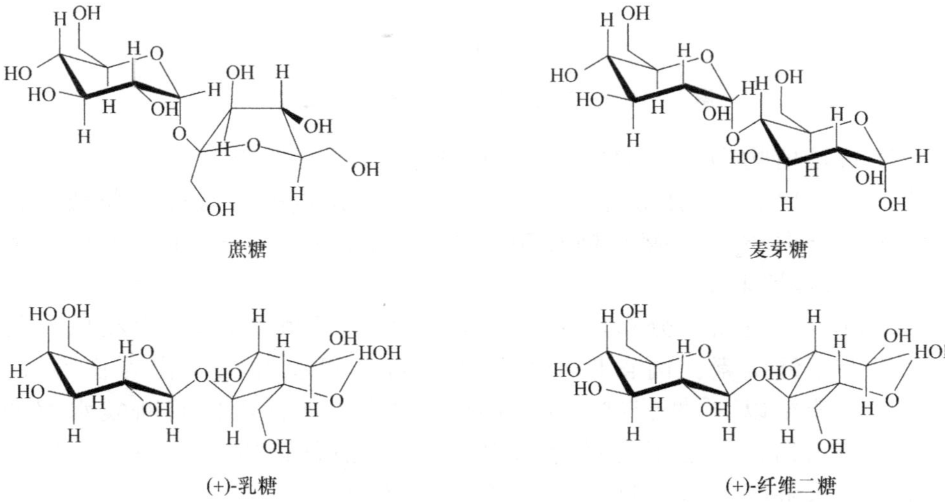

图 4－13　几种常见的低聚糖

麦芽糖也是一种二糖，是淀粉在酶作用下的部分水解产物，是饴糖和麻糖的主要甜度来源。麦芽糖分子可看成由两个葡萄糖分子缩合而成。

多糖是单糖的聚合产物，自然界中最常见的多糖是淀粉和纤维素，二者都是由葡萄糖聚合而成的，但由于葡萄糖的连接方式不同而性质大异。直链淀粉和纤维素的结构见图 4－14，图中虚线圆圈显示了连接方式的不同。

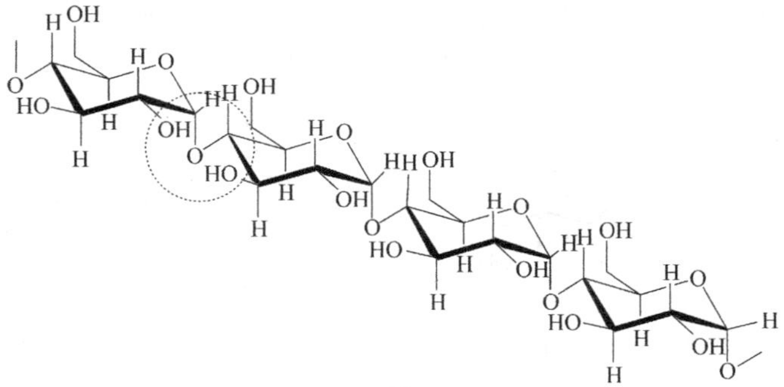

(a)

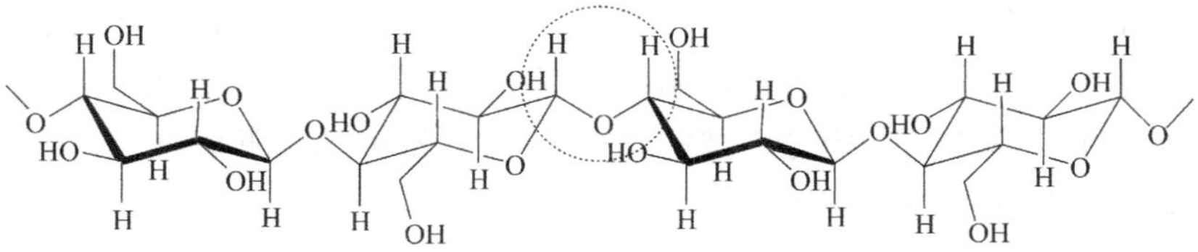

(b)

图 4－14　直链淀粉(a)和纤维素(b)的结构式

淀粉是植物的主要储能方式，也是动物最主要的能量来源。淀粉中的葡萄糖以 α－糖苷键连接，人类的口腔和肠胃中含有可以断裂这种化学键的蛋白质—α－葡萄糖苷酶。在这种酶的作用下，淀粉水解为葡萄糖，被人体吸收。

纤维素是自然界分布广泛的化合物，其构成植物骨架，棉花成分的90％以上是纤维素。肉食性动物和人类都不可将纤维素作为食物，因为其中葡萄糖以 β－糖苷键连接，这些动物体内不含可使其断裂水解的酶。食草动物自己也不能产生这类酶，但其消化道寄生有一些可以产生纤维素水解酶的微生物，因此以纤维素为食。

4.2.6　维生素

大航海时代，茫茫大海上的水手极易患坏血病而丧生。后来发现这是由于长期的海上生活，水手的食物中缺乏维生素C(VC)，维生素C也因此得名抗坏血酸。

一般来说，人体不能合成或合成量极少，不能满足身体需求的一些有机小分子被认为是维生素。这些含量极少的物质对维持人体正常的新陈代谢和生理机能极为重要。维生素种类繁多，本书只介绍有限的几种。

维生素C(图4－15)可能是最著名的维生素了，它不能由人体合成，但广泛存在于新鲜蔬菜和水果中。维生素C对光、热及强氧化性物质都不稳定。其固有的还原性可促进铁的吸收，保护维生素A、E、B及一些酶中的重要基团不被氧化。维生素C最主要的功能是促进胶原蛋白的合成，胶原蛋白不能正常合成则易患坏血病。著名的化学家鲍林认为人每日摄入一定量的维生素C可预防癌症的发生，但这没有任何科学实验和理论支持。20世纪末，93岁高龄的鲍林因患癌症去世。

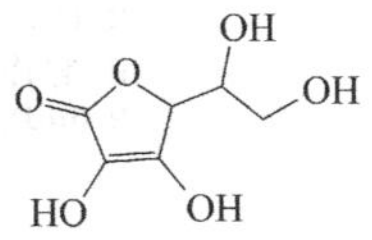

图4－15　维生素C的结构式

很多女性每天都在往脸上涂抹维生素E，这是化妆品或美容产品必须含有的物质。维生素E有生育酚和生育三烯酚两大类共计8种化合物。顾名思义，维生素E和生育有关，如果缺乏会导致动物生殖器官受损甚至不孕，但对人类尚未发现其缺乏引起的不孕。女性涂抹维生素E是因为作为酚类的维生素E可以有效地消除体内的强氧化性自由基，减缓衰老过程。维生素E在植物油中含量较高，但高温烹饪早就令其面目全非了。

维生素D目前被认为是一种类固醇激素，也是一类化合物的总称，主要包括VD_2(麦角钙化醇)和VD_3(胆钙化醇)。其主要功能是促进钙和磷的吸收，有利于新骨的生成和钙化。如果缺乏维生素D，小儿可发佝偻病，成人引发软骨病，故又得名“佝偻病维生素”。

维生素B_{12}的人工全合成给有机化学家带来极大的荣耀(图4－16)。维生素B_{12}是唯一含有金属离子的维生素，同时也是生物体内极少见的金属有机化合物——含金属-碳键的化合物之一。缺乏维生素B_{12}会导致恶性贫血。但维生素B_{12}广泛存在于肉类、奶类等动物食品中，人类很难发生缺乏症，偶见于长期素食者和严重吸收障碍患者。

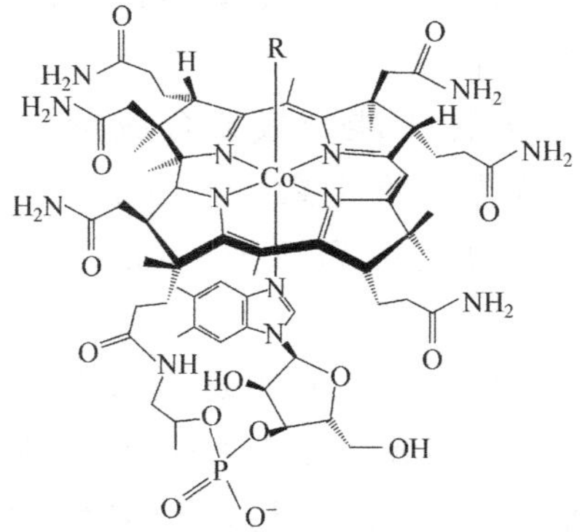

图 4-16　维生素 B_{12} 的结构式

4.2.7　脂肪和磷脂

现代社会，脂肪仿佛成为丑陋的代名词，健康的敌人。但是，生命体进化产生和利用大量的脂类物质，必定有其合理性。对生命延续而言，女性体内的脂肪含量少于其身体干重的 20% 时，将难以怀孕，少于 16% 时，根本不可能怀孕。

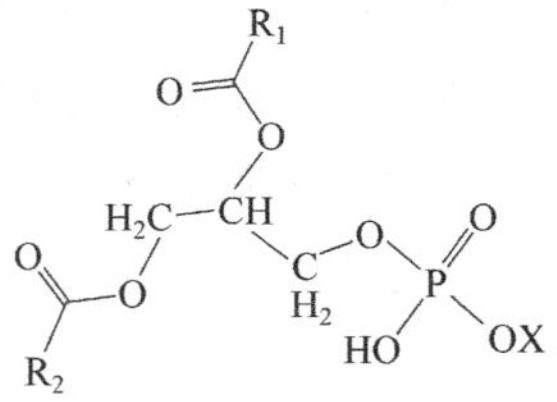

图 4-17　脂肪的基本结构式

脂类包括脂肪和类脂，脂肪是甘油和脂肪酸形成的三酯，可为机体储存和提供能量；类脂包括固醇及其酯、磷脂和糖脂等，是构成细胞膜及其他生物膜的主体。

脂肪的基本结构见图 4-17，其中头部结构来自甘油基团，长链来自有机酸的碳链，所以脂肪看起来就像一个三脚凳，当然这个三脚凳的脚可以自由摆动。对于人体而言，脂肪酸一是来自自身合成，这些主要是饱和脂肪酸（碳链中的碳原子之间都是通过碳碳单键相连）和单不饱和脂肪酸（碳链中只有一个碳碳双键，其余是单键相连）。这些自身合成的脂肪一般呈固化状态。但是人体自身不能合成的一些多不饱和脂肪酸（碳链中含有多个碳碳双键）只能来自植物脂肪。这些脂肪酸称为必需脂肪酸，也是男性前列腺素的前体。来自植物的脂肪一般都是液态的油状物，为了提高口感和方便储存运输，将其中的双键催化加氢变成单键，使其固化，称为“加氢植物油”或“人造黄油”，被大量用于食品工业，特别是蛋糕、点心和面包类。尽管人造黄油和天然的动物脂肪结构相似，但其在体内极难降解，成为导致肥胖及过度肥胖的罪魁祸首。

脂肪必须在消化系统经过部分或完全水解后才可以以脂肪酸和甘油（或甘油单酯、双酯）的形式被人体吸收，再在肝脏内以这些水解产物重新合成脂肪。摄入太多的脂肪确实会导致肥胖，那摄入过多的糖类化合物为什么也会导致体重增加呢？这是由于葡萄糖在糖酵解过程中形成3-磷酸甘油酯，可在酶的作用下与脂肪酸作用形成脂肪。胰岛素在这里表现出双重性，一方面是葡萄糖正常代谢所必需的，另一方面是调节脂肪合成的主要激素，诱导了一系列合成脂肪酸的酶的合成，从而加速脂肪的合成，导致肥胖。

磷脂是由磷酸和醇类反应形成的酯类化合物。需要说明的是，任何酸（包括有机酸和无机酸）和醇类化合物缩水形成的物质称为酯。注意“脂”和“酯”这两个字的不同，脂类是酯类，反之则不是。我们所说的脂肪和作为炸药的甘油硝酸酯中的甘油就是一种醇，这两类化合物中相应的酸分别是有机酸和硝酸。

甘油磷脂是体内含量最多的磷脂，其基本结构见图4-17。由于X基团的不同，甘油磷脂又分为卵磷脂（磷脂酰胆碱）、脑磷脂（磷脂酰乙醇胺）、心磷脂（二磷脂酰甘油）、磷脂酰甘油、磷脂酰丝氨酸、磷脂酰肌醇等。

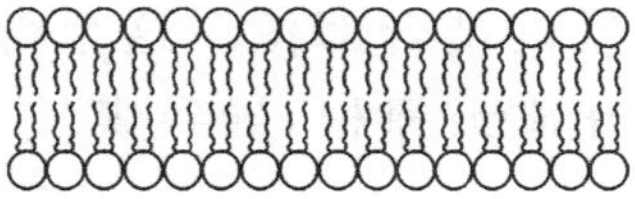

图4-18　细胞膜的基本结构

磷脂含有两条疏水的长链（R_1 和 R_2，疏水尾），又含有极性强的磷酸及取代基团（极性头），是双极性化合物。所以在水相中，其极性头趋于水相，疏水尾相互聚集，形成微团或双分子层，这种双分子层是细胞膜的基本结构（图4-18）。

胆固醇也是恶名在外的一种人体必需品。其实胆固醇在人体分布广泛，成人体内约含140 g，脑组织的2%是胆固醇，占人体胆固醇的1/4。胆固醇在皮肤经氧化和紫外线照射可转变为维生素 D_3。此外，胆固醇还是肾上腺皮质激素和睾酮、雌二醇、黄体酮等性激素的体内原料。

血脂是血浆中所含脂类的统称。脂类物质在血浆中不是自由存在的，而是与一些特定的蛋白质——载脂蛋白结合，以水溶性的脂蛋白存在。高脂血症是指血脂含量高于正常人上限。这个上限标准一般为成人空腹12～14 h血甘油三酯超过2.26 mmol/L（200 mg/dL），胆固醇超过6.21 mmol/L（240 mg/dL），儿童胆固醇超过4.14 mmol/L（160 mg/dL）。

4.3 一些生命活动的化学过程

即使一个简单的生命个体，如单细胞的细菌，每天也要发生成千上万种化学反应。对于生命个体而言，这些反应几乎没有主次之分。在这里简单地介绍一些生命活动的化学过程。

4.3.1 氧气的输送

氧气对于人类非常重要。没有水和食物，人类还可坚持数天；但没有氧气，十来分钟就会窒息死亡。人类所需的氧气来自空气，通过呼吸进入人体，靠血液运送到身体的各个部位。那么血液是怎么结合氧气，实现这种运送功能的呢？

不同的生物运送氧气的方式不同，以人类为代表的大部分动物是依靠血液中红细胞的血红蛋白完成这项任务的，这种蛋白质的核心部分是一种大环化合物卟啉，大环的中央有一个铁原子，这个铁原子就是氧气的结合部位。这个部位也可以结合其他物质，特别是容易结合一氧化碳或氰根，导致煤气中毒或死亡。图 4－19 是鲸的血红蛋白，铁卟

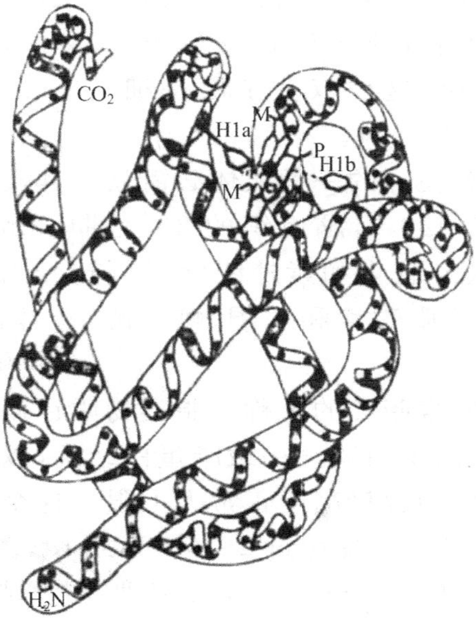

图 4－19 鲸的血红蛋白

啉通过疏水作用约束于蛋白质折叠缝隙中。这种蛋白质没有结合氧气时是无色的，但结合氧气时呈红色，故称为血红蛋白。

第二类输送氧气的方式以蚯蚓为代表，是靠一种称为血紫蛋白或蚯蚓血红蛋白的物质输送氧气。这也是一种含铁的蛋白，但不含卟啉大环，结构与血红蛋白完全不同。结合氧气的能力也高，比血红蛋白还大 5～10 倍，几乎高了一个数量级。这种蛋白质的名字也得名于它的颜色，没有结合氧气时是紫红色，结合氧气时是红色。

虾、螃蟹、蜗牛、乌贼等选择一种含铜的蛋白质——血蓝蛋白作为其运送氧气的工具(图 4-20)，所以它们的血液不是红色而是蓝色的。血蓝蛋白是一种巨大的蛋白，仅次于病毒蛋白，但该蛋白质在没有结合氧气的时候是无色的。

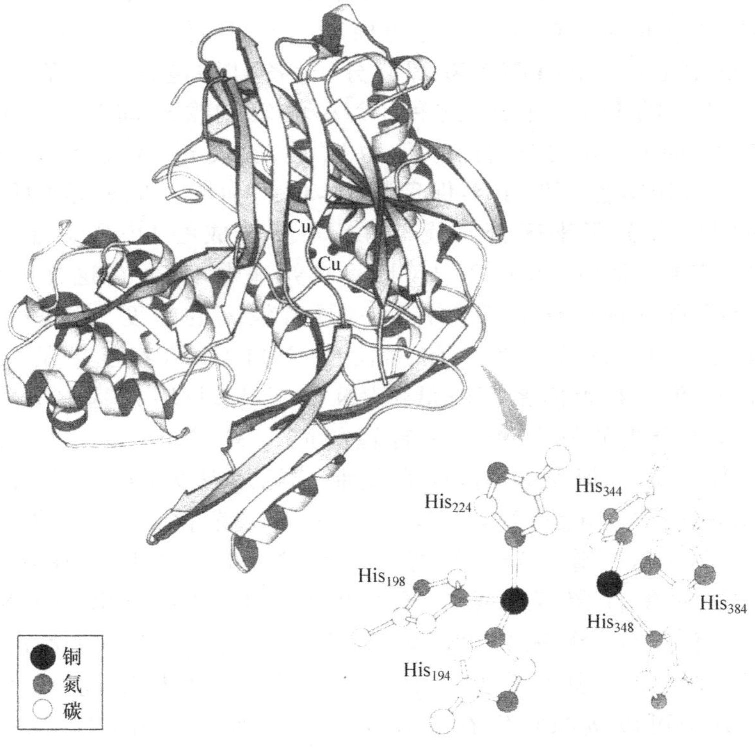

图 4-20　巨大的血蓝蛋白(脱氧态)

维纳斯(Venus)诞生于海上，大海中的鞘类动物选择与其同样美丽的金属钒蛋白作为氧气的载体。金属钒由于其各种不同氧化态的离子色彩丰富美丽而被命名为 Vanadium(来源于 Venus)。

4.3.2 DNA的复制

种瓜得瓜，种豆得豆。这说明后代对上一代的生物性状有所继承，也就是生物学上的遗传。生物学性状是由生物信息决定的。生物信息的载体是DNA，其包含的信息何以传递给后代，那么DNA是如何复制的呢？

双链DNA首先在其解旋酶的作用下在一端解开，细胞中的脱氧核苷酸根据沃森-克里克配对规则与单链部分的碱基配对，进而在DNA聚合酶的作用下连起来形成新链。由于配对规则的严格性，新链和解旋的链相同。当复制完成时，就得到和原来完全相同的两条DNA分子。假设DNA由PQ两条链螺旋组成，则在复制过程中，以P链为模板合成Q链形成PQ，以Q链为模板合成P链形成另一个PQ。因此，完成复制之后新的DNA双螺旋分子，各自均包含了一条新的DNA单链与一条旧的DNA单链，这种DNA的复制模式即为DNA的半保留复制，目前已知的所有细胞均以此方式进行复制。1958年，Meselson-Stahl实验证明了半保留复制，他们利用不同密度的同位素标记不同的DNA分子来区分亲代DNA和新合成的DNA。首先使大肠杆菌在含有唯一氮源^{15}N（$^{15}NH_4Cl$）的培养基中培养，在这样条件下，通过细菌合成的所有核苷酸都含有^{15}N，具有较高的密度。这些核苷酸都会整合到亲代DNA中。然后将生长在$^{15}NH_4Cl$培养基中的大肠杆菌转移到含有唯一氮源但密度较低的^{14}N（$^{14}NH_4Cl$）培养基中培养。在这种介质中，新合成的核苷酸只含有轻的同位素^{14}N，因此密度较低。如果DNA复制是半保留复制，那么复制一轮后从大肠杆菌细胞中分离出的DNA分子应当是^{14}N和^{15}N各占50%的杂化分子（一条^{15}N-DNA链和一条^{14}N-DNA链），分子的密度处于^{14}N和^{15}N之间。在含有^{14}N氮源介质中进行半保留复制第二轮产生的子代中分离出的DNA分子中，有一半不含有^{15}N，表现出低密度；另一半是^{14}N和^{15}N各占50%的杂化DNA分子，表现出中等密度。通过平衡密度梯度离心，不同密度的DNA分子可以按照它们在铯盐中的浮力彼此分开，密度高的DNA分子出现在离心管的底部，密度最低的出现在离心管的上部，中等密度的位于中部。图4-21给出了两轮复制过后的实验结果。

不同密度的DNA分子经平衡密度梯度离心后形成的DNA带如图4-21所示。从图中可以看出在转移到含轻的同位素^{14}N的介质之前，所有DNA形成的带都是高密度的；而在复制一轮（第一代）后，所有DNA形成的带都处于中等密度；两代过后，有一半DNA形成处于

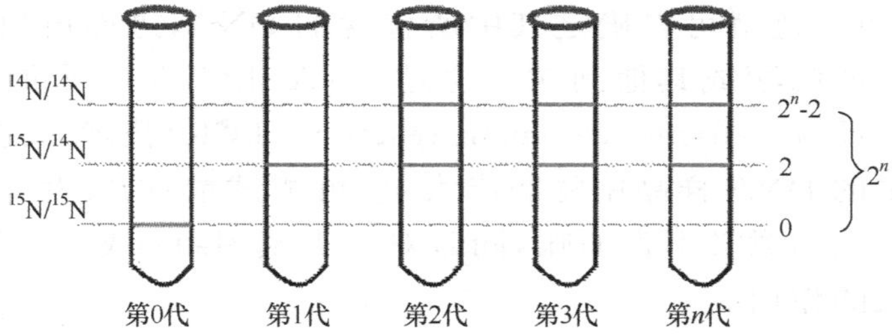

图 4－21　DNA 半保留复制示意图

中等密度的带，另一半形成处于低密度的带。这一带形分布确实表明大肠杆菌中的 DNA 复制机制是半保留复制。

对于像人体这样的双性生殖，后代的 DNA 分别来自父体和母体，涉及生殖细胞，略有复杂，但基本原理相同。

4.3.3　蛋白质合成

DNA 是生物信息的载体，其所包含的信息何以表达成为生物性状？这表现在蛋白质的生物合成上。

合成蛋白质的过程比 DNA 的复制复杂得多。假如 DNA 的某段是某种蛋白质的基因密码，首先需要将这段密码翻译出来，这个过程称为转录。转录就是在 DNA 解旋酶和转录酶的作用下，应用核苷酸合成一种特定的 mRNA 的过程。这个过程与 DNA 的复制过程十分类似，但有几点不同：①这只是一段 DNA 中的一条链；②所用的是核苷酸；③与碱基 A 配对的不是 T，要换成 U。从这个过程也看到，特定的 mRNA 和基因段中没有利用的那段 DNA 单链很相似，只是其中的脱氧核糖改为核糖、碱基 T 改为 U 即可。

mRNA 上每 3 个以一定次序排列的碱基组成一个遗传密码，对应一个特定的氨基酸，一个氨基酸可以有几个密码对应。

其次，合成的 mRNA 与 DNA 分开后，转移至核糖体，与其上的 rRNA 结合。核糖体是生物合成蛋白质的工厂。以 mRNA 携带的遗传密码为模板，特定的 tRNA 携带相应的氨基酸以反密码与mRNA 结合，特定的肽键合成酶将氨基酸连起来形成蛋白质。其间完成工作的 tRNA 会及时离去。

4.3.4　聚合酶链反应

现代分析技术往往利用淡得几乎看不见的血迹、几根毛发、少量皮屑，甚至一点汗迹就可以确定其中所包含的DNA，进而解决一些案件侦破过程中的问题或其他问题。这是DNA化学的一项重大发展，称为聚合酶链反应(polymerase chain reaction，PCR)技术。这项技术可以从极少量的DNA样品中复制出大量(可测试量)的样品。这项技术对于法医鉴定的意义不言而喻，同时对人类基因组计划(HGP)的实施也起了巨大的作用。

PCR技术其实非常简单，就是人为地制造DNA或DNA片段的自我复制。将待复制的DNA、作为诱导物的短的脱氧核苷酸聚合物、耐热性DNA聚合酶、各种脱氧三磷酸核苷(dNTP)混合物在含有镁离子的缓冲溶液中加热至接近沸腾的90 ℃以上，这时DNA将会变性解离成单链，诱导物分子内或分子间的可能的双链也解聚。然后将体系降至适当的温度，使诱导物和DNA单链退火结合，诱导物的浓度要高，从化学平衡的原理保证结合的有效性。再将温度升至72 ℃，这时dNTP在DNA聚合酶的催化下补齐每一条单链DNA。也是从化学原理的角度出发，为了防止模板DNA的自聚，dNTP的浓度也要高。这样DNA分子的数量就翻了一倍，经过 n 次重复操作，理论上DNA的数量就会增加到 10^n 倍。一般实际操作中，重复20～60次即可。

转基因食品

近年来，关于转基因食品安全与否的讨论，形成了“挺转”与“反转”两派，民间代表人物分别为大家熟悉的方舟子和崔永元。且不论二人观点的对错，有一点是可以肯定的，作为公众人物，他们对转基因食品的关注无疑推动了普通民众想要了解转基因食品真相的愿望。在这里我们简单向大家介绍一下到底什么是转基因食品，其与传统杂交育种得到的物种有何区别。

所谓转基因食品(genetically modified food)就是利

用现代分子生物技术，将某些生物的基因转移到其他物种中，以达到某种特定目标(如抗虫、抗除草剂等)而培育出的可以直接食用，或者作为加工原料生产的食品。例如，玉米生长容易受鳞翅目昆虫威胁，为了抵御病虫害，科学家向玉米中转入一种来自于苏云金杆菌的基因，它仅能导致鳞翅目昆虫死亡，因为只有鳞翅目昆虫有这种基因编码的蛋白质的特异受体，而人类及其他的动物、昆虫均没有这样的受体，所以培育出的抗虫玉米在理论上对人无毒害作用，但能抗虫。类似的转基因作物还有抗黄瓜花叶病毒转基因烟草、抗虫棉花、抗除草剂大豆和油菜等。

在转基因作物的培育过程中，必定要用到基因工程，即将某一生物的 DNA 中的某个遗传密码片段连接到另一种生物的 DNA 链上，进行 DNA 重组，按照人类的愿望，设计出新的遗传物质并创造出新的生物类型(图 4－22)。它一般包括四个步骤：①取得符合人们要求的 DNA 片段，这种 DNA 片段称为“目的基因”；②构建基因的表达载体；③将目的基因导入受体细胞；④目的基因的检测与鉴定。

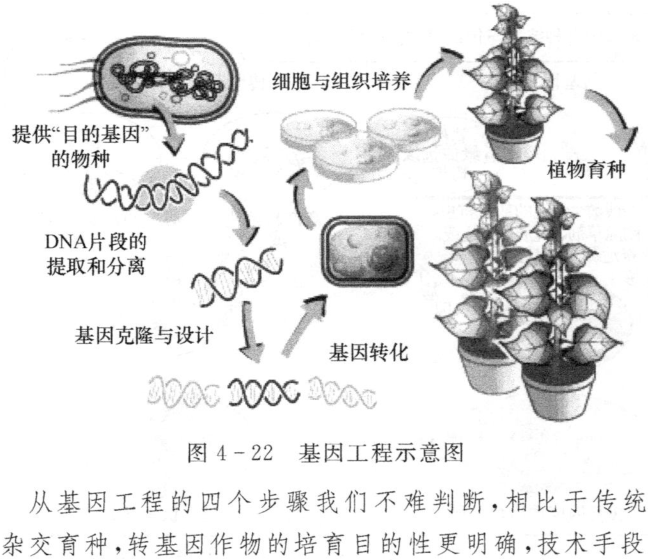

图 4－22　基因工程示意图

从基因工程的四个步骤我们不难判断，相比于传统的杂交育种，转基因作物的培育目的性更明确，技术手段更先进。事实上,转基因技术与传统技术是一脉相承的,其本质都是通过获得优良基因进行遗传改良。传统的杂交和选择技术一般是在生物个体水平上进行,操作对象是整个基因组,所转移的是大量的基因,不可能准确地对某个基因进行操作和选择,对后代的表现预见性较差。例如,一种作物高产但不优质,另一种作物优质但不高产,科学家就利用杂交的办法让这个作物既优质又高产,但因为杂交后代既继承了一些我们希望得到的性状,同时也继承了一些不需要或不好的性状,所以需要通过长期的育种筛选把不希望得到的性状筛掉,这使得杂交育种的成功率很低、年限很长。而转基因技术所操作和转移的一般是经过明确定义的基因,功能清楚,后代表现可准确预期。科学家把优质的基因找出来,导入高产的作物中,准确、高效地实现基因的交换,也可以把高产的基因导入优质的品种中(图 4－23)。从这个意义上来说,转基因技术与传统技术没有本质的区别,转基因技术是对传统技术的发展和补充,将两者紧密结合相得益彰,大大地提高植物品种改良的效率。

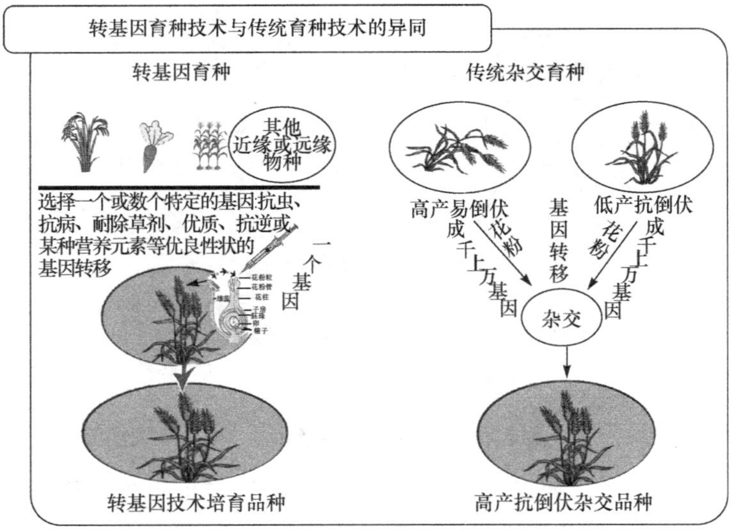

图 4－23　转基因育种与传统杂交育种示意图

虽然关于转基因食品的危害也屡有报道，但我们日常生活中的转基因食品并不鲜见，如蕃茄、玉米、大豆等。至少目前还没有科学证据能直接证明转基因食品对人类或其他生物有害，因此不同国家也采取不同措施对转基因食品进行安全管理。

思考题

1. 说明氨基酸、肽和蛋白质之间的关系。
2. 简述核酸的组成及其在生命体中的重要作用。
3. 试述 DNA 的结构特点和复制过程。

第5章

水和水污染及其防治

水是人类生活不可缺少的物质，没有水就没有人类，也不会有其他生命体的存在。水的三种物理状态（固态、液态和气态）都对地球生命起着至关重要的作用。

5.1 水的基本物理性质

5.1.1 水的存在形态

各种物质都是由微观粒子（如分子、原子、离子等）聚集而成。由于微观粒子间作用力强弱的差别，物质的聚集状态也有所不同，常见的聚集状态有气态、液态和固态三种。在特定的环境下，物质还可以以其他聚集状态（如等离子体等）存在。

在物质的气、液、固态中，从宏观性质来看，固体（通常指晶体）具有一定的体积和形状，既不易变形，又不易压缩；液体的形状可以随容器的形状而改变，但体积不能轻易有较大的改变，其压缩性很小；气体能自由扩散，均匀地充满整个空间，也能压缩到较小的容器中。液态物质在给定容积中的质量可用物理量密度来度量，单位是 g/mL 或 kg/L。

1. 固体

固体有确定的体积和形状，且不随容器的尺寸和形状而改变。组成固体的微粒紧密地堆积在一起，不能自由移动，只能在一定的位置上作热振动。温度越高，振动越剧烈，偶尔有极少微粒能克服结合力而变换位置或挣脱出来。由于这些微粒在距离很近时能产生强的斥力，所以固体是不易压缩的。而微粒间的结合力则使固体不易改变形状。对于水，0 ℃时固态水的密度是 0.917 g/mL，其他纯物质固态时的密度为 0.5～20 g/mL。图 5－1 给出了固态水（冰）的分子级模型：在冰中，水分子通过氢键形成非常有序的阵列，每一个水分子都有相对固定的位置。

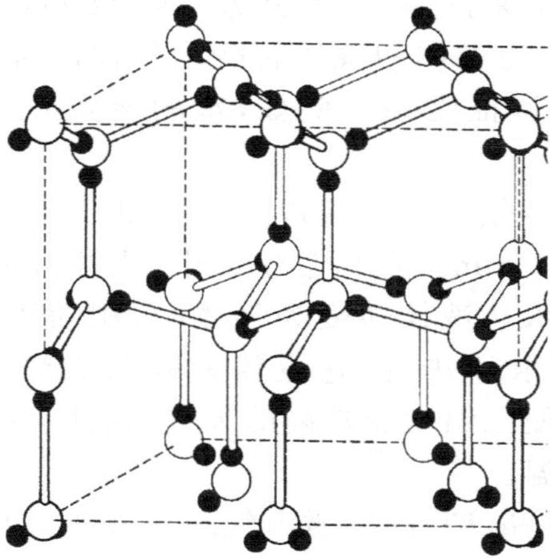

图 5－1　冰的晶体结构

2. 液体

液体有特定的体积，其形状依据容器的形状而改变，但是液体中组成微粒间的距离接近固体。当固体熔化时，一般密度仅降低 10%～15%，而当液体气化时，一般密度降低 99.0%～99.9%。在液体中，某些区域的微粒几乎是紧密堆积，而在另一些区域，由于堆积的不规则性，会产生一些空缺。液体的分子在不停地滑动，这些空缺不可能有固定的大小和形状，它们也随之不停地产生、消灭、移动或变化。总的来说，由于液体中空缺的存在增大了分子间的平均距离而减小了密度，并且空缺为分子提供了活动空间，所以液体具有流动性和扩散性。

3. 气体

气体分子间相距较远，其分子间距离比分子本身大几千倍。因此分子间的引力很小，分子可以自由地高速运动。由于气体分子间的相互碰撞，其运动方向也在不断地改变，因此气体没有一定的形状，能很快地充满整个容器中。而且一种气体能在另一种气体中运动，进行相互扩散。气体压力的产生就是气体分子对容器壁碰撞的结果。此外，由于气体密度很小，分子间的空隙很大，因此气体具有压缩性。

4. 相变

固体转变为液体或液体转变为气体都需要能量来打破将固体或液体分子固定在特殊位置的吸引力。熔点和沸点分别指的是在1 atm①下，固体转变为液体和液体转变为气体的温度。有固定的熔点和沸点是纯物质的特征之一。例如，水的熔点和沸点分别是0 ℃和100 ℃。

液体到气体的转化（蒸发）可以发生在低于沸点的温度下，但是产生的气压往往低于1 atm。在日常生活中，当汗液从身体蒸发时，人体会感觉到凉爽。当水从液体转变为气体时，相同质量的水比其他物质吸收更多的热。将水加热时，它也需要吸收大量的热。由于人体中70%是水，因此，即使在温度非常高的天气，人体吸收大量的热，水也会维持基本的人体体温。

蒸发的逆过程是凝聚，即物质由气态到液态；而凝固是熔化的逆过程，即物质由液态到固态。通常把固态和液态都称为凝聚相，因为和气相相比，它们的分子排布都紧密得多。气体凝聚或液体凝固都需要将能量释放到周围环境，因此当水蒸气在皮肤上凝聚成水珠时，人体很容易被烫伤。

地球表面的温度变化是从低于0 ℃到高于0 ℃，所以水在地球表面可以同时存在三种相，而且是独一无二的，其他大多数物质在自然界中都以单一相存在，如氮气（沸点−196 ℃）和氧气（沸点−183 ℃）在自然界中不可能存在其固相或液相；而铁（熔点1535 ℃）和二氧化硅（熔点1610 ℃）也不可能在自然界中以气相和液相形式存在。

5.1.2 水资源概况

2012年3月12日，第六届世界水资源论坛在法国南部港口城市马赛举行，论坛的主题为“治水兴水，时不我待”，旨在在水资源的关键领域制定和实施切实有效的解决方案。中国首次以世界水理事会成员的身份参加本届世界水资源论坛的活动。论坛发布的第四期《世界水资源发展报告》对地球表面水资源的分布情况、构成淡水资源压力的主要

① 1 atm=101 325 Pa，下同。

因素、全球饮用水源和地下水所面临的问题等做了说明。

地球表面超过70%的面积为海洋所覆盖，淡水资源十分有限，而且在空间上分布非常不均，其中只有2.5%的淡水资源能够供人类、动物和植物使用。

对淡水资源构成压力的主要方面之一是灌溉和粮食生产对水资源的需求。目前农业用水在全球淡水使用中约占70%，预计到2050年农业用水量可能在此基础上再增加约19%。

人类对水资源的需求主要来自于城市对饮用水、卫生和排水的需要。全球目前有8.84亿人口仍在使用未经净化改善的饮用水源，26亿人口未能使用得到改善的卫生设施，有30亿至40亿人家中没有安全可靠的自来水。每年约有350万人的死因与供水不足和卫生状况不佳有关，这主要发生在发展中国家。全球有超过80%的废水未得到收集或处理，城市居住区是水源污染的主要来源。

地下水是人类用水的一个主要来源，全球接近一半的饮用水来自地下水。但地下水是不可再生的，在一些地区，地下水源已达到临界极限。目前与水有关的灾害占所有自然灾害的90%，而且这些灾害的发生频率和强度在普遍上升，对人类经济发展造成严重影响。

5.2 水质的评价指标

水是地球生物赖以生存的物质基础，水资源是维系地球生态体系正常运转的首要条件。水是生命的源泉，天然水中含有丰富的物质，溶解物质有钙、镁、钠、铁等盐类及其他物质，如溶解的氧及其他有机物；胶体类物质有硅胶、腐殖酸胶体；悬浮物质有黏土、泥沙、细菌等。水中各种物质含量的高低直接影响水的质量和人体的健康。例如，我们经常说的“水土不服”，原因之一就是高硬度水中的Ca^{2+}、Mg^{2+}与SO_4^{2-}结合，使水产生苦涩味，饮用后导致人的胃肠功能紊乱，出现暂时性的腹胀、排气多、腹泻等现象。水质即水体质量的简称，标志着水体的物理（如色度、浊度、臭味等）、化学（无机物和有机物的含量）和生物（细菌、微生物、浮游生物、底栖生物）的特性及其组成的状况。不同用途的水，如生活饮用水、工业用水和渔业用水都有其规定的水质参数和水质标准，用以评价水体质量的状况。评价水质的指标通常以水中这些物质的含量为基础。这些指标通常包括浑浊度、电导率、pH、硬度、耗氧量、微生物学指标等，下面一一论述。

5.2.1 浑浊度

水中含有泥沙、黏土、有机物、微生物等悬浮物质及胶体状态的微粒，使得原来无色透明的水产生浑浊，其浑浊的程度称为浑浊度，简称浊度。浑浊度是反映天然水及饮用水的物理性状的一项指标，其单位为“度”，1 度相当于 1 L 水中含有 1 mg SiO_2 时产生的浑浊程度。浑浊度是光线透过水层时受到阻碍的程度，表示水层对于光线散射和吸收的能力。它不仅与悬浮物的含量有关，而且还与水中杂质的成分、颗粒大小、形状及其表面的反射性能有关。浑浊度是一项重要的水质指标，控制浑浊度是工业水处理的一个重要内容。根据水的不同用途，对浑浊度有不同的要求。例如，生活饮用水的浑浊度不得超过 5 度；要求循环冷却水处理的补充水浑浊度为 2～5 度；除盐水处理的进水（原水）浑浊度应小于 3 度；制造人造纤维所用水的浑浊度低于 0.3 度等。构成浑浊度的悬浮物质及胶体微粒一般是稳定的，并大都带有负电荷，不进行化学处理很难沉降。在工业水处理中，主要是采用混凝、澄清和过滤的方法降低水的浑浊度。

5.2.2 电导率

电导率是电解质溶液在电场作用下的导电能力的量度，其大小间接反映了水中溶解性盐类的总量，也反映了水中矿物质的总量。电导率的单位为 S/m。各种用途的水对电导率的要求指标见表 5 - 1。

表 5 - 1 水的电导率

水	纯水	去离子水	蒸馏水	天然水
电导率/(S/m)	5.5×10^{-6}	10^{-4}	10^{-3}	$0.5\sim5\times10^{-2}$

5.2.3 pH

pH 是水的酸碱度的度量指标，表示水中 H^+ 和 OH^- 的含量比例（范围为 0～14）。人体对 pH 的变化非常敏感，身体内大部分生理环境的 pH 为 6.8，血液和细胞液的 pH 为 7.2～7.3。根据我国制定的生活饮用水国家标准，饮用水的 pH 应为 6.5～8.5，最佳值为 7.5；而国家对纯净水的 pH 要求为 5.0～7.0，平均值为 6，大大偏离了饮用水的最佳 pH。但这种偏离对人体不会有任何影响，正常人的胃液是强酸性溶液，而且缓冲能力巨大，因此不同 pH 的饮用水进入胃部后，其酸度都变成一样。

5.2.4 硬度

水的硬度是指水中所含的钙、镁离子的总量（一般以碳酸钙来计算），是表示水中结垢物质含量的指标。硬度单位为 mg/L（毫克每升）或 mmol/L（毫摩尔每升）。在天然水中，Ca^{2+}、Mg^{2+} 以碳酸盐、碳酸氢盐形式构成的硬度称为碳酸盐硬度（KH），可通过煮沸转变成碳酸盐沉淀除去，又称暂时硬度（temporary hardness）；以硫酸盐、氯化物形式构成的硬度称为非碳酸盐硬度，又称永久硬度（permanent hardness），不可通过煮沸除去。这两种硬度组成总硬度（GH）。根据总硬度可将水分为极软水、软水、弱硬水、硬水、极硬水五级。一般情况下，地表水硬度较低，悬浮物质含量高；地下水浑浊度低，硬度高，且含铁、锰等离子。

5.2.5 耗氧量

耗氧量是指水中发生化学或生物化学氧化还原反应所消耗氧化剂或溶解氧的量，间接反映水中有机物的含量。水中有机物越多，耗氧量越高，溶解氧越少。按测定方法的不同，可分为化学需氧量（chemical oxygen demand，COD）和生物化学需氧量（biochemical oxygen demand，BOD）。

化学需氧量也称化学耗氧量，简称“耗氧量”，单位为 mg/L，用化学氧化剂（如高锰酸钾、重铬酸钾）氧化水中需氧污染物质所消耗的氧气量来度量，是评定水质污染程度的重要综合指标之一。COD 的数值越大，则水体污染越严重。一般洁净饮用水的 COD 值为几至十几毫克每升。

生物化学需氧量简称生化需氧量，单位为 mg/L，表示水中有机物在微生物的作用下，进行氧化分解所消耗的溶解氧量。水中有机物的生物氧化过程与水温和时间有密切关系，BOD 的测定均有规定的温度和时间条件。实际工作中以 20 ℃培养 5 日后 1 L 水样中消耗溶解氧的质量（mg）表示，称为五日生化需氧量，缩写为 BOD_5。

5.2.6 微生物学指标

饮用水中的病原体包括细菌、病毒以及寄生型原生动物和蠕虫，其主要污染源是人畜粪便。如水源受病原体污染后未经充分消毒，或饮用水在输送和储存过程中受到二次污染，均可造成饮用水污染，引起传染病流行。合格的饮用水不应含有已知致病微生物，也不应有人畜排泄物污染的指示菌（总大肠菌群）。《生活饮用水卫生标准》还规定了游离性余氯的指标，当饮用水中游离性余氯达到一定浓度后，接触一段时间就可杀灭水中的细菌和病毒。因此，游离性余氯测定是一项评价饮用水微生物学安全性的快速而重要的指标。表 5－2 给出了生活饮用水的各项指标。

表 5－2 生活饮用水的各项指标

	编号	项目	标准
感观指标			
	1	色	色度不超过 15 度，且不得呈现其他异色
	2	浑浊度	不超过 5 度
	3	嗅和味	不得有异臭异味
	4	肉眼可见物	不得含有
化学指标			
	5	pH	6.5～8.5
	6	总硬度（以 CaO 计）	不超过 250 mg/L
	7	铁	不超过 0.3 mg/L
	8	锰	不超过 0.1 mg/L
	9	铜	不超过 1.0 mg/L
	10	锌	不超过 1.0 mg/L
	11	挥发酚类	不超过 0.002 mg/L
	12	阴离子合成洗涤剂	不超过 0.3 mg/L
病理学指标			
	13	氟化物	不超过 1.0 mg/L，适宜浓度 0.5～1.0 mg/L
	14	氰化物	不超过 0.05 mg/L
	15	砷	不超过 0.04 mg/L
	16	硒	不超过 0.01 mg/L
	17	汞	超过 0.001 mg/L
	18	镉	不超过 0.01 mg/L

续表

编号	项目	标准
19	铬(6价)	不超过0.05 mg/L
20	铅	不超过0.1 mg/L
细菌学指标		
21	细菌总数	1 mg水中不超过100个
22	大肠杆菌	1 L水中不超过3个
23	游离性余氯	在接触30 min后,应不低于0.3 mg/L

5.3 水的净化

饮用水的净化技术和工程设施是人们饮用水卫生和安全的重要保障,它是人类在与水源污染及由此引起的疾病所做的长期斗争中产生的,并不断变化、发展和完善。

第一次"饮水革命"——自来水的使用:19世纪欧美一些城市排出的污水、粪便和垃圾等使地表水和地下水水源受到污染,造成霍乱、伤寒、瘟疫等水传染疾病的多次大规模爆发和蔓延,夺走了千百万人的生命。这些惨痛的教训促进了饮用水去除和消灭细菌技术的发展。其代表的流程是混凝沉淀→沙滤→投氯消毒,氯的使用消除了水中生物污染,制止了瘟疫的流行。

第二次饮水革命——深度净化技术:20世纪60年代开始,随着工业和城市的迅速发展,饮用水水源不仅受到更多城市污水及工业废水等点源的污染,而且受到更难控制的非点源污染,如城市街道及地面径流水、农田径流、空气沉降、垃圾场的渗滤液等。例如,美国国家环境保护局从自来水中分析出的154种有机污染物中有80%是难以或不能生物降解的。尤为严重的是,由于水中有机物的增多,通用的氯化消毒会产生多种毒性更大的有机卤化物。因其强致癌性,有效清除此类污染物已成为饮水净化控制的主要目标。因此,第二次饮水革命的任务不仅是除去浑浊和病原菌,而且还要除去多种有机和无机的微量污染物,称为深度净化技术。

目前,针对水源的微污染及给水厂的氯化消毒所引起的三卤甲烷(THMs)和卤乙酸增多的问题,国内外采取了许多措施,大致可分为以下几种:

（1）设法降低水中形成卤代有机物前体。

（2）采用其他安全无污染或非氯消毒剂，如二氧化氯、臭氧、紫外线等消毒。

（3）去除氯消毒后水中形成的卤代有机物。

（4）对传统的给水处理的出水——自来水进行深度净化，采用分质供水（管道或桶装）、家用净水器等。

5.3.1 澄清与消毒

澄清是除去水中悬浮物质和胶体物质的过程。如果水中悬浮物质较多，则要加入混凝剂，以中和胶体微粒表面的电荷，破坏胶体稳定性，使细小悬浮物质及胶体微粒互相吸附结合成较大的颗粒，凝聚沉淀。混凝剂主要有铝盐和铁盐，铝盐有明矾、硫酸铝、碱式氯化铝等；铁盐有硫酸亚铁、硫酸铁和三氯化铁等。铝盐和铁盐之所以能作为混凝剂，是因为二者在水中能发生水解反应。

$$Al^{3+} + 3H_2O \longrightarrow Al(OH)_3 + 3H^+$$

由于水解产生的 $Al(OH)_3$ 在水中溶解度极小，会以絮状的白色沉淀物弥散地分布在水中，这种絮状沉淀物有较强的吸附力，因此在沉降过程中可以吸附水中的悬浮物而共同凝聚和沉淀。

生活饮用水常用液氯或臭氧消毒，目前以液氯消毒较多。氯气注入水中产生次氯酸，而次氯酸在水中也可以继续分解，释放出氧气。

$$Cl_2 + H_2O \longrightarrow HClO + HCl$$

$$2HClO \longrightarrow 2HCl + O_2$$

氯气、次氯酸和新生态的氧都有极强的氧化作用，能使有机体氧化，从而杀灭细菌。

臭氧技术是既古老又崭新的技术。1840 年德国化学家发明了这一技术，1856 年被用于水处理消毒行业。目前，臭氧已广泛用于水处理、空气净化、食品加工、医疗、医药、水产养殖等领域，对这些行业的发展起到了极大的推动作用。臭氧可使用臭氧发生器制取，其原理是利用高压电或化学反应，使空气中的部分氧气分解后聚合为臭氧，是氧的同素异形体转变的一种过程。

臭氧是一种强氧化剂，灭菌过程属于生物化学氧化反应。臭氧灭菌有以下 3 种形式：

（1）氧化分解细菌内部葡萄糖所需的酶，使细菌灭活死亡。

（2）直接与细菌、病毒作用，破坏它们的细胞器和 DNA、RNA，破坏细菌的新陈代谢,导致细菌死亡。

(3) 透过细胞膜组织,侵入细胞内,作用于外膜的脂蛋白和内部的脂多糖,使细菌发生通透性畸变而溶解死亡。

臭氧灭菌有许多优点:臭氧灭菌为溶菌级方法,杀菌彻底,无残留,杀菌广谱,可杀灭细菌繁殖体和芽孢、病毒、真菌等,并可破坏肉毒杆菌毒素。臭氧由于稳定性差,很快自行分解为氧气或单个氧原子,而单个氧原子能自行结合成氧分子,不存在任何有毒残留物,所以是一种无污染的消毒剂。

5.3.2 硬水的软化

当水滴在大气中凝聚时,会溶解空气中的二氧化碳形成碳酸。碳酸最终随雨水落到地面上,然后渗过土壤到达岩石层,溶解石灰(碳酸钙和碳酸镁)产生暂时硬水。一些地区的溶洞和溶洞附近的硬水就是这样形成的。

硬水有以下缺点:

(1) 和肥皂反应时产生不溶性沉淀,降低洗涤效果(利用这点也可以区分硬水和软水)。

(2) 工业上,钙盐、镁盐的沉淀会造成锅垢,妨碍热传导,严重时还会导致锅炉爆炸。由于硬水问题,工业上每年因设备、管线的维修和更换耗资巨大。

(3) 硬水的饮用还会对人体健康与日常生活造成一定的影响。没有经常饮用硬水的人偶尔饮用硬水,会造成肠胃功能紊乱,即所谓的"水土不服";用硬水烹调鱼、肉、蔬菜,会因不易煮熟而破坏或降低食物的营养价值;用硬水泡茶会改变茶的色香味而降低其饮用价值;用硬水做豆腐不仅会使产量降低、而且影响豆腐的营养成分。

那么硬水是否毫无用处呢?也不是。钙和镁都是生命必需元素中的宏量金属元素。科学家调查发现,人的某些心血管疾病(如高血压和动脉硬化性心脏病)的死亡率与饮水的硬度成反比,水质硬度低,死亡率反而高。其实,长期饮用过硬或者过软的水都不利于人体健康。我国规定:饮用水的硬度不得超过 25 度。

硬水经过处理后可以转化为软水。下面介绍硬水软化的三种主要方法。

1. 煮沸法(只适用于暂时硬水)

煮沸暂时硬水的化学反应式如下:

$$Ca(HCO_3)_2 = CaCO_3\downarrow + H_2O + CO_2\uparrow$$

$$Mg(HCO_3)_2 = MgCO_3\downarrow + H_2O + CO_2\uparrow$$

生成的 $CaCO_3$ 不溶于水,$MgCO_3$ 微溶于水,而 $MgCO_3$ 在进一步加热的条件下还可以与水反应生成更难溶的 $Mg(OH)_2$,化学反应式如下:

$$MgCO_3 + H_2O = Mg(OH)_2\downarrow + CO_2\uparrow$$

由此可见,水垢的主要成分为 $CaCO_3$ 和 $Mg(OH)_2$。

2. 石灰-纯碱法

石灰-纯碱法中,加入石灰[$Ca(OH)_2$]就可以完全消除暂时硬度,HCO_3^- 都转化成 CO_3^{2-}。而镁的永久硬度在石灰的作用下会转化为等物质的量的钙的硬度,最后被去除。反应过程中,镁都是以氢氧化镁的形式沉淀,而钙都是以碳酸钙的形式沉淀。具体做法是,先在水中加入适量的石灰,以消除暂时硬度,同时把由 Mg^{2+} 引起的水的硬度转化成由 Ca^{2+} 引起的水的硬度,化学反应式如下:

$$Ca(HCO_3)_2 + Ca(OH)_2 = 2CaCO_3\downarrow + 2H_2O$$

$$Mg(HCO_3)_2 + 2Ca(OH)_2 = Mg(OH)_2\downarrow + 2CaCO_3\downarrow + 2H_2O$$

$$MgSO_4 + Ca(OH)_2 = Mg(OH)_2\downarrow + CaSO_4$$

$$MgCl_2 + Ca(OH)_2 = Mg(OH)_2\downarrow + CaCl_2$$

然后加入纯碱(Na_2CO_3),把水中原有的 $CaSO_4$、$CaCl_2$ 一起转化成 $CaCO_3$ 沉淀,从水中析出,化学反应式如下:

$$CaSO_4 + Na_2CO_3 = CaCO_3\downarrow + Na_2SO_4$$

$$CaCl_2 + Na_2CO_3 = CaCO_3\downarrow + 2NaCl$$

3. 离子交换法

离子交换法中用到的离子交换剂有无机离子交换剂和有机离子交换剂两种。无机离子交换剂有沸石等;有机离子交换剂包括碳质离子交换剂——磺化酶(NaR)和阴、阳离子交换树脂等。一般的离子交换剂在失效后还可以再生。

$$2R{-}Na + Ca^{2+}(Mg^{2+}) = 2R_2{-}Ca(Mg) + 2Na^+$$

离子交换法软化水具有质量高、设备简单、占地面积小、操作方便等优点,因此目前使用较普遍。

5.4 水的污染

水体因某种物质的介入，导致其化学、物理、生物或放射性等特征的改变，从而影响水的有效利用，危害人体健康或破坏生态环境，造成水质恶化的现象称为水污染。水的污染有两类：一类是自然污染；另一类是人为污染。当前对水体危害较大的是人为污染，污染源包括工业污染源、农业污染源和生活污染源三大类。

全世界约有10亿多人由于饮用水被污染而受到疾病传染的威胁，世界卫生组织的调查表明，全世界每年至少有500万人死于水污染引起的疾病，人类疾病的80%与水有关。联合国提供的材料表明，如果不能设法提供干净安全的饮用水，到2025年，世界上无法获得安全饮用水的人数将增加到23亿，而由饮用水不卫生致死的人数将大大超过目前的每年530万。世界各城市每天产生的200万t人类粪便，只有不到20%经过处理，其余都直接排入水域。我国约有1/3以上的工业废水和9/10以上的生活污水未经处理就直接排入水域，资料显示，近年来全国年排放污水量近600亿t，其中大部分未经处理直接排入水域，90%的城市水环境恶化，加剧了可利用水资源的不足。据对全国532条河流的污染状况调查，已有436条河流受到不同程度的污染，占调查总数的82%，我国七大水系中近一半河段污染严重，86%的城市河段水质普遍超标。全国7亿多人饮用大肠杆菌超标的水，1.64亿人饮用有机污染严重的水，3500万人饮用硝酸盐超标的水。

5.4.1 水体的自净能力

水体是地表水圈的重要组成部分，是指以相对稳定的陆地为边界的天然水域和人工水域，包括有一定流速的江河、溪流、沟渠；相对静止的湖泊、水塘、沼泽、水库；受潮汐影响的三角洲和海洋；地下水和极冰。将水体当作完整的生态系统或综合自然体来看待，其中包括水相和固相物质，水中的悬浮物质、溶解物质、底泥和水生生物。

水体按照类型可分为海洋水体和陆地水体。海洋水体包括海和洋，陆地水体包括地表水体(如河流、湖泊、沼泽等)和地下水体。

水体自净能力的定义有广义和狭义两种。广义定义指受污染的水体经物理、化学和生物作用，使污染的浓度降低，并恢复到污染前的水平；狭义定义是指水体中的氧化物分解有机污染物而使水体得以净化的过程。影响水体自净过程的因素很多，其中主要因素有受纳水体的地理、水文条件，微生物的种类与数量、水温、复氧能力以及水体和污染物的组成、污染物浓度等。

废水和污染物进入水体后，即开始自净过程，自净机制包括物理自净、化学和物理化学自净、生物和生物化学自净。该过程由弱到强，直到趋于恒定。自净过程的主要特征有：①污染物浓度逐渐下降；②一些有毒污染物可经各种物理、化学和生物作用，转变为低毒或无毒物质；③重金属污染物以溶解态被吸附或转变为不溶性化合物，沉淀后进入底泥；④部分复杂有机物被微生物利用和分解，变成二氧化碳和水；⑤不稳定污染物转变成稳定的化合物；⑥自净过程初期，水中溶解氧含量急剧下降，到达最低点后又缓慢上升，逐渐恢复至正常水平；⑦随着自净过程及有毒物质浓度或数量的下降，生物种类和个体数量逐渐回升，最终趋于正常的生物分布。

5.4.2 水体无机污染

水体无机污染是指酸、碱和无机盐类对水体的污染，首先是使水的 pH 发生变化，破坏其自然缓冲作用，抑制微生物生长，阻碍水体自净作用。同时，还会增大水中无机盐类的浓度和水的硬度，给工业和生活用水带来不利影响。水体无机污染包括无机无毒物质，如酸、碱、一般无机盐；氮、磷等植物营养物质；无机有毒物质，如重金属、砷、氰化物、氟化物等。

酸主要来自矿坑废水、工厂酸洗水、硫酸厂、黏胶纤维、酸法造纸等，酸雨也是某些地区水体酸化的主要来源。碱主要来自造纸、化纤、炼油等工业。酸碱污染不仅可腐蚀船舶和水上构筑物，改变水生生物的生活条件，还可大大增加水的硬度（生成无机盐类），影响水的用途，增加工业用水处理费用等。

所有重金属，尤其是汞、铅、镉、铬等，超过一定浓度都对人体有毒。重金属一般以天然浓度广泛存在于自然界中，但由于人类对重金属的开采、冶炼、加工及商业制造活动日益增多，不少重金属（如铅、汞、镉、钴等）进入大气、水、土壤环境，引起严重的环境污染。微量浓度的重金属即可产生毒性（一般为 1～10 mg/L，汞、镉为 0.01～0.001 mg/L），难以被微生物降解，在微生物作用下会转化为毒性更强的有机金属化合物(如甲基汞),且易被生物富集,通过食物链进入人体,造成慢性中毒。

重金属污染往往给人体带来巨大的危害,亲硫重金属元素(汞、镉、铅、锌、硒、铜、砷等)与人体组织某些酶的巯基(—SH)有特别大的亲和作用,能抑制酶的活性。亲铁元素(铁、镍)可在人体的肾、脾、肝内累积,抑制精氨酶的活性。六价铬可能是蛋白质和核酸的沉淀剂,可抑制细胞内谷胱甘肽还原酶,导致高铁血红蛋白,可能致癌。过量的钒和锰能损害神经系统的机能。

例如,发生在日本的"痛痛病"事件,自1959年起,居住在日本富山县神通川下游地区的一些农民患上一种奇怪的病。患病初期,患者只感到腰、背和手足等处关节疼痛,后来发展为神经痛,走起路来像鸭子一样摇摇摆摆,晚上睡在床上经常喊痛,因此这种病被称为"痛痛病",又称为"骨痛病"。患上这种病,人的身高缩短,骨骼变形、易折,轻微活动,甚至咳嗽一声,都可能导致骨折。调查发现,神通川上游的炼锌厂长年累月排放含镉的废水,当地农民长期饮用受到镉污染的河水,并且食用此水灌溉生长的稻米,镉通过食物链进入人体,在体内逐渐积聚,引起镉中毒,造成"骨痛病"。

5.4.3 水体有机物和生物污染

水体有机物和生物污染主要是指由城市污水、食品工业和造纸工业等排放含有大量有机物的废水所造成的污染。这些污染物在水中进行生物氧化分解过程中需消耗大量溶解氧,一旦水体中氧气供应不足,会使氧化作用停止,引起有机物的厌氧发酵,散发出恶臭,污染环境,毒害水生生物。有机污染物包括有机无毒物,如碳水化合物、脂肪、蛋白质等;有机有毒物,如苯酚、多环芳烃和有机氯农药等。

1. 持久性有机污染物

持久性有机污染物(POPs)是一类半挥发有机物。这类有机物具有较低的水溶性而易溶于有机溶剂,在环境中不易降解、存留时间较长,并可通过大气、水和食物链影响区域和全球环境,危害人类健康。

现在关注的12种持久性有机污染物包括8种杀虫剂(艾氏剂、异狄氏剂、毒杀芬、氯丹、狄氏剂、七氯、灭蚁灵和滴滴涕)、六氯苯、多氯联苯、二噁英和呋喃等工业化合物及其副产物。人类和动物长期接触这些物质,会逐渐引起内分泌系统、免疫系统、神经系统出现多种异常。

2. 酚类等有毒有机物

水体受这类有机物(如酚、苯、三氯甲烷、杀虫剂、除草剂、合成洗涤剂等)污染时,会引起各种中毒及疾病,如血液病、癌症等。特别是水中的有机硝基化合物、有机胺基化合物、有机卤素化合物对动、植物和人体都有强烈的致癌和致肿作用。

3. 多氯联苯

多氯联苯(PCB)具有抗热、不可燃、化学稳定、低蒸气压及低电导率等特点。自从20世纪上半叶电力被广泛应用以来,电力设备供应商成为多氯联苯的主要使用者。多氯联苯主要作为冷却剂应用于变压器,以及作为绝缘油应用于电容器。

4. 有机氯农药

有机氯农药基本上分为以苯为原料和以环戊二烯为原料的两大类化合物。

氯苯的结构较稳定,难以被生物体内酶降解,所以积存在动、植物体内的有机氯农药分子消失缓慢。由于这一特性,通过生物富集和食物链的作用,环境中的残留氯农药会进一步浓集和扩散。通过食物链进入人体的有机氯农药能在肝、肾、心脏等组织中累积,特别是由于这类农药脂溶性大,所以在体内脂肪中的积聚储存更为突出。

5. 石油

随着人类对石油开采的不断增加,石油泄漏的途径和机会越来越多。海底油田开采泄漏、井喷以及向海洋排放含油的废水,大量的石油及其炼制品通过海上运输时的油船泄漏事故,甚至像海湾战争那样不可预料的事件,都可能造成危害严重的石油污染事故。

石油污染对海洋环境、海洋生物危害极大,石油在海面上形成的油膜能阻碍大气与海水的交换,影响海面对电磁辐射的吸收、传递和反射。油膜减弱了太阳辐射到海水的能量,影响海洋植物的光合作用。被油膜沾污皮毛的海兽和海鸟将失去保温、游泳、飞行的能力。石油还对海洋生物产生危害,破坏细胞膜的正常结构和透性,干扰生物体的酶系,进而影响生物体正常的生理、生化过程。

6. 水体富营养化

在人类活动的影响下，生物体需要的氮、磷等营养物质大量进入湖泊、河口、海湾等缓流水体，引起藻类及其他浮游生物迅速繁殖，水体溶解氧含量下降，水质恶化，鱼类及其他生物产生变异现象，称为水体富营养化。

天然水体中氮和磷的含量在一定程度上是浮游生物数量的控制因素。生活污水、化肥和食品等工业废水以及农田排水都含有大量的氮、磷及其他无机盐类。天然水体接纳这些废水后，水中营养物质增多，自养型生物旺盛生长，某些藻类的个体数量迅速增加，而藻类的种类逐渐减少。水体中的藻类本来以硅藻和绿藻为主，蓝藻的大量出现是富营养化的征兆，随着富营养化的发展，最后变为蓝藻为主。科学试验表明，1 g 磷入水可使水内生长蓝藻 100 g。目前我国洗涤用品仅洗衣粉一项的年消费量就在 350 万 t 左右，若其中磷酸盐的平均含量以 15% 计算，每年仅此就约有 50 万 t 含磷化合物排放到地表。

7. 赤潮

赤潮是水体中某些微小的浮游植物、原生动物或细菌在一定的环境条件下突发性地增殖和聚集，引起一定范围内一段时间中水体变色的现象。通常水体颜色因赤潮生物的数量、种类而呈红、黄、绿和褐色等。

赤潮不仅对海洋环境、海洋渔业和海水养殖业造成严重危害，而且对人类健康甚至生命都有影响。主要包括两个方面：①引起海洋异变，局部中断海洋食物链，使被污染的海域一度成为死海；②有些赤潮生物分泌毒素，这些毒素被食物链中的某些生物摄入，如果人类再食用这些生物，则会导致中毒甚至死亡。

5.4.4 热污染

热污染是指日益现代化的工农业生产和人类生活中排出的各种废热导致的环境污染。热污染可以污染大气和水体，如工厂的循环冷却水排出的热水以及工业废水中都含有大量废热。废热排入湖泊、河流后，造成水温骤升，导致水中溶解氧气锐减，引发鱼类等水生动、植物死亡。大气中含热量增加，还能影响全球气候变化。热污染还对人体健康构成危害，降低了人体的正常免疫功能。

5.5 工业废水的处理

5.5.1 污水综合排放标准

水体中的污染物大致可分为两类。第一类污染物是指能在环境或动、植物体内蓄积,对人体健康产生长远不良影响的污染物。含有此类有害污染物的废水不分行业和污水排放方式,也不分受纳水体的功能类别,一律在车间或车间处理设施排出口取样,其最高允许排放浓度必须符合"第一类污染物最高允许排放浓度"的规定(表 5-3)(采矿行业的尾矿坝出水口不得视为车间排放口)。第二类污染物是指其长远影响小于第一类的污染物,在排污单位排出口取样,其最高允许排放浓度也必须达到有关要求。

表 5-3 第一类污染物最高允许排放浓度

序号	污染物	最高允许排放浓度
1	总汞	0.05 mg/L
2	烷基汞	不得检出
3	总镉	0.1 mg/L
4	总铬	1.5 mg/L
5	六价铬	0.5 mg/L
6	总砷	0.5 mg/L
7	总铅	1.0 mg/L
8	总镍	1.0 mg/L
9	苯并[a]芘	0.000 03 mg/L
10	总铍	0.005 mg/L
11	总银	0.5 mg/L
12	总 α 放射性	1 Bq/L
13	总 β 放射性	10 Bq/L

注:Bq 为放射性活度单位,放射源在单位时间内发生衰变的核的数目称为放射源的放射性活度。我国国家标准规定,放射性活度的法定计量单位是贝可(Bq)。在实际工作中,还经常沿用旧的活度单位居里(Ci),换算关系为 1 Ci=3.7×10^{10} Bq。

5.5.2 治理工业废水的基本原则

治理工业废水的基本原则是革新工艺、设备，发展闭路循环，大力开展资源综合利用，末端无害化处理后达标排放。

5.5.3 废水的三级处理

废水处理过程通常分三级进行。

一级处理是去除水中的漂浮物、悬浮物和其他固体物质，调节废水的 pH，减轻废水的腐化和后续处理工艺的负荷，是二级处理过程的预处理。对于一级处理，一般通过物理处理的方法达到，如格筛、网筛、过滤、沉淀、隔油、上浮和预曝气等。

二级处理是大幅度地去除水中的悬浮物、有机污染物和部分金属污染物。生物处理是污水二级处理的主体工艺。通过二级处理后，废水中的 BOD_5 可去除 80%～90%，废水基本达到排放标准的要求。但还有部分微生物不能降解的有机物、氮、磷、病原体及一些无机盐等不能去除。

三级处理又称深度处理，是对二级处理未能去除的部分污染物进行进一步净化处理，常用的有超滤、活性炭吸附、离子交换、电渗析等。根据三级处理出水的具体去向和用途，其处理流程和组成单元有所不同，如有的可供工业循环使用，有的可供部分城市用水的补给水源。由于三级处理的基建费用和运行费用较为昂贵，因此其发展和推广应用受到一定的限制，目前仅适用于严重缺水的地区。

5.5.4 废水处理方法

废水处理方法按其作用和基本原理，可分为物理处理法、化学处理法、物理化学处理法和生物处理法等四大类(表 5－4)。

表 5－4 主要废水处理方法

方法名称	主要设备	主要处理对象
沉淀法	沉淀池	较大的悬浮物
隔油法	隔油池	油类
过滤法	滤池、滤筛、超滤器	悬浮物、胶状物、油类、染料等

续表

方法名称	主要设备	主要处理对象
浮选法(气浮法)	浮选池(罐)、溶气罐	油类、悬浮物等
离心法	离心机、溶液分离器	较小的悬浮物
蒸发结晶法	蒸发器	易于蒸发结晶的溶解物
中和法	中和池、沉淀池	可发生中和反应的溶解物
混凝沉淀法	混凝池、沉淀池	悬浮物、胶状物等
氧化还原法	反应罐、沉淀池等	易发生氧化还原反应而除去的溶解物
电解法	电解槽	易发生氧化还原反应而除去的溶解物
吸附法	吸附柱(罐)	能被有效吸附的溶解物
离子交换法	离子交换柱(罐)	离子型溶解物
电渗析法	渗析槽(器)	带电荷溶解物
反渗透法	渗析器	大分子溶解物
萃取法	萃取器、分离器	脂溶性较好的溶解物

1. 物理处理法

物理处理法主要包括沉淀法、隔油法、过滤法、浮选法(气浮法)、离心法、蒸发结晶法等,主要使用的设备有沉淀池、隔油池、滤池、滤筛、超滤器、浮选池(罐)、溶气罐、离心机、溶液分离器、蒸发器等,可以除去水中的悬浮物、油类、胶状物、染料等。

2. 化学处理法

化学处理法主要包括中和法、混凝沉淀法、氧化还原法、电解法等,主要使用的设备有中和池、沉淀池、混凝池、反应罐、电解槽等,可以除去水中的悬浮物、胶状物和部分溶解物等。

3. 物理化学处理法和生物处理法

物理化学处理法和生物处理法主要包括吸附法、离子交换法、电渗析法、反渗透法和萃取法等,主要使用的设备有吸附柱(罐)、离子交换柱(罐)、渗析槽(器)、萃取器和分离器等,可以除去水中大部分溶解的有毒物质。

我们重点介绍目前在工业水处理中用得较多的反渗透法(reverse

osmosis，RO）。众所周知，渗透（osmosis）是水分子经半透膜扩散的现象，即水分子由低浓度溶液渗入高浓度溶液，直到膜两边溶液的浓度一致，如图 5－2 所示，由于溶剂分子扩散所造成的 U 形管两边的液柱高度差即为渗透压。在生物体内，细胞借由渗透作用得到水分，但是也有可能因此丧失水分或得到过多的水分。例如，将细胞放入浓食盐水中，由于浓食盐水中水的含量比例较细胞质低，细胞内的水会不断地往细胞外渗透，导致细胞脱水、萎缩；相反，将细胞放入蒸馏水中，由于细胞内水的含量比例较蒸馏水低，外界的水分子会不断往细胞内渗透，导致细胞膨胀，甚至造成破裂。

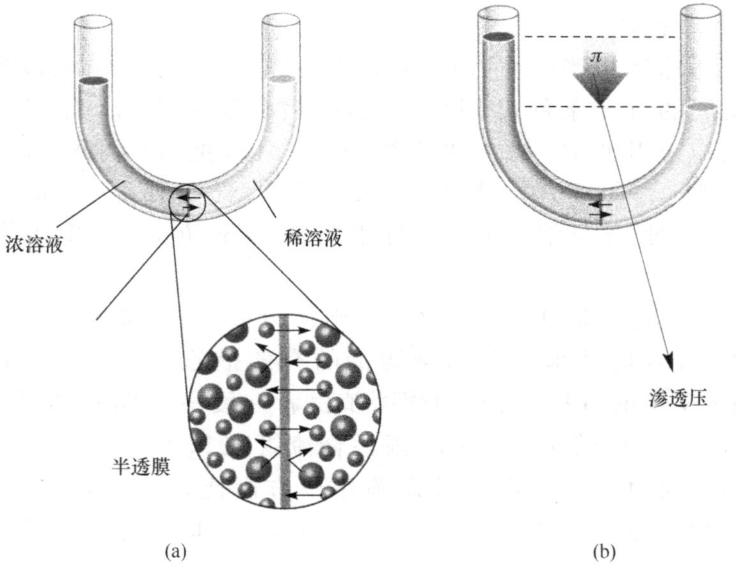

图 5－2　渗透原理和渗透压

反渗透顾名思义就是水分子由稀溶液向浓溶液扩散的过程。1950 年，美国科学家 S. Sourirajan 无意中发现海鸥在海上飞行时从海面啜起一大口海水，隔了几秒后再吐出一小口海水。考虑到陆地上靠肺呼吸的动物绝对无法饮用高盐分的海水，Sourirajan 对海鸥饮用海水产生了疑问，他把海鸥带回实验室，经过解剖发现在海鸥嗉嗉位置有一层薄膜，该薄膜构造非常精密。海鸥正是利用了这层薄膜把海水过滤为可饮用的淡水，而含有杂质及高浓缩盐分的海水则吐出嘴外。这就是以后反渗透法的基本理论架构。

1981 年美国曾将反渗透制造的纯水作为航天员的循环饮用水，因此用反渗透处理的纯水又称太空水。反渗透法是目前海水淡化中最有效、最节能的技术。采用反渗透法制造纯净水的优点是脱盐率高，产水量大，化学试剂消耗少，劳动强度低，水质稳定，离子交换树脂寿命长，终端过滤器寿命长。它的装置包括去除浑浊物质的前处理设备、高压泵、反渗透装置、后处理设备、浓缩水能量回收器等，其核心则是反渗透膜。

目前工业废水处理中多用到反渗透法，一方面可以将工业废水处理回收利用，如电镀水的回收处理；另一方面，由于工业废水中往往含有各类金属离子，经过反渗透处理后，废水溶液中的金属离子浓度大大升高，更利于回收。

水是地球生物赖以生存的物质基础，水资源是维系地球生态环境可持续发展的首要条件，因此，我们提倡“保护水资源，合理利用水”，要求做到以下几点：①树立水资源危机意识，把节约水资源作为自觉的行为准则；②合理开发水资源，并避免水资源破坏；③提高水资源利用率，减少水资源浪费；④进行水资源污染防治，实现水资源综合利用。

近年来在许多城市大力推行的“雨污分流工程”就是合理开发和利用水资源、有效提升水资源污染防治的有效措施。最早的雨污分流工程始于 1905 年的青岛，当时的德国殖民者在侵占时期共铺设雨水管道 29.97 km、污水管道 41.07 km、雨污合流管道 9.28 km。

我国以前由于在城市基础设施建设方面比较落后，没有对排水管道根据水的来源进行分设，采用的是雨水和污水合用一条排水管道的形式，即合流制的排水系统。雨污分流是一种排水体制，是指将雨水和污水分开，各用一条管道输送，进行排放或后续处理的排污方式。由于雨水污染程度较轻，经过分流汇集后，可直接排入城市内河，既可以作为天然的景观用水，也可作为供给喷洒道路的市政用水，因此雨水经过净化、缓冲流入河流，可以提高地表水的使用效益。同时，让污水汇集、排入污水管网，并通过污水处理厂处理，实现污水再生回用。

雨污分流后能加快污水收集率、提高污水处理率，避免污水对河道、地下水造成污染，明显改善城市水环境，还能降低污水处理成本，有助于提升城市的环境质量和城市品位，切实改善广大人民群众的生存环境和生活质量。

趣味阅读

世界重大水污染事件

水俣病事件

1950年，在日本水俣湾附近的小渔村中，发现大批精神失常而自杀的猫和狗。1953年，水俣镇发现了一个怪病人，开始时步态不稳，面部痴呆，然后耳聋眼瞎、全身麻木，最后精神失常，身体弯弓，高叫而死。1956年又有同样病症的女孩住院，引起当地熊本大学医院专家注意，开始调查研究。最后发现原来是当地一个化肥厂在生产氯乙烯和乙醛时，采用低成本的汞催化剂工艺，把大量含有有机汞的废水排入水俣湾，使鱼中毒，人和动物吃了毒鱼生病而死。1972年日本环境厅公布：水俣湾和新潟县阿贺野川下游有汞中毒者283人，其中60人死亡。

化工厂事件

1986年，位于莱茵河上游的瑞士桑多兹化工厂仓库爆炸，有10 t杀虫剂和含有多种有毒化学物质的污水流入莱茵河，其影响达500多公里。

金矿事件

2000年，罗马尼亚边境城镇奥拉迪亚一座金矿泄漏出氰化物废水，流到了南斯拉夫联盟境内。毒水流经之处，所有生物全都在极短时间内暴死。流经罗马尼亚、匈牙利和南斯拉夫联盟的欧洲大河之一——蒂萨河及其支流内80%的鱼类完全灭绝，沿河地区进入紧急状态。这是自原苏联切尔诺贝利核电站事故以来欧洲最大的环境灾难。

碱性水与健康

碱性水是否对改善体质有效？2015 年中央电视台“3·15”晚会上，在“消费谣言”一节中再次给出了否定的答案。这并非央视首次提及这一话题，2010 年的“3·15”晚会就专门对“碱性水祛病强身”骗局进行过详细曝光，用权威解释和实验告诉消费者“碱性水有益身体健康”就是一个营销噱头，并没有科学依据。然而，据 2015 年“3·15”晚会现场所公布的数据来看，仍有高达 34% 的被访受众认为“碱性水能够改善体质”；特别是从央视公布这一信息后网民们“大呼上当”的反应来看，显然时隔五年“碱性水健康”的谣言并未破灭。

思考题

1. 简述我国水资源的概况。
2. 评价水质的指标有哪些？
3. 净化水的步骤有哪些？分别涉及哪些化学原理？

第6章

化学与能源

能源、材料和信息被称为现代社会繁荣和发展的三大支柱，已成为人类文明进步的先决条件。国际上往往以能源的人均占有量、能源构成、能源使用效率和对环境的影响因素来衡量一个国家现代化的程度。

20世纪50年代以后，由于石油危机的爆发对世界经济造成巨大影响，国际舆论开始关注世界“能源危机”问题。许多人甚至预言：世界石油资源将要枯竭，能源危机将是不可避免的。如果不作出重大努力去利用和开发各种能源资源，那么人类在不久的未来将会面临能源短缺的严重问题。

世界能源危机是人为造成的能源短缺。石油资源的蕴藏量不是无限的，容易开采和利用的储量已经不多，剩余储量的开发难度越来越大，到一定限度就会失去继续开采的价值。在世界能源消费以石油为主导的条件下，如果能源消费结构不改变，就会发生能源危机。煤炭资源虽比石油多，但也不是取之不尽的。代替石油的其他能源资源，除了煤炭之外，能够大规模利用的还很少。太阳能虽然用之不竭，但代价太高，且目前还没有得到迅速发展和广泛使用。因此，非再生矿物能源资源枯竭可能带来的危机必定迫使人类将注意力转移到新的能源结构上，尽早探索、研究、开发、利用新能源。

化学在能源的开发和利用方面扮演着重要角色，煤的充分燃烧和洁净技术、核反应的控制利用、新型绿色化学电源的研究和生物能源的开发等，都离不开化学这一基础科学的参与。

6.1 能源的分类和能量的转化

6.1.1 能源的概念

能源是指自然界中能为人类提供某种形式能量的物质资源。石油危机之后，“能源”逐渐成为热门话题。目前关于能源的书面定义约有20种。典型的有：《科学技术百科全书》定义“能源是可从其获得热、光和动力之类能量的资源”；《大英百科全书》定义“能源是一个包括所有燃料、流水、阳光和风的术语，人类用适当的转换手段便可让它为自己提供所需的能量”；《日本大百科全书》定义“在各种生产活动中，我们利用热能、机械能、光能、电能等做功，可用来作为这些能量源泉的自然界中的各种载体称为能源”；我国的《能源百科全书》定义“能源是可以直接或经转换提供人类所需的光、热、动力等任一形式能量的载能体资源”。可见，能源是呈多种形式且可以相互转换的能量源泉。

6.1.2 能源的分类

能源可采用多种形式分类，通常可以按其形态特征或转换与应用的层次进行分类。世界能源委员会推荐的能源类型分为固体燃料、液体燃料、气体燃料、水能、电能、太阳能、生物质能、风能、核能、海洋能和地热能。其中，前三个类型统称化石燃料或化石能源。已被人类认识的上述能源，在一定条件下可以转换为人们所需的某种形式的能量。例如，薪柴和煤炭加热到一定温度，能与空气中的氧气化合并放出大量的热能，即通过燃烧过程产生的热能来取暖、做饭或制冷；也可以用热产生蒸汽，用蒸汽推动汽轮机，使热能变成机械能；进而可用汽轮机带动发电机，使机械能变成电能；如果把电送到工厂、企业、机关、农牧林区和住户，根据不同的用途又可以转换成机械能、光能或热能。

虽然自然界中的能源有很多种类，但根据它们的初始来源，大体可以概括为以下四大类：

（1）与太阳有关的能源。太阳能除了可直接利用的光和热外，还是地球上多种能源的主要源泉。目前，人类所需能量的绝大部分都直接或间接地来自太阳。各种植物通过光合作用把太阳能转变成化学能，并在体内储存下来，正是这部分能量为人类和动物界的生存提供了能源。煤炭、石油、天然气、油页岩等化石燃料也是由古代埋在地下的动、植物经过漫长的地质年代形成的，本质上就是由古代生物固定下来的太阳能。此外，水能、风能、波浪能、海流能等也都是由太阳能转换而来。从数量上看，太阳能非常巨大，理论计算表明，太阳每秒钟辐射到地球上的能量相当于约 500 万 t 煤燃烧时放出的热量，一年就有相当于 170 万亿 t 煤的热量，而现在全世界一年消耗的能量还不及它的万分之一。但是，到达地球表面的太阳能只有千分之一二被植物吸收，并转变成化学能储存起来，其余绝大部分都转换成热，散发到宇宙空间。

(2) 与地球内部的热能有关的能源。地球是一个大热库，从地面向下，随着深度的增加，温度也不断增高。从地下喷出的温泉和火山爆发喷出的岩浆就是地热的表现。地球上的地热资源储量也很大，按目前的钻井技术可钻到地下 10 km 的深度，估计地热能资源总量相当于世界年能源消费量的 400 多万倍。

(3) 与原子核反应有关的能源。某些物质在发生原子核反应时释放出大量的能量。原子核反应主要有裂变反应和聚变反应。目前在世界各地运行的 440 多座核电站就是使用铀原子核裂变时放出的热量。使用氘、氚、锂等轻核聚变时放出能量的核电站正在研究之中。目前已探明的铀储量约 490 万 t，钍储量约 275 万 t。聚变燃料主要是氘和锂，海水中氘的含量为 0.03 g/L，估计世界上氘的储量约为 40 万亿 t；地球上的锂储量虽比氘少得多，也有约 2000 亿 t，用它来制造氚，足够人类过渡到氘、氘聚变的年代。这些聚变燃料所释放的能量比全世界现有能源总量放出的能量大千万倍。按目前世界能源消费的水平，地球上可供原子核聚变的氘和氚能供人类使用上千亿年。因此，只要解决核聚变技术，人类就能从根本上解决能源问题。实现可控制的核聚变，以获得取之不尽、用之不竭的聚变能，这正是当前核科学家孜孜以求的目标。

(4) 与地球-月球-太阳相互联系有关的能源。地球、月球、太阳之间有规律的运动造成相对位置周期性的变化，它们之间产生的引力使海水涨落而形成潮汐能。与上述三类能源相比，潮汐能的数量很小，全世界的潮汐能折合成煤约为每年 30 亿 t，而实际可用的只是浅海区的部分，每年折合约为 6000 万 t 煤。

以上四大类能源都是自然界中现成存在的、未经加工或转换的能源。

按能源形成的条件，可分为一次能源和二次能源。

一次能源是指从自然界获得，可以不改变其基本形式直接利用的热能和动力。通常包括煤、石油、天然气等化石燃料（又称矿物燃料）以及风能、核能和地热能等。目前消耗量十分巨大的世界能源主要是化石燃料。其中，石油、煤、天然气约占总能耗的85%。

二次能源通常是指需要依靠其他能源而获得的能源。换句话说，二次能源是在一次能源的基础上由一次能源加工转换而成的能源，如电能、汽油、氢等。

按能源利用的反复性，可分为可再生能源和非再生能源。

在能源家族中，有一些能源消耗后，能够再生产、再出现，能够得到补充，这类能源称为可再生能源。而那些不能再生，或者在短期内不能再生的能源称为非再生能源。

水能是再生能源，水电站、水库的水因为发电而减少，但上游的降雨又会使减少的部分不断得到补充。太阳能是再生能源，太阳的寿命有几十亿年，它不断地向地球辐射能量，使太阳能不断产生。其他的如风能、海洋能、生物能也都是再生能源。从能源角度讲，再生能源是取之不尽、用之不竭的，是解决人类未来能源问题的根本途径。

按能源利用的程度，可分为常规能源和新能源。

新能源是相对于传统能源即常规能源而言的。在能源宝库中，生产技术比较成熟、产量较大、已经在生产中广泛利用的能源是传统能源，亦即人们常说的常规能源；而目前还没有被大规模利用，正在积极开发，有待于推广的能源则称为新能源，如太阳能、核聚变能、生物能、风能、海洋能、地热能等。

虽然能源按不同的方式可以有不同的分类，但每一种能源并不是完全独立的，而是相互交叉的。能源工作者常用的分类方法见图6-1。

- 能源
  - 二次能源
    - 煤制品——洗煤、焦炭、煤气
    - 石油制品——汽油、煤油、柴油、燃料油、液化石油气
    - 电力、氢能、余热、沼气、蒸汽等
  - 一次能源
    - 常规能源
      - 可再生能源（如水能）
      - 非再生能源（如煤炭、石油、天然气、核裂变燃料）
    - 新能源
      - 可再生能源（如太阳能、风能、生物能等）
      - 非再生能源（如核聚变燃料、油页岩、油砂）

图6-1 能源的分类

6.1.3 能量产生和转化的化学原理

能源的利用其实就是能量的转化过程。例如，煤燃烧放热使蒸汽

温度升高的过程就是化学能转化为蒸汽热力学能的过程；高温蒸汽推动发电机发电的过程是热力学能转化为电能的过程，如早期的火车；电能通过电动机可以转化为机械能；电能通过电解槽可转化为化学能，如电解的过程等。薪柴、煤炭、石油和天然气等常用能源所提供的能量都是随化学变化而产生的，大部分新能源的利用也与化学变化有关。能量的产生和转化到底涉及哪些化学概念和基本化学原理呢？

1. 能量的产生——化学热效应

化学变化的实质是化学键的改组，即原子和原子间的结合方式发生了改变，其必定伴随着能量的变化。在化学反应中，断裂化学键需要吸收能量，而形成新的键则放出能量，由于各种化学键的键能不同，因此这种化学键的断裂和组合必然伴随着能量的变化。如果放出的能量大于吸收的能量，则此反应为放热反应。燃烧反应所放出的能量通常称为燃烧热，化学上定义为 1 mol 纯物质完全燃烧所放出的热量。理论上可以根据某种反应物已知的热力学数据(如反应物分子的键能或生成热)计算其燃烧热。

在化学反应中能量变化可以用热化学方程式表示，如天然气的主要成分甲烷燃烧反应的热化学反应方程式如下：

$$CH_4(g)+O_2(g)=\!=\!=CO_2(g)+H_2O(l) \qquad \Delta H^{\ominus}=-47.7\ \text{kJ/g}$$

ΔH 表示恒压反应热，又称反应焓变，负值表示放热反应，正值表示吸热反应。反应的热效应与温度、压力及反应物和生成物的状态有关，因此热化学反应方程式中必须标明物质的状态，如气体(g)、液体(l)或固体(s)。

目前国际上能源统计中常用吨标准煤(发热量为 29.26 kJ/g 的煤)作为统计单位，其他不同类型的能源按其热量值进行折算(表 6－1)。

表 6－1　几种不同能源发热量的比较

能　源	石油	煤炭	天然气	U 裂变	H 聚变	氢能
发热量/(kJ/g)	48	30	56	8×10^7	60×10^7	143

2. 能量的转化和利用效率——热力学第一、第二定律

各种能源形式都可以相互转化。在一次能源中，风、水、洋流和波浪等是以机械能(动能和势能)的形式提供的，可以利用各种风力机械(如风力机)和水力机械(如水轮机)将其转化为动能或电能。能量的转化和利用要遵循两条基本的规律，即热力学第一、第二定律。

热力学第一定律即能量守恒及转化定律。依据这条定律，在体系和周围的环境之间发生能量交换时，总能量保持恒定不变。因此，不消耗外加能量而能够连续做功的永动机是不可能存在的。但是在不违背第一定律的前提下，热量能否全部转化为功？热量是否可以从高温热源不断地流向低温热源而制造出第二类永动机？科学家通过对热机效率的研究，发现热机的效率 η 由下式决定：

$$\eta = \frac{T_2 - T_1}{T_2}$$

即热机工作时，为了使热源能够自发地流动，从而一部分热转化为功，必须要有温度不同的两个热源，一个温度较低（T_1），另一个温度较高（T_2）。热力学第二定律有多种表达方式，其中最著名的就是熵增原理，即孤立体系只能向熵增加的方向演化。熵是体系混乱度的一种度量，熵值越大，混乱度越大。热力学第二定律是最基本的物理定律之一，著名科学家彭罗斯曾说过任何与热力学第二定律矛盾的物理理论都将成为笑柄。

6.2 碳化学

碳是常规能源的主要组成元素，也是化学中最重要的元素之一。含碳的化合物种类最多，它们的结构形式和成键方式最丰富。绝大多数含碳化合物具有难溶于水、熔点低、容易燃烧等特点。含碳化合物统称为有机化合物。

6.2.1 单质碳

碳有四个价电子，电负性中等，不易丢失电子成正离子，也不易得到电子成负离子，而易形成各种共价键。碳单质有 3 种同素异形体——金刚石、石墨和球碳。

1. 金刚石

碳原子的四个价电子按四面体的四个顶点方向和其他四个碳原子以C—C键结合，形成无限的三维骨架[图 6－2(a)]。金刚石的三维结构在各个方向都有很高的强度，在天然产物中它的硬度最高，在单质中它的熔点最高，并且不导电。

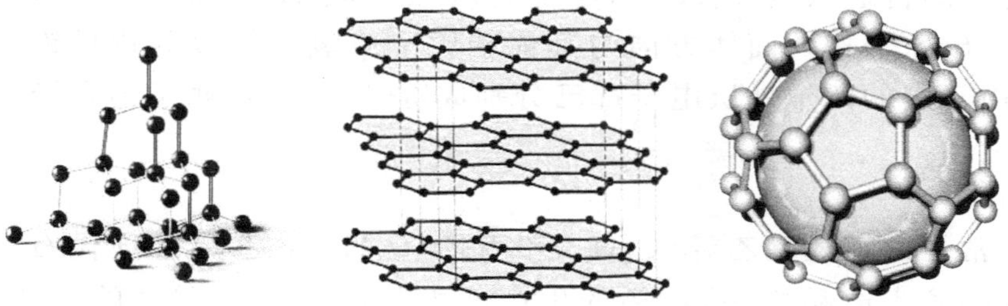

(a) 金刚石　　(b) 石墨　　(c) 球碳

图 6－2　碳单质的同素异形体

2. 石墨

每个碳原子都按平面三角形方向和其他三个碳原子以共价键结合，形成一个六角形平面层。在垂直于层的方向上，还有一个价电子以π键的方式将无数的平面层连接在一起[图 6－2(b)]。层间价电子活动比较自由，石墨的导电性、滑动性都与此结构状态有关。制造铅笔芯的并不是铅而是石墨，但铅笔这个名词沿用至今。

3. 球碳

球碳（富勒烯）是 1985 年以来化学家和物理学家合作发现的碳的第三种单质。C_{60}的形状很像足球，是由 60 个碳原子处在由 12 个正五边形和 20 个正六边形组成的 32 面体的 60 个顶点处[图 6－2(c)]，所以俗称“足球烯”。其中每个碳原子的化学环境都是等价的，分别作为一个正五边形和两个正六边形的共用顶点，每个正五边形通过共用边被 5 个正六边形包围。后来还发现了 C_{50}、C_{70}、C_{84} 等各种多面体碳分子。目前对这类物质的研究还处于开拓阶段。它们的化合物有的具有超导性，有的可作高温润滑剂、耐热和防火材料。

6.2.2　烃类——碳氢化合物

烃是众多有机化合物的母体，也是最基本、最简单的有机化合物，四类基本的烃是烷烃、烯烃、炔烃和芳烃。

1. 烷烃

甲烷（CH_4）、丁烷（C_4H_{10}）和辛烷（C_8H_{18}）是日常生活中最常遇到

的几种烷烃，它们分别是天然气、石油液化气和汽油的主要成分。烷烃的化学结构通式为 C_nH_{2n+2}，燃烧时放热生成 H_2O 和 CO_2。这类化合物中，碳原子按四面体方向与其他碳原子或氢原子以共价单键相连成键，由于碳的四个外层电子都已分别成键，因此烷烃属于饱和烃。

2. 烯烃

常见的烯烃是乙烯（C_2H_4）和丙烯（C_3H_6）。乙烯是现代石油化学工业的龙头产品之一，乙烯的生产能力是国家综合国力的重要标志。丙烯是制造丙烯腈（人造羊毛）和聚丙烯纤维的基本原料。非环状单烯烃的通式为 C_nH_{2n}，都含有碳碳双键（—C ═C—），容易发生加成反应。有的含有两个碳碳双键，如丁二烯是制造顺丁橡胶的原料。乙烯、丙烯和丁二烯的化学结构式见图 6－3。

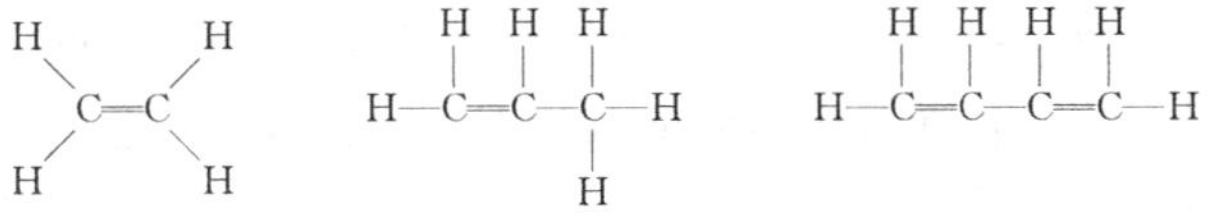

(a) 乙烯　(b) 丙烯　(c) 丁二烯

图 6－3　三种烯烃的化学结构式

3. 炔烃

分子中含有碳碳叁键（—C≡C—）的烃称为炔烃，最重要的炔烃是乙炔（C_2H_2），金属焊接或切割时用的氧炔焰就是利用乙炔在氧气中燃烧时产生的高温（约 3000 ℃）。气焊时用的乙炔气是由电石（CaC_2）水解产生的，乙炔本身无色无味，电石水解时有臭味是由于其中含磷、硫杂质。非环状单炔烃的通式为 C_nH_{2n-2}，为不饱和烃。

4. 芳烃

苯（C_6H_6）是最典型的芳烃，具有特殊的香味。通常芳烃都具有苯环基本结构，历史上早期发现的这类化合物多有芳香味，故而得名“芳香烃”，简称芳烃。后来发现的不具有芳香味的烃类也都统一沿用这种叫法。芳香烃不溶于水，溶于有机溶剂，一般比水轻；沸点随相对分子质量的增加而升高。芳香烃易发生取代反应，在一定条件下也能发生加成反应，如苯与氯气在铁催化剂条件下生成氯苯和氯化氢，在光照下则发生加成反应生成六氯化苯（$C_6H_6Cl_6$）。芳烃主要来源于石油和煤焦油，是有机化学工业里最基本的原料，如绝大多数药物、炸药、染料等是由芳香烃合成的，燃料、塑料、橡胶及糖精也多以芳香烃为原料。

5. 烃的衍生物

烃的衍生物是按官能团进行分类的，如醇、酚、醛、羧酸和酯等。其应用非常广，不仅包括日常生活中的料酒、洗涤剂、药物、塑料制品、人造纤维、染料等，还涉及高科技所需要的火箭燃料、特种橡胶等。

6.2.3 化学在煤、石油和天然气开发利用方面的贡献

煤、石油和天然气作为主要的常规能源，为人类文明作出了重要贡献。在这三大能源的开发利用方面，化学发挥了十分重要的作用。无论是煤的高效、洁净燃烧技术还是天然气的化学转化技术，都与化学密切相关。石油化工从炼油到相对分子质量较小的烃类化合物（如汽油、煤油、柴油、乙烯、丙烯等）的生产均离不开各种化学反应和催化技术，催化技术已成为石油化工的核心技术。

1. 煤的高效、洁净燃烧及化学转化

煤是由远古时代的植物经过复杂的生物化学、物理化学和地球化学作用转变而成的固体可燃物。煤由可燃质、灰分及水分组成，可燃质的主要化学组成为碳、氢、氧、氮、硫，将其平均组成折算成原子比，一般可用 $C_{135}H_{96}O_9NS$ 表示；灰的成分为各种矿物质，如 SiO_2、Al_2O_3、Fe_2O_3、CaO、MgO、K_2O 和 Na_2O 等。按碳化煤的程度不同，一般可将煤分为无烟煤、烟煤、次烟煤和褐煤。无烟煤的固定碳含量最高，由于灰分和水分含量较低，一般发热量很高；其缺点是着火困难，不容易燃尽。烟煤的碳化程度比无烟煤低，但烟煤的着火和燃尽都比较好。次烟煤的挥发含量和发热量都低于烟煤，着火比较困难。褐煤的碳化程度次于烟煤，且挥发组分的析出温度较低，所以着火和燃烧比较容易，但水分和灰分含量很高，且发热量低。几种煤的主要成分及含量列于表 6-2。

表 6-2 几种煤的主要成分及含量

煤	碳含量/%	氢含量/%	氧、氮、硫、磷等含量/%
无烟煤	95 以上	2	2
烟煤	70～80	5	8
褐煤	50～70	5	23
泥煤	50～60	6	37

目前，燃煤锅炉广泛应用于工厂、食堂、发电厂等，为人类提供蒸汽、电力。这类设备直接利用煤作燃料。煤中含有大量的环状芳烃，缩合交联在一起，并且夹杂含 S 和 N 的杂环，通过各种桥键相连，因此煤还是环芳烃的重要来源。煤在直接燃烧过程中会产生 SO_2 和 NO_x，当大量的废气排放到大气中，就会造成酸雨，对空气造成严重污染。为了尽可能减少煤燃烧产生的 SO_2，常需要进行必要的预处理，如在煤粉中加入石灰石作脱硫剂，当煤在锅炉中燃烧时，其产生的热量使石灰石分解成 CaO，CaO 易与 SO_2 反应生成较稳定的 $CaSO_4$，从而达到脱硫的目的。

除了直接燃烧外，还可以通过化学转化使烟煤转化为洁净的燃料，主要包括煤的气化、液化和焦化。

(1) 煤的气化。是使煤在氧气不足的情况下进行部分氧化，煤中的有机物转化为可燃气体（H_2、CO 和 CH_4），再以气体燃料的形式经管道输送到车间、实验室、厨房等，也可以作为原料气体送入反应塔。气化过程在气化炉内完成。

(2) 煤的焦化。也称煤的干馏，是将煤置于隔绝空气的密闭炼焦炉内加热，使煤分解，生成固态的焦炭、液态的煤焦油和气态的焦炉气（图 6－4）。随着加热的温度不同，产品的热量和质量都不同，有低温（500～600 ℃）、中温（750～800 ℃）和高温（1000～1100 ℃）干馏之分。

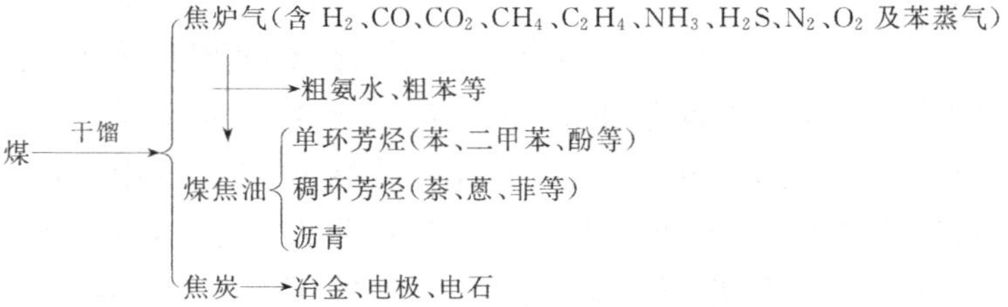

图 6－4　煤的干馏产物及其用途

焦炭的主要用途是炼铁，少量用作化工原料制造电石、电极等。煤焦油是黑色黏稠的油状液体，其中含有苯、酚、萘、蒽、菲等化工原料，是医药、农药、燃料、农药等行业的原料，经适当处理可一一分离。从煤的结构模型看，煤焦油中所含环状有机物可以说是煤的碎片。此外还可以从煤焦油中分离出吡啶和喹啉，以及马达油和铺路用的沥青等。焦炉气中除了含有可燃气体 CO、CH_4、H_2 外，还有 C_2H_4、NH_3 及苯等。其中 NH_3 可进一步加工成化肥，苯等芳烃化合物可冷凝成煤焦油。总之，煤经过焦化加工，使其中各种组分都能得到有效利用，而且用煤气作燃料比直接烧煤干净得多。

(3) 煤的液化。煤炭液化油也称人造石油，是将煤加热裂解，使大分子变小，然后在催化剂的作用下加氢，从而得到多种燃料油。这种先裂解再氢化的方法称为直接液化法。另外一类方法称为间接液化法，是先使煤气化得到 CO 和 H_2 等小分子，然后在一定的温度、压力和催化剂作用条件下合成各种烷烃。

总之，煤既是能源，也是重要的化工原料。我国是世界上最大的耗煤国家之一，但 70% 的煤都是直接燃烧，既浪费资源，也污染环境。同时由于石油日益短缺，所以煤的综合利用的研究一直在积极进行。

2. 石油和天然气

关于石油的成因，历史上和现在都有不同观点的争论。通常认为石油来自腐烂的有机物，是由微生物将动、植物残骸分解成的有机物沉积形成的。按现在的观点，大多数石油是由埋藏在地下沉积层中的有机物经过几百万年，在 75～200 ℃ 的温度下形成的。微生物将某些埋在地下浅层的动、植物残骸分解成有机物，随着地层深度的增加，温度和压力升高，沉积的有机物可以发生化学反应，这样有机物逐渐裂解产生碳氢化合物。也有研究认为，石油不是由死亡的植物和动物而是由简单的古老岩石形成的。休斯敦一家石油勘探公司的肯尼说，石油是由地下 100 km 的无机碳和水在高温、高压下产生的碳氢化合物。他和俄罗斯的 3 名同事认为，所有的石油都是以这种方式形成的。但石油地质学家不能接受"石油不能在浅表地层形成"的断言。而肯尼认为，石油来源于更深的地下，他在美国国家科学院院报上著文说，在低压下可能优先形成甲烷，而不是首先形成较重的石油碳氢化合物。只有在约 3×10^4 atm(相当于 100 km 深的地下的压力)下才能产生较重的、更稳定的碳氢化合物，这意味着天然石油肯定只能在不低于 100 km 的地下深处生成。

石油的组成元素主要是 C 和 H，此外还有 O、N 和 S 等。和煤相比，石油的含氢量较高而含氧量较低。石油中的碳氢化合物以直链烃为主，而煤中以芳烃为主。石油中 N 和 S 的含量因产地不同而异，如阿拉伯原油中含 S 约 1.74%，N 约 0.14%；而我国胜利油田的原油中含 S 约 0.81%，N 约 0.41%。相比之下，胜利油田的原油含硫量较低，而含氮量较高。所以，不同的原油在炼制、精制的条件和催化剂的选择等方面都是不同的，各有特色。

天然气的主要成分是甲烷，也有少量乙烷和丙烷，它和石油伴随产生，但一般埋藏部位较深。根据国际经验，1 t 石油大概伴有 1000 m^3 天然气，所以能源工作机构及能源结构统计通常把石油和天然气归并在一起。天然气是最清洁的燃料，燃烧产物 CO_2 和 H_2O 都是无毒物质，管道输送也方便。

未经处理的石油称为原油。原油必须经过处理才能使用，处理的方法有分馏、裂化、重整和精制等。设计原油处理的工业称为石油化工工业。石油炼制和加工的主要目的一方面是将各种混合物进行一定程度的分离，使它们各尽其用；另一方面是将碳原子数多的烃变成碳原子数少的烃，以提高石油的利用价值。

1）分馏

石油是各种烃的混合物，因此没有固定的沸点。碳原子数越少的烃其沸点越低，因此加热石油时，低沸点的烃先气化，经过冷凝后分离出来。随着温度的升高，较高沸点的烃再气化，经过冷凝后又分离出来，这样不断地加热和冷凝，就可以把石油分成不同沸点范围的蒸馏产物。这种方法就是石油的分馏，分馏出来的各种组分称为馏分。每一种馏分仍然是各种烃的组合。塔底流出的液体称为重油。重油再经减压分馏塔，又可得到重质石油产品。石油分馏的主要产品见图 6－5。

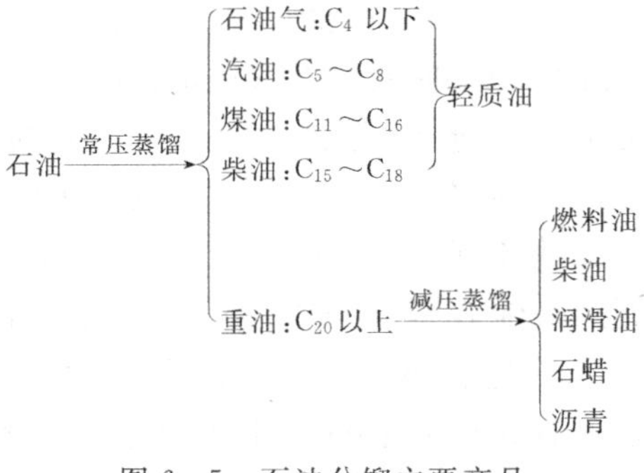

图 6－5　石油分馏主要产品

石油产品中需要量很大的是汽油。汽油是一种重要燃料，主要用于内燃机，如汽车、摩托车等。在发动机中，汽油应在燃烧冲程中燃烧，但有的汽油在压缩过程中就燃烧爆炸，这种不正常的燃烧现象称为汽油的爆震性。汽油的爆震性与汽油的成分有密切的关系，汽油的抗震性能用辛烷值表示。辛烷值是衡量汽油在气缸内抗爆震能力的一个数字指标，其值越高表示抗震性能越好。异辛烷（2，2，4－三甲基戊烷）的抗爆震性好，辛烷值定为 100，正庚烷的抗爆震性差，辛烷值定为 0。若汽油的辛烷值定为 90，即表示它的抗爆震能力与 90％的异辛烷和 10％的正庚烷的混合物相当，并非一定含有 90％的异辛烷，商品名称为 90#

汽油。

研究表明，1 L 汽油中若加入 1 mL 四乙基铅[$Pb(C_2H_5)_4$]，其辛烷值可以提高 10～12 个标号。四乙基铅是一种有香味的无色液体，但有毒，有时加一些有色染料将其染成红色或蓝色，提醒人们注意是含铅汽油。另外，四乙基铅在气缸中燃烧后，其中的铅会变成氧化物沉积，增加积炭，引起气缸过热，增大发动机零件的磨损。为了克服这个缺点，通常在四乙基铅中加入一种导出剂，使铅成为挥发性物质从气缸中排出。但是铅化合物的排放造成了环境的污染，目前正努力用改进汽油组成的方法改善汽油的抗爆震性。例如，加入一些含氧化合物(如甲基叔丁基醚、乙醇等辛烷促进剂)取代四乙基铅，称为无铅汽油。

2) 催化裂化和裂解

裂化就是在一定条件下，将碳原子数较多的碳氢化合物分解为各种小分子的烷烃类。裂化产物很复杂，从 C_1～C_{10} 都有。例如，在加热、加压和催化剂的存在下，十六烷裂化为辛烷和辛烯，化学反应式如下：

$$\underset{\text{十六烷}}{C_{16}H_{34}} \xrightarrow[\text{加热、加压}]{\text{催化剂}} \underset{\text{辛烷}}{C_8H_{18}} + \underset{\text{辛烯}}{C_8H_{16}}$$

在催化剂作用下进行的裂化称为催化裂化。经催化裂化可从重油中得到更多的乙烯、丙烯和丁烯等化工原料。

裂解是以比裂化更高的温度，使石油分馏产物中的长链烃断裂成乙烯、丙烯等短链烃的加工过程，可见，裂解是一种深度裂化。目前石油裂解已成为生产乙烯的重要方法。

3) 催化重整

催化重整是在一定的温度、压力下，将汽油中的直链烃在催化剂表面进行结构的重新调整，使之转化为带支链的烷烃异构体，从而有效地提高汽油的辛烷值，同时得到一部分芳香烃。

4) 精制

分馏和裂解所得的汽油、煤油、柴油中都含有 N 和 S 的杂环有机物，在燃烧过程中会生成 NO_x 和 SO_2 等酸性氧化物污染空气。但在一定温度和压力下，采用催化剂可使这些杂环有机物与 H_2 发生反应生成 NH_3 和 H_2S 而将其分离出来，从而使留在油品中的只是碳氢化合物。这种提高油品质的过程称为加氢精制。

显然在整个过程中，无论是裂解、重整还是加氢，都离不开高效的催化剂，催化剂的研制和使用已成为石油化工的核心技术。

6.3 核能

当前，世界的主要能源是煤、石油、天然气等化石燃料，这些化石燃料不是可再生能源，终将枯竭。同时燃烧化石燃料会向大气排放大量的“温室气体”二氧化碳、形成酸雨的二氧化硫和氮的氧化物，并排放大量的烟尘，这些有害的物质对环境造成严重的破坏。而核能(原子能)不产生这些有害物质。1987 年，世界卫生组织总干事布伦特兰领导的世界环境与发展委员会提出了“可持续发展”的概念，就是“既满足当代人的需求，又不危及后代人满足其需求的发展”。为了实现可持续发展，人类迫切地需要新的替代能源。目前唯一达到工业应用规模、可以大规模替代化石燃料的能源就是核能。

有些元素，如钋(Po)和镭(Ra)可以自发地放出射线，变成另一种原子核，这些元素称为放射性元素，这个过程称为核衰变。放射性元素可以放出三种看不见的射线：α 射线，就是氦原子核；β 射线，就是高速电子；γ 射线，就是高能光线。其中 γ 射线的穿透能力最强。

核能分为核裂变能和核聚变能两种。核裂变能是通过一些重原子核发生链式裂变反应释放出的能量，核聚变能是由两个轻原子核结合在一起释放出的能量。迄今达到工业应用规模的核能只有核裂变能。核聚变又称为热核反应，氢的同位素氘(D，重氢)是主要的核聚变材料，其以重水的形式存在于海水中，氘的含量占氢的 0.015%。1 L 海水中的氘通过核聚变释放的能量相当于 300 L 汽油燃烧释放的能量。全世界海水中所含的氘通过核聚变释放的聚变能可供人类在很高的消费水平下使用 50 亿年。2002 年 12 月 2 日，我国新一代受控核聚变研究装置——核工业西南物理研究院的中国环流器二号 A 装置建成并举行开机仪式，为我国进一步参与核聚变研究的国际合作创造了条件。

核裂变是用中子($^{1}_{0}n$) 轰击较重的原子核，使之分裂为较轻原子核的反应。可以发生核裂变的核燃料有铀-235、铀-233 和钚-239，目前正在运转的核电厂使用的是铀-235。例如，用慢中子轰击铀-235 时，一个中子被铀-235 吸收，形成一个处于激发态的铀-236，铀-236 不稳定，裂变为两个轻核，并放出两三个中子，如图 6－6 所示。当然，裂变产物非常复杂，目前已发现的裂变产物有 35 种元素。其中有些中子可能被下一个重核吸收，引发下一个裂变反应，释放出更多的中子，依此类推。

因此，反应堆的裂变反应原理和原子弹的原理一样，都是链式反应。但是动量太高的中子不容易被重核吸收，需要慢化剂来减速中子。而太多中子会使反应过快失去控制，因此必须用一些对中子吸收截面较大的核素来吸收中子抑制链式反应。在实际操作中，就是通过中子减速剂和吸收剂来控制反应速率以控制反应堆的输出功率。一般常用的中子慢化剂有轻水（H_2O，世界上75％的反应堆用轻水做慢化剂），固体石墨（20％，切尔诺贝利核电站为著名的例子）和重水（D_2O，5％）。在一些实验堆中，甲烷和铍也用作慢化剂。

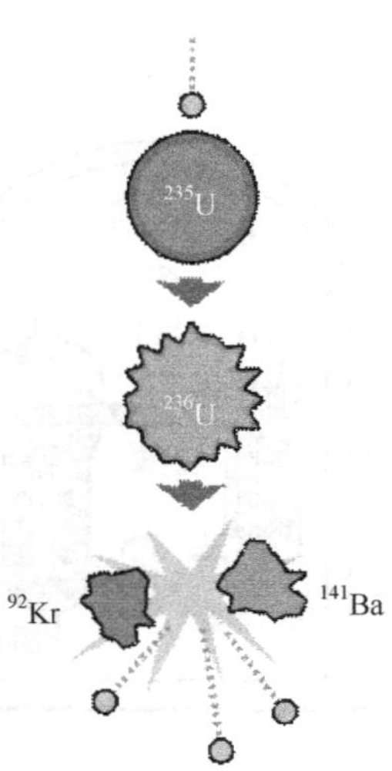

图 6－6　中子轰击铀-235 反应示意图

在核裂变的过程中，1 g 参加反应的铀-235 可释放约 8×10^7 kJ 能量，而 1 g 煤完全燃烧时放出的热量约为 30 kJ，可见核能非常巨大。

核聚变是指很轻的原子核在异常高的温度下合并成较重的原子核的反应，这种反应进行时放出更大的能量。例如，氘（^2_1H）和氚（^3_1H）核的聚变反应如下：

$$^2_1H+^3_1H \longrightarrow ^4_2He+^1_0n$$

这一核聚变产生的能量为 3.37×10^8 kJ（换算为相当于 1 g 核燃料计算），比 1 g 铀-235 裂变产生的能量更大，氢弹爆炸就是利用核聚变反应的原理制造的。

核电站是利用核裂变或核聚变反应所释放的能量产生电能的热力发电厂。由于控制核聚变的技术障碍，目前商业运转中的核能发电站都是利用核裂变反应而发电，其工作原理是：用铀制成的核燃料在反应堆内进行裂变并释放出大量热能；高压下的循环冷却水把热能带出，在蒸汽发生器内生成蒸汽；高温高压的蒸汽推动汽轮机，进而推动发电机旋转，如图 6－7 所示。

从人类能源的需求前景看，发展核能有以下优点：

（1）核能是地球上储量最丰富的能源，又是高度浓集的能源。

（2）核电是较清洁的能源，有利于保护环境。

（3）核电的经济性优于火电。

（4）核燃料替代煤和石油，有利于资源的综合利用。

但是在承认核能优点的同时，往往会担心核电是否会发生原子弹那样的爆炸，或者是否会出现放射性泄漏等问题，切尔诺贝利核电站事

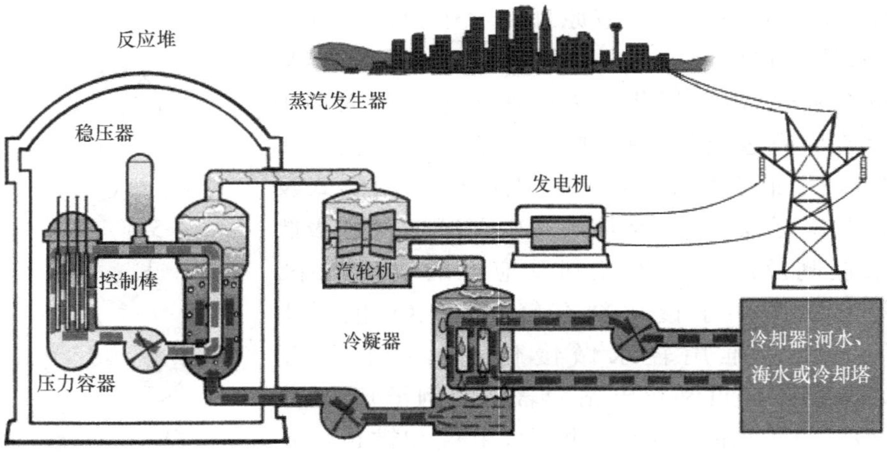

图 6-7　核电站的工作原理

故给了人们深刻的教训。

1986 年 4 月 26 日，在乌克兰基辅市以北 130 km 的切尔诺贝利核电站的一个机组核反应堆爆炸，造成约 8 t 强辐射的核物质泄漏，周围约 5 万 km^2 土地受到直接污染，320 多万人受到核辐射侵害。切尔诺贝利核电站事故是人类历史上最严重的一次核灾难，这次事故产生的放射性尘埃比日本广岛原子弹爆炸造成的辐射强 400 倍。这是有史以来最严重的核泄漏事故，也是人类利用核能的一大悲剧。事故发生后，发生爆炸的 4 号机组被钢筋混凝土封存，核电站 30 km 以内的地区被定为“禁入区”，即所谓的“死区”。

2011 年 3 月 11 日在日本宫城县东方外海发生的矩震级规模 9.0 级地震与紧接引起的海啸，在福岛第一核电站造成一系列设备损毁、堆芯熔毁、辐射释放等灾害事件，是 1986 年切尔诺贝利核电站事故以来最严重的核子事故。2011 年 12 月 16 日，日本首相野田佳彦宣布福岛第一核电站核泄漏已得到有效控制，1、2、3 号反应堆冷停机成功。但是，妥善清理周边区域的辐射污染，并且将整个核电站除役，第三阶段可能还需要几十年不懈不怠地努力工作才能达成目标。核反应堆爆炸熔毁过程如图 6-8 所示。

对于核电站反应堆来说，运行时工作人员一般不接近反应堆，故辐射问题不大，主要是防止放射性泄漏。我国核电站的设计有 4 道安全屏障：第 1 道，核电站的燃料是二氧化铀的陶瓷体芯块，能将绝大部分的裂变产物自留在芯块内；第 2 道，燃料包壳，有性能相当好的锆合金包壳，锆合金包壳管把芯块密封在管中；第 3 道，压力壳，压力容器及一回路压力边界；第 4 道，安全壳，是一个内衬厚钢板、壁厚 1 m 的庞大的

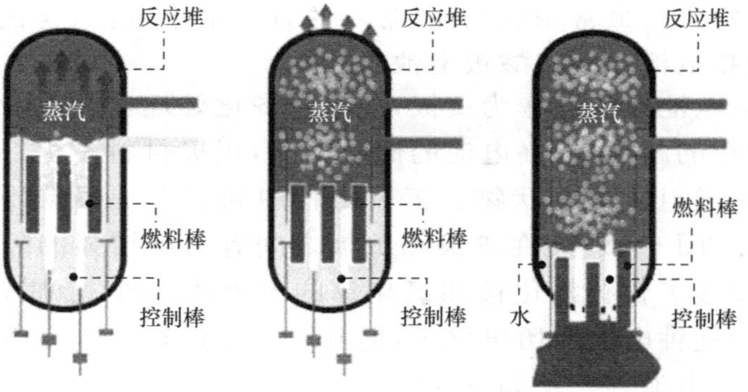

图 6-8　核反应堆爆炸熔毁过程示意图
左：没有充足的冷却水，核燃料的温度上升
中：温度升高，燃料棒保护层开始脱落熔毁，冷却水蒸发掉
右：温度继续上升，反应器底部压力增加，反应堆基座熔化

钢筋混凝土建筑物，它将一切可能的事故限制并消灭在安全壳内，不但能够阻止放射性物质的外逸，而且能承受龙卷风、地震等自然灾害，能承受外来飞击物的冲击，从而有效地保护环境和居民的安全。

人体组织易受放射性辐射损害，因为高能离子流会破坏维持生命所必需的酶和激素以及细胞生存必不可少的染色体，辐射还可能产生自由基而使组织细胞破坏。放射性物质可通过呼吸、皮肤伤口及消化道吸收进入体内，引起内辐射伤害，γ 辐射可穿透一定距离被机体吸收，使人受到外辐射伤害。内外辐射形成放射病的症状有易疲劳、头昏、失眠、皮肤发红、溃疡、出血、脱发、白血病、呕吐、腹泻等。有时还会增加癌症、畸变、遗传性病变发生率，影响几代人的健康。一般而言，身体接受的辐射能量越多，其放射病症状越严重，致癌、致畸风险越大。

6.4　化学电源

随着工业、运输和家用电力的迅速增长，需要通过各种途径和方法增加电力生产。除火力、水力、核能发电外，还可利用化学反应产生电能。将化学能直接转变为电能的装置称为化学电源。目前已开始从航天转向民用的燃料电池是一种很有发展前途的无污染的清洁能源。

6.4.1　一次电池

一次电池是利用化学反应得到电流，放完电后不能再重复使用的电池，是日常生活最常用的电池，常用的有锌锰干电池、镁锰干电池、锌汞电池（纽扣电池）、锂铬酸银电池等。

锌锰干电池以锌筒作为负极，并经汞齐化处理，使表面性质更为均匀，以减少锌的腐蚀，提高电池的储藏性能，正极材料是由二氧化锰粉、氯化铵及炭黑组成的糊状物。正极材料中间插入一根碳棒，作为引出电流的导体（图 6－9）。在正极和负极之间有一层增强的隔离纸（多孔纸），该纸浸透了含有氯化铵和氯化锌的电解质溶液，金属锌的上部被密封。尽管这种电池的历史悠久，但其电化学过程尚未完全了解，通常认为放电时，电池内发生如下反应：

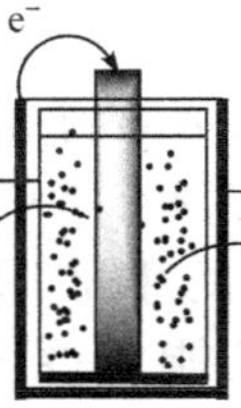

图 6－9　锌锰干电池的结构

正极为阴极，锰由四价还原为三价：

$$2MnO_2+2H_2O+2e^- = 2MnO(OH)+2OH^-$$

负极为阳极，锌氧化为二价锌离子：

$$Zn+2NH_4Cl = Zn(NH_3)_2Cl_2+2H^++2e^-$$

总电池反应为

$$2MnO_2+Zn+2NH_4Cl = 2MnO(OH)+Zn(NH_3)_2Cl_2$$

锌锰干电池的电动势为 1.5 V，其缺点是产生的 NH_3 能被碳棒吸附，引起极化导致电动势下降较快，而且在放电过程中容易发生胀气或漏液。因此，随着用电器具向小型化、多功能化发展，对电池的发展也提出了小型化、高性能化的要求。体积小、性能更好的碱性锌锰干电池应运而生。这类电池的重要特征是电解液由原来的中性变为离子导电更好的碱性，如用高导电的糊状 KOH 电解质代替 NH_4Cl，负极也由锌片改为锌粉，反应面积成倍增长，使放电电流大幅度提高，这类电池的容量和放电时间比普通的锌锰干电池增加几倍。

碱性电池由于无气体生成，内电阻较低，故电动势较稳定，它还能通过充电再使用数次。随着小型电子产品（如照相机、电子计算机和电子钟表等）的普及，小型电池的需求大大增加，于是产生了纽扣电池，如 Ag-Zn 电池，其电池反应式如下：

$$Zn+Ag_2O+H_2O = Zn(OH)_2+2Ag$$

6.4.2 蓄电池

蓄电池不仅能使化学能转变为电能，还可借助其他电源使反应逆向进行，所以又称二次电池，深受人们欢迎。世界上第一个可充式电池是普兰特(Plant)于1860年发明的酸性铅蓄电池，也称铅酸蓄电池，是目前所有二次电池中使用最广泛、技术最成熟的电池，至今仍在汽车、通信、航空等领域广泛应用。

1. 铅蓄电池

铅蓄电池以一组充满海绵状金属铅的铅锑合金板作负极，另一组充满二氧化铅的铅锑合金板作正极，两组板相间浸泡在电解质稀硫酸溶液中。从电池的作用原理来看，其放电时两个电极反应式及电池反应式如下：

正极：$PbO_2 + SO_4^{2-} + 4H^+ + 2e^- = PbSO_4 + 2H_2O$

负极：$Pb + SO_4^{2-} = PbSO_4 + 2H_2O + 2e^-$

总反应式：$Pb + PbO_2 + 2H_2SO_4 \underset{放电}{\overset{充电}{\rightleftharpoons}} 2PbSO_4 + 2H_2O$

放电后，$PbSO_4$ 附着在铅板上。放电到一定程度又可充电，即蓄电池从其他直流电源获得电能。充电时，在正、负极板上的硫酸铅被分解还原为硫酸、铅和氧化铅。电解液中酸的浓度逐渐增加，电池两端的电压上升。当正、负极板上的硫酸铅都被还原为原来的活性物质时，充电结束。充电时，将极板分别与直流电源负极和正极相连，两极反应是放电时的逆反应。

从以上的化学反应方程式可以看出，铅酸蓄电池在放电时，正极的活性物质二氧化铅和负极的活性物质金属铅都与硫酸电解液反应生成硫酸铅，在电化学上将这种反应称为“双硫酸盐化反应”。在蓄电池放电刚结束时，正、负极活性物质转化成的硫酸铅是一种结构疏松、晶体细密的结晶物，活性程度非常高。在蓄电池充电过程中，正、负极疏松细密的硫酸铅在外界充电电流的作用下重新还原为二氧化铅和金属铅，蓄电池又处于充足电的状态。正是这种可逆的电化学反应使蓄电池实现了储存电能和释放电能的功能。

铅蓄电池具有充、放电可逆性好，能大电流放电，稳定可靠，使用方便安全，价格低廉等优点，因此使用很广泛。缺点是笨重。铅蓄电池主要用作汽车和柴油机的启动电源，搬运车辆、坑道及矿山车辆和潜艇的动力电源，以及变电站的备用电源。

2. 镍镉电池

镍镉可充电电池广泛应用于收录机、电话机等。但是在实际使用过程中，人们发现镍镉电池容易产生记忆效应。电池的记忆效应是指未完全放电的电池在下一次充电时所能充电的百分数。镍镉电池的记忆效应主要是由于镉这种材料的特性，负极的氢氧化镉与电极作用，产生金属镉而沉积于负极表面；放电时，负极表面的金属镉反应生成氢氧化镉，这是溶解-沉积的反应。当充、放电不完全时，电极内的镉金属会慢慢地产生大结晶体而使以后的化学反应受到阻碍，导致电容量迅速减少。记忆效应的存在使得镍镉电池的寿命远低于理论值。镍镉电池的总反应式如下：

$$Cd + 2NiO(OH) + 2H_2O \underset{\text{放电}}{\overset{\text{充电}}{\rightleftharpoons}} 2Ni(OH)_2 + Cd(OH)_2$$

另外，由于电池中含有镉、汞等毒性物质，因此不得强行拆卸，使用报废的电池也需要妥善处理，以免引起中毒和环境污染。正是这两大缺点使镍镉电池逐渐退出历史舞台。

3. 镍氢电池

镍氢电池是一种既符合环保要求，又顺应能源与电器发展趋势的新兴绿色电池。其体积能量密度远高于镍镉电池，可以快速充、放电，无公害，无记忆效应，且耐充、放电能力较强。通常所说的镍氢电池是镍金属氢化物电池，真正的镍氢电池是航空、航天用的高压镍氢电池，其缺点是负极是高压氢气，且体积过于庞大，另外也不安全。民用的镍氢电池的负极是储氢合金，因此体积较小。

镍氢电池放电时，正、负极分别发生如下反应：

正极：$NiOOH + H_2O + e^- = Ni(OH)_2 + OH^-$

负极：$MH + OH^- = M + H_2O + e^-$

总反应式：$NiOOH + MH = Ni(OH)_2 + M$

当过充电时：

正极上生成氧：$2OH^- = H_2O + \frac{1}{2}O_2 + 2e^-$

负极上消耗氧：$2MH + O_2 + 2e^- = 2M + 2OH^-$

当过放电时：

正极上生成氢：$2H_2O + 2e^- = H_2 + 2OH^-$

负极上消耗氢：$H_2+2OH^- = 2H_2O+2e^-$

因此，在全密封镍氢电池内部，无论是过充电或过放电，总体上均没有变化，所以说这种电池的耐充、放电能力很强。在镍氢电池中，作为负极的储氢材料基本为稀土系合金；电解液多采用 KOH 水溶液，但加入少量的 LiOH；隔膜采用多孔维尼纶布或尼龙无纺布等。

4. 锂离子电池

锂离子电池是近来迅速发展起来的一种电池，其储能容量是镍镉电池的2.5～3 倍。由于不含镉，既无污染也不会产生记忆效应，任何时候都可以充电。该电池使用寿命长，循环寿命可达 500～1000 次。锂离子电池是一种高能电池，具有质量小、电容高、工作效率高和储存寿命长的优点，已用于计算机、照相机、手表和心脏起搏器，并且已作为火箭、导弹等的动力源。

最初的再充式锂离子电池以金属锂为负极，锂在二氧化锰中的嵌合物为正极，有机溶剂和高氯酸锂的溶液为电解液，聚丙烯毡为隔膜。在锂离子电池结构中，正极和负极都采用了层状构造的物质，可以让锂离子自由进出而不破坏整体结构。充电时，一部分 Li^+ 从正极脱出，进入负极碳的层间，形成层间化合物（嵌合物）；放电时，则进行此反应的逆反应。化学反应式可表示如下：

正极：$xLi^+ + MA_2 + xe^- = Li_xMA_2$

负极：$Li_xC_6 - xe^- = xLi^+ + 6C$

总反应式：$MA_2 + Li_xC_6 \underset{放电}{\overset{充电}{\rightleftharpoons}} Li_xMA_2 + 6C$

以上嵌入和脱嵌的过程就是锂离子电池的主要原理，故也称“摇椅电池”。

6.4.3 燃料电池

燃料电池与前两类电池的最主要区别在于它不是把还原剂、氧化剂物质全部储藏在电池内，而是在工作时不断从外界输入氧化剂和还原剂，同时将电极反应产物不断排出电池。因此，燃料电池是名副其实地将能源中燃料燃烧反应的化学能直接转化为电能的“能量转换机器”。它具有高效、环境友好、可靠性高等特点，科学家预言，燃料电池将成为 22 世纪人类获得电力的重要途径，是继水电、火电、核能发电之后的第四类发电——化学能发电。

根据所用的电解质不同，燃料电池可分为碱性燃料电池（AFC）、磷酸型燃料电池（PAFC）、熔融碳酸盐燃料电池（MCFC）、固体氧化物燃料电池（SOFC）、质子交换膜燃料电池（PEMFC）等，下面简单介绍几种。

（1）碱性燃料电池。这种电池以 30%～50% KOH 为电解液，在 100 ℃以下工作。燃料是氢气，氧化剂是氧气。其电极反应如下：

正极：$O_2+2H_2O+4e^- = 4OH^-$　　$E^\ominus=0.401V$

负极：$2H_2+4OH^- -4e^- = 4H_2O$　　$E^\ominus=-0.828V$

总反应式：$2H_2+O_2 = 2H_2O$

电池理论标准电动势：$E_0=0.401-(-0.828)=1.229(V)$

（2）磷酸型燃料电池。采用磷酸为电解质，利用廉价的炭材料为骨架。磷酸型燃料电池除以氢气为燃料外，还有可能直接利用甲醇、天然气、城市煤气等低廉燃料，与碱性燃料电池相比，其最大的优点是不需要 CO_2 处理设备。以氢气为燃料，氧为氧化剂时，在电池内发生的电极反应如下：

正极：$H_2-2e^- = 2H^+$

负极：$\frac{1}{2}O_2+2H^++2e^- = 2H_2O$

总反应式：$\frac{1}{2}O_2+H_2 = H_2O$

随着科技、经济的发展，工业、交通和人民生活中使用的电池越来越多，大量的电池在给经济发展和群众生活带来方便的同时，也产生了负面影响。废旧电池中含有多种重金属和酸、碱等有害物质，随意丢弃对生态环境和公众健康危害很大。废电池渗出的重金属离子（如 Hg^{2+} 等）将造成地下水和土壤的污染，威胁人类的健康。另一方面，废电池中的有色金属是宝贵的自然资源，如果将废旧电池回收利用，不仅可以减少对环境的破坏，而且也可以节约资源。

6.5 新能源的开发

地球上能源的根本是太阳。

6.5.1 太阳能

1. 聚集阳光——光-热转换

太阳能资源数量巨大，但是具有分散性、太阳辐射密度低的缺点。

平均来说，北回归线附近夏季晴天中午的太阳辐射强度最大。为了有效地利用太阳能，人们设计实现了光-热转换的集热装置，其基本原理是使太阳光聚焦，用它来加热物体，获得热能。使阳光聚集的装置一般有两种：一种是平板型集热器，另一种是抛物面型反射聚光器。太阳能热水器是最简单的集热器，由涂抹了进行光热转化的吸热涂层（有机高分子化合物）的采热板以及与采热板接触的水构成，化学家研制的选择性涂层能以较小的面积吸收较多的热量，尽量提高光热转换效率。

太阳能聚光灶和太阳能高温炉是利用抛物面反光镜聚集阳光，在焦点区域获得高温，高温蒸汽可用来发电或供热。20 世纪 80 年代，世界上已建成若干个大型太阳能热发电站。例如，美国在加利福尼亚州并网发电的太阳能热电厂总装机容量达 354 MW，且单位装机容量的造价和发电成本都大幅度下降，前者从每千瓦 4500 美元降到 2875 美元，后者从每度电 0.26 美元降低到 0.1 美元，首先实现商业化。进入 90 年代，美国又有两项新技术诞生：一是以金属薄膜代替玻璃研制成功，成本可降低 20%～30%；二是以硝酸钠-硝酸钾熔融盐代替水作工作物质，温度可达到 500 ℃，集热效率可由 69%提高到 90%，从而可进一步降低费用。

2. 变光为电——光-电转换

光-电转换不同于前面提及的光-热-电转换，而是利用光-电效应，直接将太阳的辐射能转换成电能，为人类提供清洁（无污染）、安静（无噪音）、廉价（不需要燃料和输电设备线）的能源。1954 年首先出现了单晶硅太阳能电池，能将接受的太阳能的 6%转换成电能。但它的制造成本高，价格昂贵，故难以普及。然而单晶硅太阳能电池很适合作航天器上的电源，美国发射的卫星中有 95%用它作能源。20 世纪 70 年代，美国能量转换公司制成了一种硅-氟-氢无定形合金半导体太阳能电池，它工作性能稳定，转换效率高，而且成本低，为太阳能电池的广泛应用展示了光明的前景。

3. 储存阳光——光-化学转换

太阳能具有间断性和不稳定性，受昼夜、季节、地理纬度以及晴阴云雨等随机因素的影响。为了使太阳能成为连续、稳定的能源，就必须解决蓄能问题，即把晴朗白天的太阳辐射能储存起来，供夜间或阴雨天使用。克服这一点的办法之一是进行光-化学转换。目前熔盐储能，即利用物质液-固相的相变潜热储热或取热是最有声望的储热技术。

无机储热材料是利用无机盐的相变热实现存取热量的配方性材料。根据温度要求，选择主要相变成分，再添加其他必要的辅助成分，形成品种繁多、选择面广的储热材料体系。这种材料最初用于20世纪50年代的人造卫星中仪器的恒温控制装置。由于运行中的人造卫星时而处于太阳照射下，时而又处于地球遮蔽的黑暗中，因而卫星表面温度差能达到数百度。为了保证卫星内温度恒定为15～35 ℃，人们设计了这种适合卫星体积和质量的储热材料。其原理是：当外部受热，高于特定温度（如30 ℃）时，储热材料开始熔化，大量吸收热量，使内部温度保持不变；而当外部温度下降，低于特定温度时，储热材料开始结晶，大量放出热量，使内部温度恒定在30 ℃。现在，利用这种材料制作民用取暖装置已达到实用阶段。

6.5.2 生物能

生物能蕴藏在动物、植物和微生物体内，是由太阳能转化而来的，可以说是现代的、可以再生的“化石燃料”，它可以是固态、液态和气态。稻草、木材等农牧业废弃物是古老的传统燃料，仍是广大农村的主要能源，但直接燃烧时能量的利用率很低，仅15%左右，现用节柴灶热量利用率最多也只能达到25%左右，并且对环境有较大污染。目前把生物能作为新能源来考虑，并不是再去燃烧它们，而是将它们转化为可燃性的液态或气态化合物，即把生物能转化为化学能，然后再利用燃烧放热。农牧业废料经过发酵或高温热分解等方法可以制造甲醇、乙醇等干净的液体燃料。在巴西有800万辆小汽车用乙醇作燃料；目前我国的汽车使用含有乙醇的汽油作燃料；欧盟已建成几座由木屑制造甲醇的工厂。例如，农村经常用的沼气，其主要成分是甲烷，作为燃料不仅热值高而且干净，沼渣、沼液是优质速效的肥料。

总之，能源的开发和利用是直接关系到国民经济发展、社会进步和人民生活的大事。要坚持节约开发并举，要重视发展清洁与可再生能源，保护环境；要依靠科技进步，加大技术改造力度，合理配置，提高能源利用效率；要加强能源开发与环境保护的基础应用研究，使能源工业与经济、社会、环境协调发展，促进国民经济持续、快速、健康发展和社会全面进步。

当然，节能还需要了解能源的特殊性。首先，能源不同于粮食或其他原材料，能源的消费都是通过技术设备来完成的，如电能通过灯泡或电动机，油品通过内燃机等。这样，能源的消耗量就取决于技术设备的效率，而节能则与技术设备的更新紧密结合。一台机器一旦安装，一个电厂一旦建成，一座新楼一旦入住，它们在各自的生命周期内的能源使用效率就基本确定。而耗能的设备与基础设施都具有“沉没成本”较高的特性，为了不错过节能的机会，有必要加快技术设备的更新换代，由此形成技术更新与“沉没成本”的矛盾。

其次，能源的供应要通过较长的产业链才得以实现。它的投资周期长、成本高、具有刚性。能源投资对于价格与需求的反应有一定程度的滞后；另一方面，能源消费具有一定的惰性与“路径依赖”，不同能源消费部门对能源价格的敏感度按其消费密集度的高低有很大的差别，且价格的变化不能在消费量上及时地得到反映。

最后，能源消费带来的污染具有强烈的外部性，污染给全社会造成损害。能源消费者支付修复这些损害所需要的成本，可以通过税收的形式在价格上得到体现。另外，能源的供应还在许多国家被视为公共服务，具有社会属性。

相对于节能，能源的特殊性反映了两个问题：一是节能措施大多要通过技术设备的更新才能实现，而更新需要时间和成本；二是能源价格问题。

能源价格不仅要反映生产成本，还要反映能源资源的稀缺性，能源使用的环境和社会成本，以及保障能源安全（如剩余生产能力）所需要的成本。在建设周期长的能源产业，价格反映长期的边际成本，使投资有利可图。生产成本还包括运输成本，以及其他相应设施的成本，如保障煤矿工人安全所需要的投资。如果 1 L 可口可乐的价格比 1 L 汽油还贵，说明汽油的价格还没有反映石油资源的稀缺性和使用的环境成本。

思考题

1. 简述能源的分类及各种能源的特点。
2. 试比较煤、石油、天然气和薪柴的优缺点。
3. 用化学反应方程式表示下列电池中发生的化学反应：

   （1）银锌电池

   （2）铅蓄电池

   （3）镍镉蓄电池

第7章

化学与食品

食物是维持人类生存和健康的物质基础。所谓食物是指能被食用并经消化吸收后给肌体提供营养成分、供给活动所需能量或调节生理机能的无毒物质。而我们把经过加工的食物称为食品。但在一般情况下两者的概念区别也并非很明确,通常也泛指一切食物为食品。食品中大部分的成分来自于天然的原材料,属于自然组成,但在加工储藏和运输过程中也有一些非天然成分的介入,即人为添加。食品的化学组成如图7-1所示。

- 食品的化学组成
  - 天然成分(自然组成)
    - 无机成分
      - 水
      - 矿物质
    - 有机成分
      - 蛋白质
      - 碳水化合物(糖类)
      - 脂类化合物
      - 维生素
      - 激素
      - 色素、香味物质
      - 其他成分(有毒物质)
  - 非天然成分(人为添加)
    - 食品添加剂
    - 污染物质

图7-1 食品的化学组成

7.1 谷物与淀粉

常见的谷物种类很多,具体划分有玉米、大米、小麦、小米、黑米、紫米、红米、大麦、高粱、燕麦、荞麦等,全球产量前三位的谷物是玉米、大米、小麦,而我国以大米和小麦为主食。

历史上水稻从中国大陆逐渐向西传播到印度，在中世纪又引入欧洲南部。大米营养价值高，是人类摄入营养和热量的最重要粮食来源，为人类提供超过五分之一的能量。大米中含碳水化合物 75%左右，蛋白质 7%～8%，脂肪 1.3%～1.8%，并含有钙、磷、铁、葡萄糖、果糖、麦芽糖、丰富的 B 族维生素等。对比纤维素含量：玉米 5.5%、小麦 3.0%、大米 0.3%，大米中纤维素含量最少，口感好且便于人体消化和吸收。另一类主食小麦也是营养丰富：100 g 小麦提供 327 cal(1 cal=4.18 J)的热量，约为成人每日所需热量的 19%，此外含碳水化合物 71%、水 13%、蛋白质 13%、脂肪 1.5%。

谷物中的碳水化合物主要是淀粉(starch)，大米的淀粉粒小，粉质最细(马铃薯的淀粉直径为 70～100 μm，小麦 30～45 μm，玉米 15～25 μm，大米仅为 3～10 μm)。大米淀粉主要由支链淀粉(amylopectin)和直链淀粉(amylose)组成，其中直链淀粉的相对分子质量一般为几万到几百万，支链淀粉的相对分子质量为几百万到几亿，是目前自然界发现的最大的分子之一。根据化学分类，淀粉属于多糖物质，最简单的糖是葡萄糖，淀粉是由葡萄糖通过化学键连接而成的聚合物，在空间上以螺旋结构存在①(图 7-2)。

碳水化合物与糖类

早期发现的糖类通式为 $C_n(H_2O)_m$，因此糖类被误认为是碳水化合物。但后来发现某些糖类并不符合该通式。糖类化合物的化学概念：单糖是多羟基醛、多羟基酮或其衍生物，或水解时能生成这一类物质的有机化合物的总称，多糖则是单糖缩合的多聚物(包括淀粉)。碳水化合物只是糖类的大多数形式，通常把糖类狭义地理解为碳水化合物。

淀粉的消化吸收分为三步进行：第一步在口腔进行，口腔内有唾液淀粉酶，使淀粉分解，产生少量的糊精、麦芽糖及葡萄糖；第二步在十二指肠进行，胰腺淀粉酶是消化淀粉最主要的酶，由胰腺产生经过导管分泌到十二指肠，将淀粉分解为糊精和麦芽糖；第三步在小肠黏膜上皮细胞进行，糊精及麦芽糖在小肠黏膜上皮细胞刷状缘上分解为葡萄糖，参与反应的酶，除麦芽糖酶外，还有蔗糖酶、乳糖酶，前者可将蔗糖分解为葡萄糖和果糖，后者可将乳糖分解为葡萄糖和半乳糖。

---

① 碘遇淀粉变蓝就是因为淀粉螺旋结构的内部大小和极性恰好可以将碘分子(I_2)装入螺旋内部而形成复合物，该复合物显蓝色。

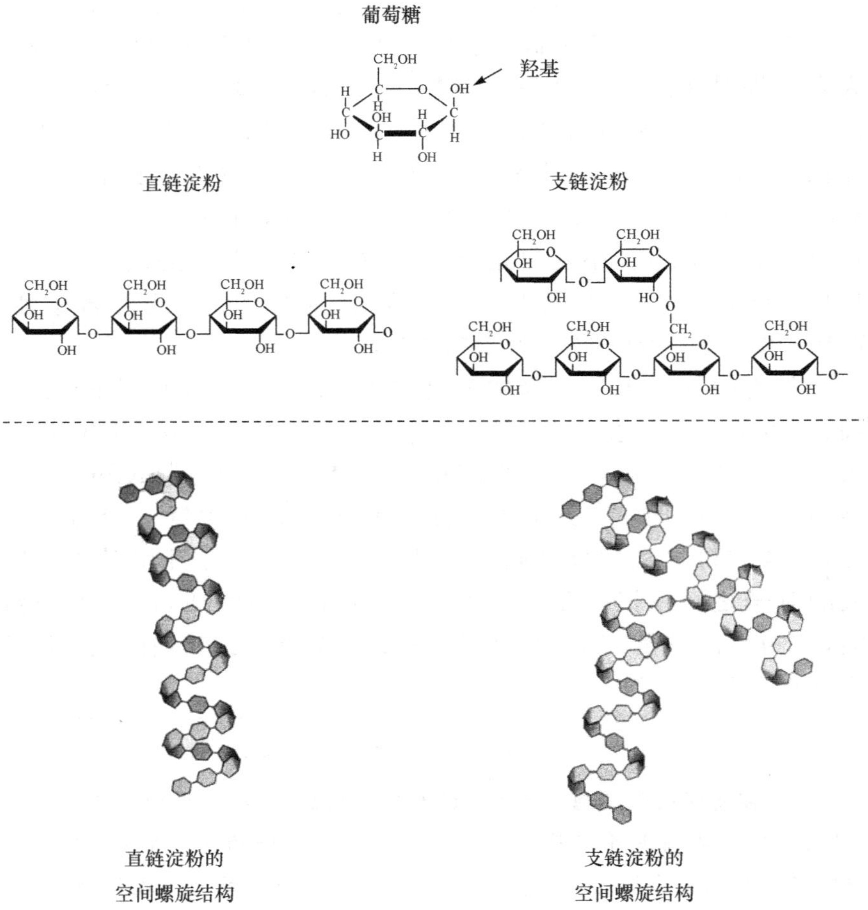

图 7-2　淀粉的化学结构

烹饪食物过程中与淀粉相关的化学反应要数“糊化反应”了，就是在高温下和水的作用下，淀粉颗粒转化为具有黏性的糊状溶液的反应，代表性的过程就是“勾芡”。糊化反应与淀粉结构中的大量羟基有关。室温条件下淀粉与水混合，不会发生糊化反应，加热后，水被淀粉颗粒中的无定形部分吸附而进入直链淀粉中，并通过氢键作用而与其紧密结合，导致淀粉颗粒瓦解，水溶性的直链淀粉被释放出来并渗入周围的水中。由于淀粉分子是链状甚至分支状，彼此牵扯，结果形成具有黏性的糊状溶液。糊化反应的发生条件与温度、水量、淀粉来源、体系的酸度等有关。酸度的提高会限制糊化反应的发生。例如，炒土豆丝的时候，加一点醋，口感更清脆。

7.2 肉与蛋白质

人类从最后一次冰川时期就开始驯养动物作为肉食的来源了，可见肉在人类食物中的重要性。如今也存在一些素食主义者因为宗教、经济等原因不吃肉类，但大多数人类仍以肉类为食摄取能量。

肉的组成主要是水、蛋白质和脂肪。动物的肌肉组织富含蛋白质，包括所有的必需氨基酸。肉类在大多数情况下也是锌、铁、硒、磷、氯和维生素 B_2、B_3、B_6、B_{12} 的主要来源，某些肌肉组织还含有维生素 K，但是碳水化合物和食用纤维含量很低。

不同种类的肉，其蛋白质、维生素和矿物质的含量是接近的，不同的是脂肪的含量。表 7－1 给出了几种肉类热量、蛋白质和脂肪含量。

表 7－1　110 g 肉类典型营养成分含量

种　类	热量/cal	蛋白质/g	脂肪/g
鱼	110～140	20～25	1～5
鸡胸肉	160	28	7
羔羊肉	250	30	14
牛内大腿肉	210	36	7
丁字牛排	450	25	35

肉类的颜色与其中所含肌红蛋白的量有关。肌红蛋白与血红蛋白（血色素）类似，都可以向细胞中运送氧，其中亚铁血红素和其他色素一起使肉类显示红色。肌红蛋白含量高的牛肉、羊肉和猪肉称为红肉，而含量低的鱼肉、禽肉称为白肉。即使是红肉，也只有新鲜的红肉显示为红色，煮熟后就没那么鲜艳了，原因是肌红蛋白中亚铁血红素的二价铁（Fe^{2+}）加热后被氧化为三价铁（Fe^{3+}），导致鲜红色消失。而烤肉的过程中 Fe^{2+} 与 CO 配位而不易被氧化为 Fe^{3+}，这可以让肉在一年内都保持鲜红的颜色。

肉类在烹饪过程中形成特有的香气，美拉德反应对许多肉香味物质的形成起了重要作用。所谓美拉德反应又称为“非酶棕色化反应”，是法国化学家美拉德（L. C. Maillard）在 1912 年提出的。它是羰基化合物（还原糖类）和氨基化合物（氨基酸和蛋白质）间的反应，经过复杂的历程最终生成棕色甚至是黑色的大分子物质类黑精或称拟黑素，因此又称羰氨反应（图 7－3）。美拉德反应在水分较少、糖和蛋白质浓度较大、温度较高的情况才会快速发生。食品加工的过程中经常会发生美拉德反应，通过颜色的变化可以很容易观察到，如焙烤面包产生的黄色、啤酒的黄褐色、酱油的棕色、炸薯条外面的金黄色、烤肉外面的红色。美拉德反应会产生更大的不易消化的分子，虽然可以为人类提供独特的香味，但并不是越多越好。在炸薯条的过程中，如果温度超过 120 ℃，美拉德反应还会产生致癌的丙烯酰胺，而且随着温度升高，产生的数量会越来越多。

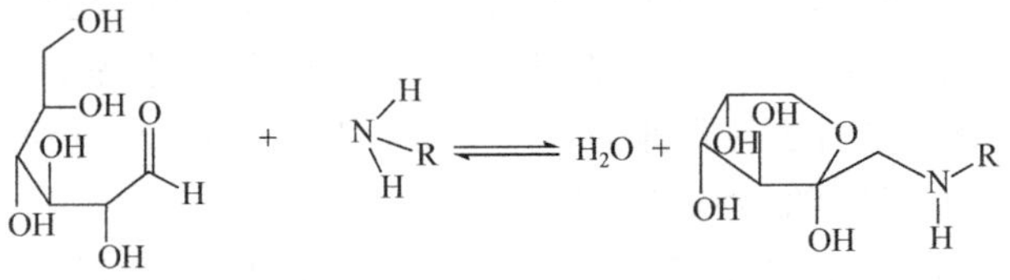

还原糖类　　氨基酸/蛋白质　　拟黑素(大分子)

图 7－3　美拉德反应

烹饪肉食除了加糖外，还常加入醋和酒，所产生的美味与另一种化学反应——酯化反应有关，其反应方程式如图 7－4 所示（乙酸和乙醇分别是醋和酒的化学名称）。

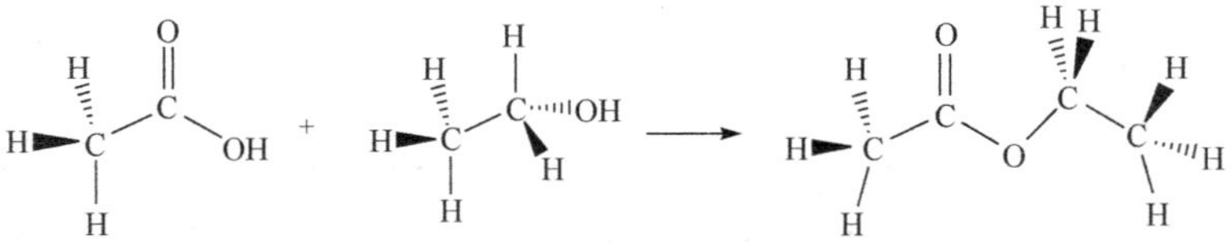

乙酸　＋　乙醇　⟶　乙酸乙酯

图 7－4　乙酸和乙醇生成乙酸乙酯的反应

> **官能团**
>
> 有机化学中将决定有机化合物的化学性质的原子或原子团称为官能团(functional group)。乙醇、乙酸和乙酸乙酯的官能团分别称为羟基(—OH，hydroxy)、羧基(—COOH，carboxyl)和酯基(—COOR，ester group，R 为烷基等其他非 H 基团)。此外，还有甲酰基(—CHO，formyl 或 formoyl)、羰基(>C=O，carbonyl group)等。根据这些官能团，将有机物分为醇、羧酸、酯、醛、酮等不同类别。

7.3 水果、蔬菜与维生素

新鲜的水果中含有丰富的纤维、水和维生素。蔬菜在人类的饮食中扮演着非常重要的作用，蔬菜中的能量和脂肪含量都比较低，但是体积比较大，易产生饱腹感。水果和蔬菜都会提供有益健康的膳食纤维(dietary fiber)，也是人体必需的维生素、矿物质的重要来源。常吃水果和蔬菜可以预防某些疾病、延缓衰老等。表 7－2 显示了 5 种常见水果、蔬菜的主要营养成分含量。

表 7－2　100 g 水果、蔬菜的主要营养成分含量

营养成分	苹果	葡萄	梨	胡萝卜	黄瓜
能量/kcal	52	69	57	41	16
糖类/g	10.39	15.48	9.75	4.7	1.67
膳食纤维/g	2.4	0.9	3.1	2.8	0.5
脂肪/g	0.17	0.16	0.14	0.24	0.11
蛋白质/g	0.26	0.72	0.36	0.93	0.65
维生素					
维生素 A 类/μg	3			835	
β-胡萝卜素/μg	27			8285	
叶黄素玉米黄质/μg	29			256	
维生素 B 类/ mg	0.236	0.533	0.277	1.518	0.457
胆碱/ mg		5.6	5.1		
维生素 C/ mg	4.6	3.2	4.3	5.9	
维生素 E/ mg	0.18	0.19	0.12	0.66	2.8
维生素 K/μg	2.2	14.6	4.4	13.2	16.4
矿物质					
钙/ mg	6	10	9	33	16
铁/ mg	0.12	0.36	0.18	0.3	0.28
镁/ mg	5	7	7	12	13
锰/ mg	0.035	0.071	0.048	0.143	0.079
磷/ mg	11	20	12	35	24
钾/ mg	107	191	116	320	147
钠/ mg	1	2	1	69	2
锌/ mg	0.04	0.07	0.1	0.24	0.2
其他成分					
氟化物/μg	3.3	7.8		3.2	1.3

7.3.1 膳食纤维

膳食纤维是指凡是不能被人体内源酶消化吸收的可食用植物细胞、多糖、木质素以及相关物质的总和，这一定义包括了食品中的大量组成成分：纤维素、半纤维、低聚糖、果胶、木质素、脂质类质素、胶质、改性纤维素、黏质及动物性壳质、胶原等。在有些情况下，那些不被人体消化吸收、在植物体内含量较少的成分，如糖蛋白、角质、蜡和多酚酯等也包括在广义的膳食纤维范围内。虽然膳食纤维在人的口腔、胃、小肠内不能消化吸收，但人体大肠内的某些微生物能降解部分膳食纤维，因此膳食纤维的净能量严格意义上不等于零。

7.3.2 维生素

维生素是维持生物正常生命过程所必需的一类有机物质，需要量很少，但对维持人体健康却十分重要。人体一般不能合成它们，必须从食物中摄取。

维生素根据其溶解性分为水溶性维生素和脂溶性维生素两大类。维生素的溶解度差异对营养和健康具有重要意义。水溶性维生素如维生素 C、B 和 P，在代谢过程中由于易溶于水，未完全代谢掉的部分不能储存，都在尿液中排出。因此，它们必须经常且少量食用。但是当食用量特别大时，也会积累达到致毒的水平，这样的情况发生在大量服用超过建议数量几十倍以上的药物的案例，一般很少发生。脂溶性维生素如维生素 A、D、E 和 K，因其水溶性差，代谢剩余的维生素不会随尿液排出，而是储存在富含脂类的细胞中，这意味着不需要每天摄入脂溶性维生素。如果摄入量远超过正常需要量，这些维生素会积累达到致毒的水平。例如，高剂量的维生素 A 可能会造成疲劳、头痛、眩晕、视力模糊、皮肤干燥等。维生素 D 在 4～5 倍每日建议用量服用后，可能造成动脉和肾脏损害。无论是水溶性还是脂溶性维生素，高水平的维生素都是过量补充维生素药物造成的，而不是正常的饮食。

维生素的溶解性与其分子结构密切相关，物质溶解性遵循相似相溶的规律，就是指极性分子易溶于极性溶剂中，极性越大，溶解性越好；非极性分子和极性小的分子易溶于非极性溶剂中。最常见的极性溶剂就是水，因此水溶性维生素都是极性大的分子。对于维生素这种结构比较复杂的分子，我们一般不用考察正、负电荷中心的位置，只需看极性基团的数量即可，极性基团[如羟基(—OH)]数量越多，水溶性越好。此外，羟基还有一个特殊的性质，能够与水分子形成更强的吸引力——“氢键”，对增强维生素水溶性有更大的作用。

> **分子的极性**
>
> 分子内部包含多个带正电的原子核和带负电的电子，形成正电中心和负电中心。有些分子的正、负电中心能重叠，有些则不能，由其分子结构决定，能重叠的称为非极性分子，如 O_2、N_2、CH_4；反之为极性分子，如 H_2O。

1. 水溶性维生素

1）维生素 C

维生素 C 又称抗坏血酸，是一种含有 6 个碳原子的酸性多羟基化合物(图 7-5)，分子式为 $C_6H_8O_6$，相对分子质量为 176.1。天然存在的抗坏血酸有 L 型和 D 型两种，后者无生物活性，但都具有抗氧性。

维生素 C 是无色无臭的片状晶体，易溶于水，不溶于有机溶剂。在酸性环境中稳定，遇空气中氧、热、光、碱性物质，特别是有氧化酶及痕量铜离子(Cu^{2+})、铁离子(Fe^{3+})等存在时，可促进其氧化破坏。氧化酶一般在蔬菜中含量较多，故蔬菜储存过程中维生素 C 含量都有不同程度的流失。糖类、氨基酸、果胶、明胶及多酚等物质对维生素 C 有保护作用。

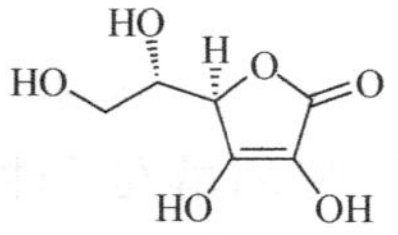

图 7-5　维生素 C 分子的结构式

人体不能合成维生素 C，缺乏维生素 C 会出现坏血病，表现为毛细血管脆弱，皮肤上出现小血斑、牙龈发炎出血、牙齿摇动等。维生素 C 的主要食物来源是新鲜蔬菜和水果。蔬菜中，辣椒、茼蒿、苦瓜、豆角、菠菜、土豆、韭菜等的维生素 C 含量丰富；水果中，酸枣、鲜枣、草莓、柑橘、柠檬等的维生素 C 含量较多；动物的肝脏中也含有少量的维生素 C。

2）维生素 B 族

维生素 B 族有 12 种以上(图 7-6)，是所有人体组织必不可少的营养素，是食物释放能量的关键。维生素 B 全是辅酶，参与体内糖、蛋白质和脂肪的代谢，因此被列为一个家族。所有的维生素 B 必须同时发挥作用，称为维生素 B 的融合作用，即所谓“木桶效应”。单独摄入某种维生素 B 后，由于细胞的活动增加，因此对其他维生素 B 的需求随之增加，各种维生素 B 的作用是相辅相成的。

维生素 B 族的来源包括豆类、谷物、土豆、香蕉、辣椒、豆豉、营养酵

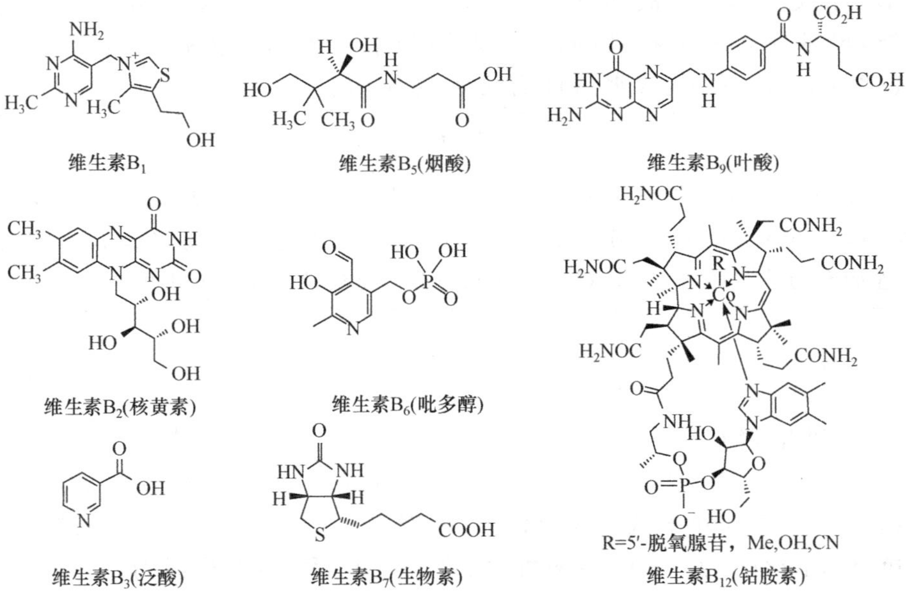

图 7-6 维生素 B 族分子的结构式

维生素 B_4 是腺嘌呤的旧称，已经不再将其视为真正的维生素，同时也不再是维生素 B 的成员

母、啤酒酵母和糖蜜等，肉类中的来源包括火鸡、金枪鱼和肝脏等。由于谷物的外皮中含有丰富的维生素 B，加工会损失，因此某些国家规定要将维生素 B（如 B_1、B_2、B_3、B_9）添加到加工后的白面粉中。特别需要指出的是，植物中不存在维生素 B_{12}，对于素食者来说，这意味着无法从食物中获得维生素 B_{12}。

2. 脂溶性维生素

1）维生素 A

维生素 A 类包括视黄醇（retinol）、视黄醛（retinal）、视黄酸（retinoic acid）以及一些维生素 A 原[类胡萝卜素（carotenoids）和 β-胡萝卜素（beta-carotene）]。维生素 A 对人体的生长发育、免疫力的提高以及视力保护都起着重要的作用。动物性食物中维生素 A 的含量最为丰富，如动物肝脏、鱼肝油、牛奶和乳制品、黄油、鸡蛋等。

2）维生素 D

维生素 D 为固醇类衍生物，有很多种存在方式，最重要的成员是 D_2（麦角钙化醇）和 D_3（胆钙化醇）。维生素 D 有助于钙、铁、镁、磷和锌的吸收，具抗佝偻病作用，又称抗佝偻病维生素。植物不含维生素 D，但动、植物体内存在维生素 D 原，因此食物中维生素 D 的含量很少，人类主要是通过日光中紫外线照射皮下储存的胆固醇而生成的 7 -脱氢胆固醇来合成维生素 D。

3）维生素 E

维生素 E 包括生育酚（tocopherols）和生育三烯酚（tocotrienols）两类。维生素 E 为脂溶性抗氧化剂，在体内起防止蛋白质变性、DNA 损伤、脂质过氧化等作用，达到保护细胞、延缓衰老的目的。其来源广泛，玉米油、豆油等都含有丰富的维生素 E。

7.3.3 矿物质与草酸

草酸通常以钾盐的形式普遍存在于草本植物中，草酸含量较高的蔬菜有（括号内数字为 100 g 蔬菜中的草酸含量）：香葱（1480 mg）、木薯（1260 mg）、苋菜（1090 mg）、菠菜（970 mg）。草酸学名乙二酸，是无色柱状晶体，易溶于水（图 7 – 7）。草酸与许多矿物质会形成沉淀，如与钙可形成草酸钙沉淀。如果将草酸含量高和钙含量高的食物搭配一起吃，如小葱拌豆腐、菠菜豆腐汤，食物中的钙会因为形成草酸钙沉淀而难以吸收、随粪便排出体外，但同时也阻止了草酸的摄入。草酸遇到铁、镁、锰、锌等矿物质时也会形成沉淀（表 7 – 3），从而降低人体内矿物质的含量，因此要避免过多摄入草酸。由于蔬菜中的草酸以可溶性的钾盐形式存在，因此通过焯水的方式能够方便地除去大部分草酸。另外，体内过剩的维生素 C 也会转化成草酸，因此不宜过量补充维生素 C。

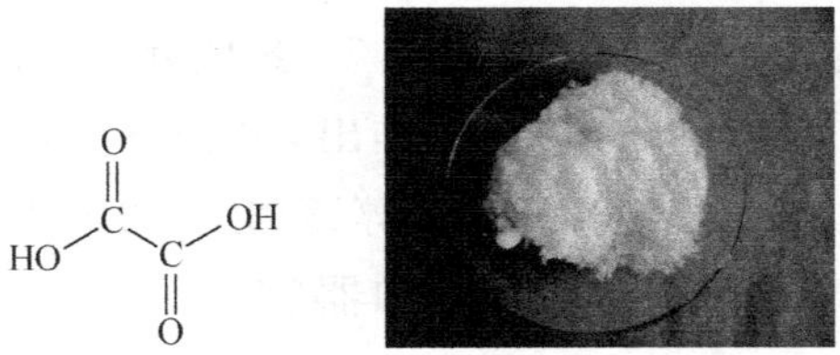

(a)　　(b)

图 7 – 7　草酸分子结构式（a）和实物图（b）

表 7 – 3　几种矿物质草酸盐的溶度积常数（25℃）

矿物质	草酸盐分子式	溶度积常数
钙	$CaC_2O_4 \cdot H_2O$	2.32×10^{-9}
铁	$FeC_2O_4 \cdot 2H_2O$	3.20×10^{-7}
镁	$MgC_2O_4 \cdot 2H_2O$	4.83×10^{-6}
锰	$MnC_2O_4 \cdot 2H_2O$	1.70×10^{-7}
锌	$ZnC_2O_4 \cdot 2H_2O$	1.38×10^{-9}

沉淀与溶度积常数

物质的溶解度只有大小之分，没有绝对不溶的物质。习惯上，化学中认为在 100 g 水中的溶解量小于 0.01 g 的物质为“难溶物”，溶解量为 0.01～0.1 g 的物质为“微溶物”，溶解量大于 0.1 g 的物质为“易溶物”。

在一定温度下，溶解与沉淀两个过程各自不断进行，当两个过程速率相等时，就达到了沉淀-溶解平衡。

$$A_xB_y(s) \rightleftharpoons xA^{m+}(aq) + yB^{n-}(aq)$$

定义溶度积常数(solubility of product constant)$K_{sp}^{\ominus}$

$$K_{sp}^{\ominus} = \frac{(c_{A^{m+}})^x (c_{B^{n-}})^y}{(c^{\ominus})^{x+y}}$$

式中，$c_{A^{m+}}$ 和 $c_{B^{n-}}$ 为平衡时两种离子在水溶液中的浓度，$c^{\ominus}$ 为标准浓度，通常等于 1 mol·L^{-1}。可见，溶度积常数也能够反映物质在水中的溶解性，$K_{sp}^{\ominus}$ 越大，该物质在水中越易溶解；反之，$K_{sp}^{\ominus}$ 越小，则越难溶。

7.4 饮酒与健康

酒精在化学上归属于醇类，是一种简单的有机分子，化学式为 C_2H_5OH，化学名为乙醇，结构式如图 7－8 所示。乙醇进入人体，2%～8%以汗液、尿液和呼吸的方式直接排出，92%～98%在体内代谢，新陈代谢是一个氧化过程，通过氧化，乙醇毒性消失并从血液中移除，阻止了因乙醇在人体中积累而伤害细胞和器官。

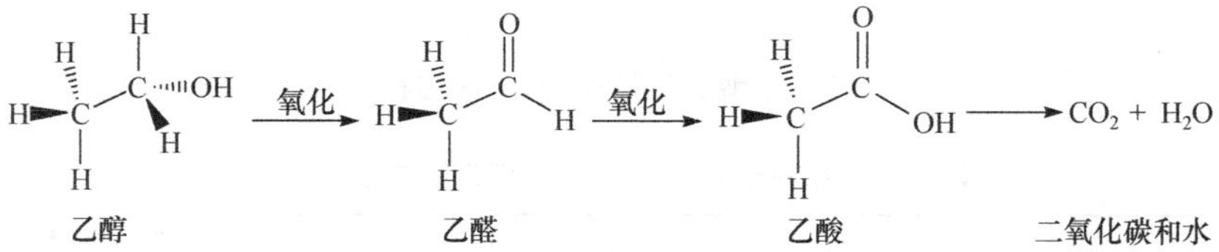

图 7－8　乙醇的氧化过程示意图

氧化还原反应

氧化还原反应(redox reaction)的本质是电子得失过程。与典型的无机化合物的氧化还原反应相比，有机氧化还原反应具有部分得失电子的特征，表观上更多地体现在键极性的变化上。当 C—H 键转化为 C—N 键、C—O 键和 C—X 键(X 为卤素)时，由于氮原子、氧原子和卤原子的电负性较大，围绕在碳原子周围的共价电子对逐渐远离该碳原子。这种远离可以理解为碳原子部分地失去了电子，定义为发生了氧化反应(oxidation reaction)，与之相反的过程就是还原反应(reduction reaction)。

乙醇的氧化过程是乙醇到乙醛再到乙酸，最后乙酸分解为 CO_2 和 H_2O 的过程。乙醛是有毒的，是工业乙醇中的有害物质甲醛的同系物，乙酸是醋的主要成分。

乙醇的氧化代谢过程均在生物酶的催化作用下完成。乙醇氧化为乙醛主要有三大代谢系统：乙醇脱氢酶(ADH)①系统、微粒体乙醇氧化系统(MEOS)②和过氧化氢氧化酶(catalase)③系统。少量饮酒时，乙醇都是通过乙醇脱氢酶分解。当乙醇浓度过高时，除经 ADH 代谢系统外，还需要借助于后两种代谢系统。乙醛氧化为乙酸是通过乙醛脱氢酶(ALDH)④。在一般人体中都存在 ADH，而且数量和活性基本相近。但是 ALDH 的活性和数量主要由遗传决定，存在人种和个体的差异。东亚人和美洲印第安人的 ALDH 代谢乙醛的活性仅约为其他人种的 8%，饮酒后乙醛不能转化成乙酸，血液中乙醛浓度迅速上升，而乙醛毒性远高于乙醇，面部及全身潮红、头痛等醉酒症状就是乙醛中毒的表现。ALDH 活性有时也可以被乙醇诱导增加，因此经常喝酒使此酶活性增加，从而酒量增加。

如上所述，喝酒脸红是因为乙醛脱氢酶活性低，导致乙醛不能及时氧化；有些人喝酒脸白，但到一个点突然烂醉如泥，是乙醇脱氢酶和乙醛脱氢酶均活性不高，反应滞后；而两种酶活性均高的人则酒量好。另外，由于小肠壁有大量绒毛，相比胃与食物接触面积更大，乙醇有 20% 被胃吸收，80% 被小肠吸收。但是当胃中填满食物后，处于胃与小肠连

---

① 乙醇脱氢酶：alcohol dehydrogenase(ADH)，主要存在于胃部和肝部。

② 微粒体乙醇氧化系统：microsomal ethanol oxidizing system(MEOS)，作用的酶是细胞色素 P450，在肝部起作用。

③ 过氧化氢氧化酶：catalase，遍布全身，但代谢乙醇发生在脑部。

④ 乙醛脱氢酶：aldehyde dehydrogenase(ALDH)，主要存在于肝部。

接处的肌肉会缩紧，使食物在胃里得到充分消化。在吃饱的情况下饮酒，乙醇在胃里停留的时间长，进入血液的速度慢；反之，空腹饮酒时血液中的乙醇含量更快达到高峰，因此易醉。由于酒精作用的器官特异性，即嗜肝性，长期大量饮酒更易形成乙醇性脂肪肝、乙醇性肝炎和肝硬化等。

7.5 食品添加剂与食品质量安全

7.5.1 食品质量安全

2006年以来，北京福寿螺事件、武汉人造蜂蜜事件、台州毒猪油事件、南京“口水油”沸腾鱼、上海瘦肉精中毒事件、河北的“苏丹红”鸭蛋、“嗑药”的多宝鱼、三聚氰胺毒奶粉等食品安全事件频频爆发，食品安全形势依然严峻。我国《食品卫生法》明确规定：食品应当无毒、无害，符合应当有的营养要求，具有相应的色、香、味等感官性状。目前，随着人们生活水平的提高，饮食结构由温饱型转向营养健康型，消费观念由数量型转向质量型，提倡健康饮食，对食品卫生质量标准要求也变高。同时，环境污染、生态恶化、自然灾害增多、工业“三废”，以及违禁、过量使用农药所造成的污染也经常威胁着人们的身体健康。

1. 初级农产品源头污染仍然较重

有的产地环境污染严重，污水浇灌，滥用甚至违禁使用高毒农药；有的饲养禽畜滥用饲料添加剂，非法使用生长激素及“瘦肉精”（盐酸克伦特罗）；有的在水产养殖中滥用氯霉素等抗生素和饲料添加剂，造成虾、蟹、鱼等水产品质量下降。

2. 食品生产加工领域假冒伪劣问题突出

有的用非食品原料加工食品；有的滥用或超量使用增白剂、保鲜剂、食用色素等加工食品；有的掺杂造假，生产假酒、劣质奶粉，用地沟油加工食用油等。

3. 食品流通环节经营秩序不规范

一是为数众多的食品经营企业小而乱，溯源管理难，分级包装水平低，甚至违法使用不合格包装物。

二是有些企业在食品收购、储藏和运输过程中，过量使用防腐剂、保鲜剂。

三是部分经营者销售假冒伪劣食品、变质食品。还有的在农村市场、城乡结合部及校园周边兜售无厂名厂址、无出厂合格证、无保质期的“三无”食品、假冒伪劣食品，严重危害农民和未成年人的身体健康。

4. 动、植物本身含有的天然毒素

例如，毒蘑菇中含有致命的有毒物质，河豚的鱼胆和血中含有致死性河豚毒素；一些动、植物因储藏不当产生毒性物质，如发芽的马铃薯芽眼处产生的龙葵素可以引起食物中毒；加工处理不当，没有去除或破坏其有毒成分，如未煮熟的刀豆（扁豆）可引起食物中毒。

7.5.2 食品添加剂

食品添加剂是指为改善食品的品质和色、香、味以及防腐和加工工艺的需要而加入食品中的化学物质或天然物质，包括食品防腐剂、抗氧化剂、调味剂和色素等。化学合成食品添加剂是通过化学手段，使元素或化合物发生氧化、还原、缩合、聚合等反应所得到的物质。天然食品添加剂则是利用动、植物或微生物的代谢产物为原料，经提取所得到的物质。例如，在冰激凌中作为增稠剂的明胶就是从动物皮骨中提取的一种凝胶蛋白，调味品咖喱粉中的主要成分是从中药姜黄的根茎中提取的。

1. 食品防腐剂

凡是能抑制微生物的生长活动，延缓食品腐败变质或生物代谢的制品都是食品防腐剂，有时也称抗菌剂。防腐剂可分为杀菌剂和抑菌剂。抑菌剂的主要作用原理是通过改变微生物生长曲线，使微生物的生长繁殖停止在缓慢期，而不进入急剧增殖的对数期，从而延长微生物繁殖一代所需要的时间，即起到所谓的“静菌作用”；杀菌剂则是通过一定的化学作用杀死微生物，使其不能侵染食品，造成食品变质。防腐剂按其化学物质的所属又可分为无机类和有机类。

无机类防腐剂主要有氧化型防腐剂、还原型防腐剂。此外，高浓度的 CO_2 能阻止微生物的生长，因而用 CO_2 保存食品是一种环境友好的方法，具有较大的发展前途。高压下 CO_2 的溶解度比常压下大，生产饮料时常用CO_2作为防腐剂。

氧化型杀菌剂包括过氧化物和氯制剂两类。在食品保藏中常用的有过氧化氢、过氧乙酸、臭氧、氯、漂白粉、漂白精以及其他氧化型杀菌剂。使用氧化型防腐剂时应注意以下事项：过氧化物和氯制剂都是以分解产生的新生态氧或游离氯进行杀菌消毒的。这两种气体对人体的皮肤、呼吸道黏膜和眼睛有强烈的刺激作用和氧化腐蚀性，要求操作人员加强劳动保护，佩戴口罩、手套和防护眼镜，以保障人体健康与安全。根据杀菌消毒的具体要求，配制适宜浓度的杀菌剂，并保证杀菌剂足够的作用时间，以达到杀菌消毒的最佳效果。根据杀菌剂的理化性质，控制杀菌剂的储存条件，防止因水分、湿度、高温和光线等因素使杀菌剂分解失效，并避免发生燃烧、爆炸事故。

还原型防腐剂主要是亚硫酸及其盐类，国内外食品储藏中常用的品种有二氧化硫、无水亚硫酸钠、亚硫酸钠、保险粉和焦亚硫酸钠等。使用还原型防腐剂时应注意以下事项：亚硫酸及其盐类的水溶液在放置过程中容易分解逸散二氧化硫而失效，所以应现用现配制。在实际应用中，需根据不同食品的杀菌要求和各亚硫酸杀菌剂的有效二氧化硫含量确定杀菌剂用量及溶液浓度，并严格控制食品中的二氧化硫残留量标准，以保证食品的卫生安全性。亚硫酸分解或硫磺燃烧产生的二氧化硫是一种对人体有害的气体，具有强烈的刺激性和对金属设备的腐蚀作用，因此在使用时应做好操作人员和库房金属设备的防护管理工作，以确保人身和设备的安全。

硝酸盐和亚硝酸盐类包括硝酸钾、硝酸钠和亚硝酸钾、亚硝酸钠，主要作为护色剂使用，但同时也具有防腐作用。但必须强调的是，亚硝酸盐是一种强烈的致癌物，用于食品工业时必须严格控制其使用方法和浓度范围。

有机类防腐剂主要有苯甲酸及其盐类、对羟基苯甲酸酯类、山梨酸及其盐类。

苯甲酸及其盐类又称为安息香酸和安息香酸盐，其盐一般使用钙盐和钠盐。苯甲酸及其盐类一般在低 pH 范围内抑菌效果显著，最适宜的 pH 为 2.5～4.0，pH 高于 5.4 则失去对大多数真菌和酵母的抑制作用。

对羟基苯甲酸酯类又称为对羟基安息香酸酯或泊尼金酯，由于对羟基苯甲酸的羧基与不同的醇发生酯化反应而生成不同的酯，通常在食品中使用的有对羟基苯甲酸甲酯、乙酯、丙酯和异丙酯、丁酯和异丁酯、庚酯等（我国目前仅限用乙酯和丙酯）。对羟基苯甲酸酯的抑菌作用受 pH 影响较小，适用的 pH 范围为 4～8。该防腐剂属于广谱抑菌剂，对霉菌和酵母作用较强，对细菌中的革兰氏阴性杆菌及乳酸菌作用较弱。形成酯的醇类的碳链越长，则抑菌效果越强，但溶解度下降。

山梨酸及其盐类又称为花楸酸和花楸酸盐，其盐一般使用钙盐和钾盐。山梨酸及其盐的防腐效果同样也与被保存食品的 pH 有关，pH 升高，抑菌效果降低。实验证明山梨酸及其盐的抗菌力在 pH 低于 5 时最佳。山梨酸容易被加热时产生的水蒸气带出，因此在使用时，应该将食品加热冷却后再按规定用量添加山梨酸类抑菌剂，以减少损失。山梨酸及其盐对人体皮肤和黏膜有刺激性，要求操作人员佩戴防护眼镜。山梨酸对微生物污染严重的食品防腐效果不明显，因为微生物也可以利用山梨酸作为碳源。在微生物严重污染的食品中添加山梨酸不会起到防腐作用，只会加速微生物的生长繁殖。

2. 食品抗氧化剂

食品抗氧化剂是食品保藏中常添加的一些化学制品，以延缓或阻止氧气所导致的食品氧化变质。抗氧化剂的作用原理在于防止或延缓食品氧化反应的进行，但不能在氧化反应发生后复原食品，因此抗氧化剂必须在食品氧化变质前添加。

抗氧化剂按其溶解性可分为油溶性和水溶性两类：油溶性的有丁基羟基茴香醚（BHA）、二丁基羟基甲苯（BHT）、特丁基对苯二酚（TBHQ）、没食子酸丙酯（PG）等；水溶性的有抗坏血酸及其盐类，异抗坏血酸及其盐类等。抗氧化剂按来源可分为天然和人工合成两类：天然的有脑磷脂、茶多脂等；人工合成的有二丁基羟基甲苯等。

抗氧化剂的用量很少，必须与食品充分混匀才能很好地发挥作用。另外，有些物质本身没有抗氧化作用，但与抗氧化剂混合使用却能增强抗氧化剂的效果，如柠檬酸、磷酸、苹果酸、酒石酸及其衍生物，称为增效剂。这些物质可以增强抗氧化的效果，一些是由于与油脂中存在的金属离子形成金属盐，使金属不再具有催化作用；另一些是由于与抗氧化剂的自由基作用，而使抗氧化剂再生。

抗氧化剂的使用不仅可延长食品的储存期、货架期，给生产者和经销者带来良好的经济效益，也给消费者提供可靠的商品。由于近年来发现一些人工合成的抗氧化剂有一定的毒性，以及“绿色”食品概念的兴起，人们倾向于选择天然抗氧化剂，因而对天然抗氧化剂的研究和开发成为一个热点。

3. 调味剂

调味剂是能赋予食品酸、甜、苦、辣等特殊味感的添加剂，主要有酸味剂、鲜味剂和甜味剂。

酸味剂能增进食欲，有防腐作用，有助于溶解纤维素及钙、磷等。主要的酸味剂有乙酸、柠檬酸、富马酸、盐酸、乳酸、苹果酸、磷酸、柠檬酸一钠和酒石酸等。

鲜味剂是能补充或增强食品原有风味的物质。常用的谷氨酸钠即L-谷氨酸钠，别名味精，是其他鲜味剂的基础；其他的鲜味剂有鸡肉鲜味的5′-肌苷酸钠、鲜菇鲜味的5′-鸟苷酸钠等。

甜味剂能赋予食品甜味。例如，甘草多用于酱油、豆浆、腌制物中；甜叶菊用于降血压、促进代谢、治疗胃酸过多；糖精在酱菜、糕点、饼干、面包中使用；天冬甜素有清凉感，用于汽水、乳饮料、醋、咖啡饮料等。

4. 食用色素

食用色素主要用于提高食品的商品价值，促进人们的食欲，分为合成色素和天然色素两大类。合成色素的结构多为偶氮类，属于煤焦油染料，色彩鲜艳，坚劳度大，性质稳定，着色力强，本身无营养价值，且大多数对人体有害，如“苏丹红”事件、红心鸭蛋事件中所用的色素即为该类色素。天然色素是从动、植物及微生物中提取，有一定的营养或药理作用，安全性高，着色自然。

天然色素按来源不同可分为动物色素（如血红素、类胡萝卜素）、植物色素（如叶绿素、胡萝卜素、花青素等）、微生物色素（如红曲霉的红曲素）等，其中植物色素最为缤纷多彩，是构成食品色泽的主体；按溶解性不同可分为脂溶性色素（叶绿素、类胡萝卜素等）和水溶性色素（花青素）；按化学结构可分为吡咯色素、多烯色素、酚类色素和醌酮类色素。

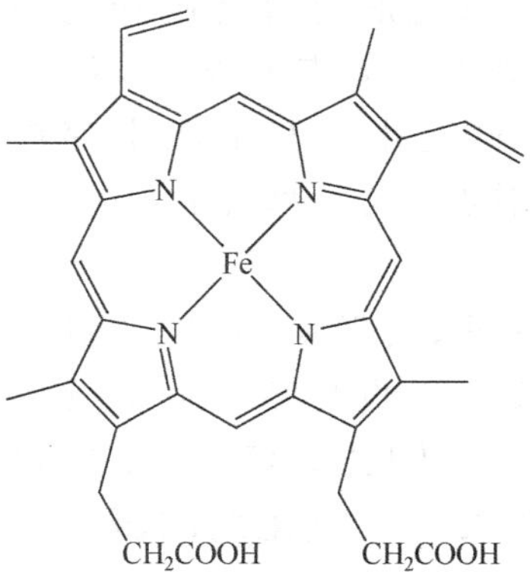

图 7-9　血红素的结构式

1）血红素

血红素（图 7-9）的基本结构是由4个吡咯环连接而成的卟吩环结合一个Fe^{2+}，该化合物具有酸性。由于存在共轭体系，该物质呈现颜色。

血红蛋白（Hb）与肌红蛋白（Mb）就是含有血红素基团的蛋白质，是构成动物血液红色和肌肉红色的主要色素。牲畜被屠宰放血，血红蛋白排放干净之后，酮体肌肉中 90%以上是肌红蛋白。肌肉中的肌红蛋白随年龄不同而不同，如牛犊的肌红蛋白较少，肌肉色浅，而成年牛肉中的肌红蛋白较多，肌肉色深。虾、蟹及昆虫体内的血色素是含铜的血蓝蛋白。

血红蛋白在血液中具有结合输送氧气的功能，与 O_2 结合成氧合血红蛋白（HbO_2）而呈现鲜红色（图 7－10）。但 HbO_2 并非化合物，分子中的铁未被氧化，仍为亚铁离子，在 O_2 分压低的环境下又分解成 Hb 和 O_2。

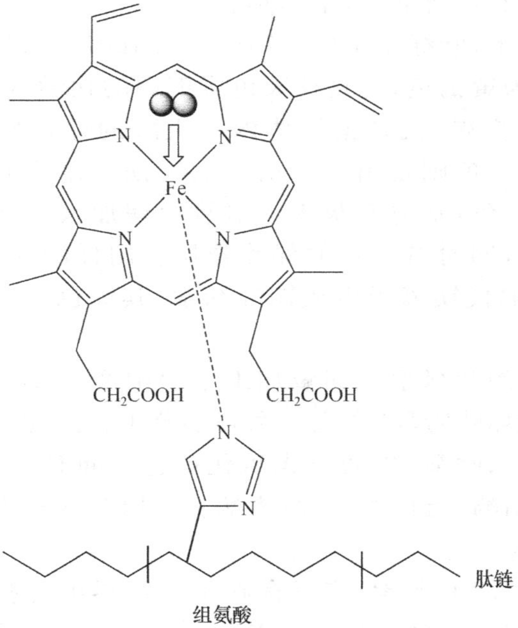

图 7－10　血红素可逆载氧示意图

为氧气分子

同样，当肌肉切开后，肌红蛋白也能与 O_2 结合（MbO_2）而成鲜红色。但 MbO_2 在有氧加热时，球蛋白变性，血红素中的 Fe^{2+} 氧化为 Fe^{3+} 而生成棕褐色的高铁肌红蛋白，即为熟肉的颜色。

此外，Hb 和 Mb 能与亚硝基（—NO）作用，形成稳定艳丽的桃红色亚硝酰肌红蛋白（NO-Mb）和亚硝酰血红蛋白（NO-Hb），加热颜色也不变。基于此原理，在火腿、香肠等肉类腌制加工中，往往使用硝酸盐或亚硝酸盐等作为发色剂。目前的研究显示硝酸盐或亚硝酸盐对脑组织有损伤，且有致癌作用。

2）叶绿素

叶绿素是植物显示绿色的原因，主要有叶绿素 a 和叶绿素 b 两种，存在于植物体内，与蛋白质结合成叶绿体，是植物光合作用的重要物质。在高等植物中，叶绿素 a 与叶绿素 b 按 3∶1 的比例共存。叶绿素的结构与血红素相似，但环中结合的是镁离子（Mg^{2+}）。

叶绿素 a 是蓝黑色粉末，熔点为 117～120 ℃，溶于乙醇溶液而呈蓝绿色，并有深红色荧光。叶绿素 b 是深绿色粉末，熔点为 120～130 ℃，其醇溶液呈绿色或黄绿色，并有荧光。二者不溶于水而溶于乙醇、乙醚、丙酮等有机溶剂中，不耐热和光。

在酸性条件下，叶绿素中的镁离子会被氢离子取代，形成脱镁叶绿素，造成色泽转为黄褐色，这是秋天色彩斑斓的化学基础。收获的蔬菜久置会变黄甚至变褐，就是植株体内有机酸的存在导致的这种变化。腌制蔬菜一般呈黄色则是由乳酸而致的脱镁。蔬菜的加工处理（热烫和杀菌）时为了护色，常将石灰水或氢氧化镁加入热烫液中，以降低酸度防止脱镁变黄，同时有一定的保脆作用。用稀的硫酸铜溶液处理叶绿素时，铜离子取代镁离子生成铜叶绿素，其绿色比镁叶绿素更鲜艳、更稳定。

绿色植物中的叶绿素在储藏加工过程中经常发生光解，即在光和氧气的作用下破坏卟吩环，产生一系列小分子。因此，在储藏绿色植物性食品时，应避光、除氧，以防止光氧化褪色。同时许多酶也能促进叶绿素的破坏，如脂酶、蛋白酶；叶绿素酶直接以叶绿素为底物。

3）多烯色素

多烯色素（类胡萝卜素）广泛存在于生物界中，按其结构与溶解性质分为两大类：胡萝卜素类和叶黄素类。这类色素较稳定，耐酸、碱，较耐热，在锌、铜、锡、铝、铁等金属存在下也不易破坏，因此在食品加工中不易损失。但由于其双键特征，在强氧化剂作用下，多烯色素会被破坏而褪色。同时也是由于这种特性，在热、酸和光的作用下，易发生顺反异构变化引起颜色在黄色和红色范围内轻微变动，如加热胡萝卜使金黄色变成黄色，加热番茄使红色变成橘黄色。

多烯色素的破坏主要原因是光敏氧化作用，即双键经氧化后饱和，形成环状氧化物，进一步氧化发生断裂，形成有部分双键的含氧化合物。其中之一有紫罗兰酮（具有紫罗兰花气味），其结构式的环状部分即紫罗酮环，由此得名。过度氧化后，多烯色素则可完全失去颜色。

有些酶也可以加速多烯色素的氧化降解，食品加工中由于热烫等适当的钝化酶处理可以保护类胡萝卜素。多烯色素在食品加工中，通常不会严重降解。例如，胡萝卜果脯熬制时红黄色很稳定，低温和冷冻下类胡萝卜素也很少变化。油炸、烤制和过度加热会引起多烯色素的高温热解，干制品在光照下储藏会发生褪色，是因为光促进了氧化。

多烯色素作为一种天然色素广泛地应用于油脂食品，如人造奶油、鲜奶和其他食用油脂的着色（脂溶性）。近年来采用了一些新技术，使多烯色素能吸附在明胶或可溶性糖类化合物载体（如环状糊精）上，经喷雾干燥后形成微胶相分散体，使其能均匀分散于水中，形成透明的液体，可直接用于饮料、乳品、糖果、面条等食品的着色。

4）花青素

该色素是水溶性色素，因此在果蔬加工时会大量流失。

花青素分子中吡喃环上的氧为4价，呈碱性，同时又有呈酸性的酚羟基，因此其在不同的pH下具有不同的结构，从而呈现不同的颜色。果蔬在成熟前后分别出现不同的颜色，这是pH变化的缘故，也是同一种花青素在不同的花果中呈现不同颜色的原因之一。

花青素在光照或受热条件下会发生聚合反应，生成高分子聚合物而呈褐色，这是茄子呈紫色的原因。同时其易受氧化剂和还原剂的作用而变色。二氧化硫能与花青素发生加成反应，使其褪色，若将二氧化硫加热除去，原有的颜色可以部分恢复，因此在加工含有花青素的食品时一定要进行护色处理。花青素分子还可以与钙、镁、铁、铝等金属离子反应生成盐类而呈现灰紫色、紫红色等深色，不再受pH的影响，因而果蔬加工时宜用不锈钢器皿。部分真菌和植物组织中也含有分解花青素的酶，使花青素褪色。

在许多水果、蔬菜中，广泛存在一种无色或接近无色的酚类物质，称为无色花青素，它的结构不同于花青素，但可以转变为有色的花青素。这是罐藏水果果肉变红、变褐的原因。

5）花黄素

花黄素是存在于植物组织细胞中的水溶性色素物质。其一般为浅黄或无色，偶呈鲜橙黄色，普遍存在于果蔬中。其特点是呈色能力不强，但在加工过程中会因pH和金属离子的存在而产生不良颜色，影响产品的色泽。作为色素物质，花黄素对食品感观性质的作用远不如其潜在的影响大。黄酮类的颜色大多呈浅黄色至无色，分子中羟基多的颜色较深。

花黄素遇碱时会变明显的黄色，如含黄酮类的果蔬（洋葱、荸荠、马铃薯等）在碱性水中预煮时往往会变黄而影响产品质量，在生产时加入少量酒石酸氢钾或柠檬酸调节pH，避免黄酮色素的变化。花黄素遇铁离子可变成蓝绿色，这是酚羟基的呈色反应，在相关的食品加工中应引起注意。

6）红曲色素

红曲色素是微生物红曲霉菌所分泌的色素，我国民间将其作为食品着色剂有着悠久的历史。红曲色素有 6 种不同成分，其中黄色、橙色和紫色各两种。其化学稳定性高，对 pH 稳定，不像其他天然色素那样易随 pH 的变化而发生显著变化；耐热、耐光性强；抗氧化剂、还原剂的能力强；不与金属离子相互作用。红曲色素对蛋白质的着色性很好，因此常用于红香肠、红腐乳、酱肉、粉蒸肉以及酱类、糕点、果汁的着色。

7）姜黄色素

姜黄色素是从植物姜黄根茎中提取的黄色色素，是二酮类化合物。

姜黄色素为橙黄色粉末，在中性和酸性水溶液中呈黄色，碱性溶液中呈褐红色，对蛋白质着色力较强，常用于咖喱粉、黄色萝卜条的增香着色，它具有类似胡椒的香味。姜黄色素耐光耐热性差，易与铁离子结合而变色。

思考题

1. 有人说海鲜类水产品都有被污染而富集砷的危险，而水果中的维生素 C 具有还原性，如果两样一起吃，就会发生维生素 C 还原 As_2O_5 生成 As_2O_3（砒霜）的反应而中毒。你是如何理解这一说法的？
2. 糖醋排骨里的糖在油中会发生“焦糖化反应”（又称克拉密尔作用）形成深色物质，而且会产生挥发性的具有香味的醛、酮，请查阅资料进一步了解该反应过程。
3. 地沟油与普通食用油有何区别？检测难在哪里？

第8章

化学与新型材料

材料是社会进步的物质基础和先导，对国民经济和国防建设起着关键的支撑作用。新材料是高技术的重要组成部分，与信息、生命、能源并称为现代文明和社会发展的四大支柱。加强新材料的开发对推动高新技术产业发展，促进传统产业升级换代，增强综合国力具有重要的意义。

新材料应用范围极其广泛，与信息技术、生物技术一起成为21世纪最重要和最具发展潜力的领域。与传统材料一样，新材料可以从结构组成、功能和应用领域等多种不同角度对其进行分类，不同的分类之间可以相互交叉和嵌套。

新材料主要由传统材料的革新和新型材料的推出构成，随着高新技术的发展，新材料与传统材料产业结合日益紧密，产业结构呈现出横向扩散的特点（图8－1）。

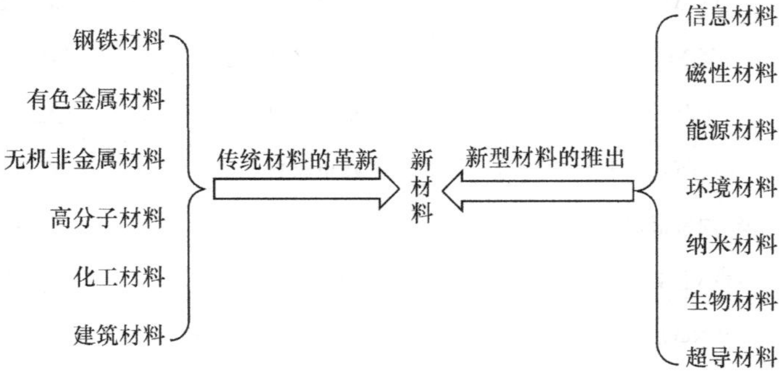

图8－1　新材料的分类

8.1　信息功能材料

信息材料属于功能材料，是为实现信息探测、传输、存储、显示和处理等功能使用的材料。信息材料按功能分类主要有以下几种：

（1）信息探测材料。对电、磁、光、声、热辐射、压力变化或化学物质敏感的材料属于此类，可用来制成传感器，用于各种探测系统，如电磁敏感材料、光敏材料、压电材料等。这些材料有陶瓷、半导体和有机高分子化合物等多种。

（2）信息传输材料。主要是光导纤维，简称光纤。它质量小、占用空间小、抗电磁干扰和通信保密性强，可以制成光缆以取代电缆，是一种很有发展前途的信息传输材料。

（3）信息存储材料。包括磁存储材料，主要是金属磁粉和钡铁氧体磁粉，用于计算机储存；光存储材料，有磁光记录材料、相变光盘材料等，用于外存；铁电介质存储材料，用于动态随机存取存储器；半导体动态存储材料，目前以硅为主，用于内存。

（4）信息处理材料。是制造信息处理器件（如晶体管和集成电路）的材料，目前使用最多的是硅，砷化镓也是一种重要的信息处理材料。

与信息有关的典型材料实例见表 8－1。

表 8－1　与信息有关的典型材料

物质	材料	典型用途
Si	半导体材料	二极管、晶体管、集成电路
GaAs	半导体材料	二极管、晶体管、集成电路
TiNi	形状记忆合金	传感驱动器
CdS	光电转换材料	太阳能电池、光电转换开关
$BaTiO_3$	压电材料	声传感器
ZnS（加激活剂）	荧光显示材料	彩色电视显像管
SiO_2（掺杂）	光导纤维	光导通信
$LiNbO_3$	光敏器件	红外传感器
γ-Fe_2O_3（掺杂）	磁记录材料	磁带
$Tb_{0.75}Er_{2.25}Al_{2.5}Fe_{4.5}O_{1.2}$（铁系石榴石单晶）	磁泡材料	计算机存储器

8.1.1　半导体材料 Si 和 GaAs

周期表中与半导体材料相关的元素列于表 8－2。硅（Si）是当前微电子技术的基础材料，晶体管就是利用硅的特殊性能制成的。随着无线通信时代的到来，通过硅被应用到通信方面的电子元件发展出第一、二代移动通信技术。硅本身的导电能力不强，但在掺入一些微量元素后，其电学性能就会发生变化。例如，将磷掺入硅，磷原子进入晶格中原本由硅原子占据的位置。磷是ⅤA族元素，有五个价电子。磷原子与周围的四个硅原子共享其中的四个价电子形成四个共享电子对，使磷原子有八个共享电子，加上一个未共享电子，使得磷原子有了九个外层电子。因为八个电子已填满了最外层，没有第九个电子的存在空间，这个电子被磷原子释放，并从晶格中获得自由。这样硅中加入的每一个磷原子都产生一个自由电子，体系就有了富余的电子。而将硼掺入硅则有了缺电子的空穴。掺杂的硅在不同程度上都变成了较好的导电体。在掺杂的硅片上，电子由富电子处流向缺电子处的空穴而形成电流。

表 8-2　周期表中与半导体材料相关的元素

周　期	ⅡB	ⅢA	ⅣA	ⅤA	ⅥA
2		硼 B	碳 C		
3		铝 Al	硅 Si	磷 P	硫 S
4	锌 Zn	镓 Ga	锗 Ge	砷 As	硒 Se
5	镉 Cd	铟 In			锑 Te

以硅为基础制成的晶体管是现代计算机的心脏，因此，现代电子工业和计算机发展的基地常被称为硅谷。虽然以硅为基础的微电子技术仍将占据十分重要位置，但是理论分析表明，20～30 nm将是硅集成电路线宽的“极限”尺寸，这不仅是指量子尺寸效应对现有器件特性带来的“物理”限制，而且磁场及热效应、制作困难、投资大等也是限制硅半导体发展的因素。同时，由于传信的关键在于电子移动速率的快慢，这是材料的基本电学特性之一，很难加以改良，而硅电路传送信息的速度已无法满足人们的需要，因此新材料的研发是必然趋势。

新型半导体材料一般是ⅢA～ⅤA族化合物，其代表物是砷化镓(GaAs)。与硅晶片的主要差别在于GaAs晶片是一种“高频”传输使用的晶片，频率高，传输距离远，传输品质好，可携带信息量大，传输速度快，耗电量低，适合传输影音内容，符合现代远程通信要求。一般信息在传输时，因为距离增加而使所能接收到的信号越来越弱，产生“声音不清楚”甚至“收不到信号”的情形，这就是功率损耗。砷化镓晶片的最大优点在于传输时的功率损耗比硅晶片小很多，成功克服了信号传送不佳的障碍。砷化镓具有抗辐射性，不易产生信号错误，特别适用于避免卫星通信时暴露在太空中所产生的辐射问题。砷化镓与硅元件性能比较见表8－3。

表8－3　砷化镓与硅元件性能比较

性　能	砷化镓	硅
最大频率范围	2～300 GHz	<1 GHz
最大操作温度	200 ℃	120 ℃
电子迁移速率	高	低
抗辐射性	高	低
具光能	是	否
高频下使用	杂信少	杂信多，不易克服
功率损耗	低	高
元件大小	小	大
材料成本	高	低
产品良率	低	高

8.1.2　敏感材料和敏感元件

敏感元件也称传感器，就是用具有声、光、电、磁等物理效应的材料制成的传感元件。用它可以获取并转换人们所需要的各种信息。如果将计算机比作“大脑”，那么各种敏感元件就是“五官”，根据其功能的不同，可以制成不同的敏感元件。如对温度敏感的热敏元件、对压力敏感的压敏元件、对湿度敏感的湿敏元件、对气体敏感的气敏元件、对光敏感的光敏元件等。敏感材料种类繁多，涉及半导体材料、功能陶瓷、无机、有机、高分子、生物酶与核酸链等。半导体氧化物可以制造各种气敏传感器，而陶瓷传感器具有工作温度远高于半导体的优点。各类无机非金属敏感材料列于表8－4。有机材料作为传感器材料的研究已引起国内外学者的极大兴趣，如人体的各种感知都是靠有机分子的识别完成的。

表 8-4　无机非金属敏感材料

探测性能	原　理	材　料
氧含量	体离子导电	$Zr_{1-x}Ca_xO_{2x}$
湿度	表面离子导电	$MgCr_2O_4-TiO_2$
酸度	表面化学反应	IrO_{2-x}
压力	压电	$PbZr_{1-x}Ti_xO_3$
温度	热电	$PbZr_{1-x}Ti_xO_3$
电压	晶界面隧道	$ZnO-Bi_2O_3$
PTC* 热敏电阻	晶界面相变	$Ba_{1-x}Ce_xTiO_3$
化学	表面电子导电	$ZnO-CuO$
光学	光电阻	CdS

* PTC(positive temperature coefficient)：正温度系数。

SnO_2 是一种金属氧化物半导体，可用于制作良好的气敏传感器。器件中的 SnO_2 已经超细化(0.1 μm)，具有相当大的比表面，吸附气体的能力很强。当 SnO_2 敏感元件吸附气体时，气体与它发生电子交换，引起 SnO_2 表面的电子得失，SnO_2 半导体能带和电子密度随之变化。吸附不同浓度的气体所引起的 SnO_2 表面的电子得失情况不同，通过检测线路便能在仪表上直接读出气体浓度的相对大小。气体消散后，导电率迅速复原，即可再次使用。以 SnO_2 为敏感材料作“气-电”转换器，具有快速、简便、灵敏等优点。它对 H_2、CH_4、CO 等气体有相当的敏感性，可用于防止公害、大气污染、爆炸、火灾等，以及对有害气体的监测和反应控制等。

金属敏感材料中最著名的是形状记忆合金。形状记忆效应(shape memory effect)是指一旦取消外力或改变温度，发生塑性变形后的合金又能恢复原来的形状，即所谓记忆能力。形状记忆效应有三种形式：单向形状记忆效应、双向形状记忆效应和全方位形状记忆效应，其工作原理见图 8-2。单向形状记忆效应是形状记忆合金在较低的温度下变形，加热后可恢复变形前的形状，这种只在加热过程中存在的形状记忆现象称为单程记忆效应；双向形状记忆效应是某些合金加热时恢复高温相形状，冷却时又能恢复低温相

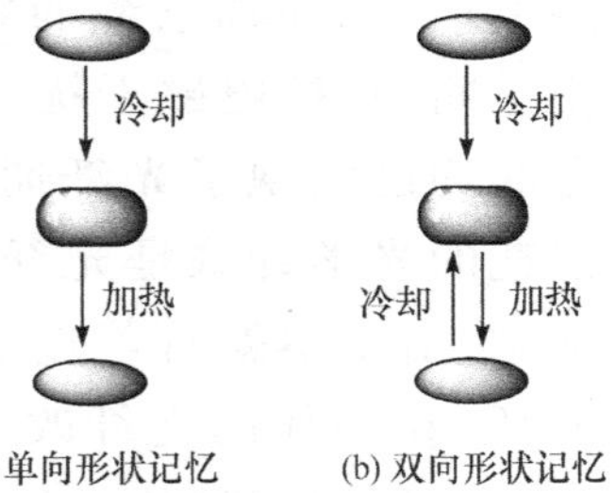

图 8-2　形状记忆合金工作原理

形状。

合金的这种记忆能力其实是合金在固态时其晶体结构随温度发生变化的规律，因此，只要控制温度就可以控制合金材料的形状。例如，镍钛合金在 40 ℃以上（菱形晶格）和 40 ℃以下（立方晶格）的晶体结构是不同的，温度在 40 ℃上下变化时，合金就会收缩或膨胀，形态发生变化。40 ℃就是镍钛记忆合金的“变态温度”。各种合金都有自己的变态温度。

图 8-3 双程 Cu-Zn-Al 记忆合金花

目前发现许多形状记忆合金，但商品化的只有少数几种，如 Ti-Ni-Fe 合金、Ti-Ni 合金、Cu-Zn-Al 合金、Cu-Sn 合金等。形状记忆合金应用最多的是做连接件、紧固件。制成弹簧可作热敏驱动元件，具有双向动作功能。图 8-3 为双程 Cu-Zn-Al 记忆合金花，采用 Cu-Zn-Al 记忆合金片，以热水或热风为热源，开放温度为 65～85 ℃，闭合温度为室温，花蕾直径 80 mm，展开直径 200 mm。

8.1.3 光导纤维

光导纤维（optical fibre，简称光纤）的出现是信息传输的一场革命。它是能以光信号而非电信号的形式传递信息（光束和图像）的具有特殊光学性能的玻璃或塑料纤维。光纤通信最突出的特点就是信息容量大。例如，一根直径为 13 mm、包含 144 条光纤的光缆可以通过 48 000 多路电话，比同轴电缆的容量大几千倍。此外，光纤通信还有质量小、占用空间小、抗电磁干扰、串话少、保密性强等优点。目前大西洋、太平洋海底均已实现了光纤通信。我国的光纤通信事业也正在迅猛发展。低损耗的光学纤维是光纤通信的关键材料，当代的光纤多以石英玻璃为基础，由于熔融石英玻璃的红外透过极限约为 2 μm，为了进一步降低损耗，新一代的光纤改为以氟化物玻璃为基础，有可能实现低损耗，从而实现长距离的信号传输而不需要中间放大。

光纤按其材料成分可分为石英类、多组分玻璃类及有机高分子塑料光纤，具体的成分见表 8-5。光纤制备要求非常高，如石英光纤制备要求杂质的含量非常低，尤其是金属离子和羟基离子的存在会引起传输衰耗大幅度上升，一般金属离子的浓度应为 10^{-9}（质量分数，下同）数量级，羟基离子浓度一般为 $10^{-7}\sim10^{-4}$；对光纤的尺寸和形状要求也非常严格，纤芯直径的波动会产生大的传输衰耗甚至不能使用，形状对称性的改变会严重影响光纤之间的连接；化学组成要均匀固定，其微小变化会影响纤芯的折射率，增加传输衰耗。

表 8-5　光纤的种类和材料

光纤种类	材料成分	所用原料
石英光纤	芯线：SiO_2、GeO_2、P_2O_5 包层：SiO_2、B_2O_3	$SiCl_4$、$GeCl_4$、$POCl_3$ $SiCl_4$、BCl_3、BBr_3
多组分光纤	芯线：SiO_2、Na_2O、CaO、GeO_2 包层：SiO_2、Na_2O、CaO、B_2O_5	$SiCl_4$、$NaNO_3$、$Ca(NO_3)_2$、$Ge(C_4H_9O)_4$ $SiCl_4$、$NaNO_3$、$Ca(NO_3)_2$、BCl_3
石英芯线、塑料包层光纤	芯线：SiO_2 包层：有机硅	$SiCl_4$ 二甲基二氯硅烷
塑料光纤	芯线：PMMA 包层：氯化 MAP	聚甲基丙烯酸甲酯 氟化甲酯

8.1.4　记录材料

1898 年丹麦人波尔逊发明的磁性录音机开创了磁记录信息存储材料的先河。这种材料价格较便宜，使用寿命较长，直到今天仍然占据磁记录材料的主要市场。利用磁特性和磁效应输入（写入）、记录、存储和输出（读出）声音、图像、数字等信息的磁性材料分为磁记录介质材料和磁头材料。前者主要完成信息的记录和存储功能，后者主要完成信息的写入和读出功能。

磁记录材料的记录原理如下：在记录信息过程中，输入的信息先转变为相应的电信号输送到磁头线圈中，使记录磁头中产生与输入电信号相应的变化磁场；此时紧靠记录磁头并以恒定速度移动的磁带上的磁记录介质受到变化磁场的作用，从原来的退磁状态转变为磁化状态，即将按时间变化的磁场转变为按空间变化的磁化强度分布；磁带通过磁头后转变到相应的剩磁状态，从而记录与气隙磁场、磁头电流和输入信号相应的信息。当需要输出信息时，正好与上述记录过程相反。

磁记录材料按形态可分为颗粒状材料和连续薄膜材料，按性质又可分为金属材料和非金属材料。广泛使用的磁记录介质是 γ-Fe_2O_3 系材料，此外还有 CrO_2 系、Fe-Co 系和 Co-Cr 系材料等。磁头材料主要有 Mn-Zn 系和 Ni-Zn 系铁氧体、Fe-Al 系、Ni-Fe-Nb 系及 Fe-Al-Si 系合金材料等。新的磁记录材料正朝着两个方向发展：一是提高记录密度，就是在单位面积上记录更多的信息；二是提高信噪比，即使信号具有一定强度，而同时引入的噪声尽可能低。经过几十年的发展，磁记录材料已经发展到连续薄膜磁记录材料，大大提高了存储量。

20 世纪 80 年代初出现的数字化光盘存储技术开辟了光存储发展的新道路，即磁光记录。与磁记录不同的是，磁光记录传感元件是光头而不是磁头。磁光盘的介质主要是稀土-过渡金属，如 Tb-Fe-Co、Gd-Tb-Fe、Nd-Fe-Co，最新的是 Pb/Co 多层调制膜或 Bi 石榴石薄膜。磁光盘的特点在于可重写，可交换介质。光盘存储是通过调制激光束以光点的形式把信息编码记录在光学圆盘镀膜介质中。由于光盘读写时与记录介质无接触，因此噪声远比磁盘低得多，使用寿命也更长，可保存 10 年以上。它还具有保真度高、既可录放又可擦写等优点。

8.2 储能材料

全球范围内能源消耗持续增长，80%的能源来自化石燃料，从长远来看，需要没有污染和可持续发展的新型能源代替所有化石燃料。未来的清洁能源包括氢能、太阳能、风能、核聚变能等。解决能源问题的关键是能源材料的突破，无论是提高燃烧效率以减少资源消耗，还是开发新能源及利用再生能源，都与材料有极为密切的关系。

与能源相关的材料就用途而言有以下几类：①用于提高传统能源利用效率所需的材料，如工程陶瓷、新型通道材料等，现在这类材料集中在发展超临界蒸汽发电机组和整体煤气化联合循环技术，这些技术对材料的要求都十分苛刻；②用于氢能生产、储存和利用所需的燃料电池材料；③用于镍氢电池、锂离子电池以及高性能聚合物电池等绿色二次电池的新型材料；④用于太阳能电池和薄膜电池的多晶硅、非晶硅等材料；⑤用于新型核电反应堆的核能材料。当前的研究热点和技术前沿包括高能储氢材料、聚合物电池材料、中温固体氧化物燃料电池电解质材料、多晶薄膜太阳能电池材料等。本节只介绍两类储能材料。

8.2.1 储氢合金

氢是一种热值很高且对自然环境无污染的燃料。它可以通过电解水的方法产生，是一种取之不尽、用之不竭的二次能源。专家认为，不久的将来，氢将成为一种主要的能源燃料。可是，如果没有一种方便储存氢气的办法，氢就不可能作为普通的常规能源得到广泛应用。目前使用的储氢办法是采用高压钢瓶装压缩气态氢或用一种特制瓶装液态氢。但是这两种方法都存在耗能高、容器笨重不便、不安全等缺点，因而其应用受到限制。20 世纪 60 年代中期，先后发现 $LaNi_5$ 和 FeTi 等金属间化合物的可逆储氢作用，储氢合金及其应用的研究得以迅速发展。储氢合金是一种能储存氢气的合金，它所储存的氢的密度大于液态氢，因而被称为“氢海绵”。储氢合金释放氢时所需的能量也不高，并且工作压力低，操作简便、安全，因此是最有前途的储氢介质。

储氢合金的储氢原理是合金可逆地与氢形成金属氢化物，或者说是氢与合金形成了化合物，即气态氢分子被分解成氢原子而进入金属之中。

$$M+\frac{x}{2}H_2 \rightleftharpoons MH_x$$

这个过程不仅不需要消耗能量，反而能放出热量。目前研究较多和已投入使用的储氢材料主要有镁系合金（如 MgH_2、Mg_2Ni 等）、稀土系合金（如 $LaNi_5$ 等）、钛系合金（如 TiFe、TiNi 等）及锆系合金（如 ZrV_2、$ZrCr_2$ 等）。由于氢本身会使材料发生氢损伤、氢腐蚀、氢脆等变质，而且储氢合金在反复吸收和释放氢的过程中会不断膨胀和收缩而破坏合金，因此良好的储氢合金必须具有抵抗上述各种破坏作用的能力。

正在研究和发展中的储氢合金通常是把吸热型的金属（如铁、铜、铬、钼等）与放热型的金属（如钛、锆、镧、铈、钽等）组合起来，制成适当的金属间化合物，使其具备储氢的功能。吸热型金属是指在一定的氢压下，随着温度的升高，氢的溶解度增加；反之为放热型金属。效果较好的储氢材料主要是以镁型、钙型、稀土型及钛型等金属为基础的储氢合金。与高压氢气钢瓶相比，用钛锰储氢合金储氢具有质量小、体积小的优点。在储氢量相同时，其质量和体积分别为钢瓶的 70% 和 25%。这种储氢合金不仅具有只选择吸收氢和捕获不纯杂质的功能，而且还可以使释放出的氢的纯度大大提高，因此，它又是制备高纯度氢的净化材料。这类储氢合金可采用高频感应炉熔炼和铸造，并经高温氢气处理制得。其特点是相对密度小，储氢量大，价格低廉。在 20 ℃时，1 g 合金可吸收 225 mL 氢，或释放 185 mL 氢，即 1 mL 合金能储藏 1125 mL氢。利用储氢合金在加热时快速释放的氢压作为机械能，可以制成压缩器。荷兰专家采用镧镍合金，制成了一种在 15～160 ℃温度下具有4～5 atm 的无噪声静止压缩器。日本也将储氢合金应用于加压型的海水淡化过程。

美国和日本还采用储氢合金制成太阳能和废热利用的冷暖房及储热系统，其原理是利用储氢合金在吸氢时的放热反应和释放氢时的吸热反应，主要方式是采用释放氢的压力不同的两种储氢合金制成加热泵。此外，储氢合金还可以在核反应堆中作为分离重氢的材料。由此可见，作为一种新型的能源材料，储氢合金具备许多独特的功能，有广泛的用途。

8.2.2 储热材料

储热材料的一般定义是把热能以潜热、显热、化学能的形式暂时储存起来，根据需要又可以方便地将这些形式的能量转变为原来的热能释放出来加以利用的材料。对这种功能材料的基本要求是：单位质量储热材料储存的热量尽可能多，而且存储和取出方便，热损失少。

目前，利用物质液-固相的相变潜热进行储热和取热是最有声望的储热技术。无机储热材料是这种技术中的佼佼者，是利用无机盐的相变热实现存取热量的配方性材料。根据温度要求，选择主要相变成分，再添加其他必要的辅助成分，形成品种繁多、选择面广的储热材料体系。

随着化石能源的日趋紧张，探索储热材料的新用途已为国内外瞩目。采用储热材料的温控系统具有以下优点：①装置简单，不需要整套的供输热管线和设备，占地面积小；②使用方便，装置灵活，不需管理和维修；③节约能源，可利用太阳能和工厂废热；④价格便宜，可以作为民用取暖的辅助装置安装在有暖气的房间内，当通暖气时，它会把热（或多余热量）储存起来，而当供暖系统发生故障或停止供暖时，它会放出热量，使房间内依然温暖如春。

目前，已经报道的无机盐储热材料有 10 余种，主要是钠盐、钡盐和钙盐。储热材料的相变温度可以通过调整配方来改变。例如，十水硫酸钠、十水碳酸钠与第三种物质（含氯化钠或氯化钾的混合物）组成的储热材料，当 Na_2SO_4 与 Na_2CO_3 的物质的量之比为 5.3～3.5 时，第三种物质的摩尔分数为 0.15～0.25，则此组成的储热材料的相变温度是 21～22 ℃，而不是纯十水碳酸钠的 33 ℃，此配方的储热材料特别适合温室种植和花房栽培。

8.3 仿生材料

仿生材料是与生命系统结合，用以诊断、治疗或替换机体组织、器官或增进其功能的材料。它涉及材料、医学、物理、生物化学及现代高新技术等诸多学科领域，已成为 21 世纪主要支柱产业之一。

现在几乎所有类型的材料在医学治疗中都已得到应用，主要包括金属和合金、陶瓷、高分子材料、复合材料和生物质材料。高分子生物材料是生物医用材料中最活跃的领域；金属生物材料仍是临床应用最广泛的承力植入材料，医用钛及其合金，以及 Ni-Ti 形状记忆合金的研究与开发是一个热点；无机生物材料近年来越来越受到重视。

8.3.1 生物医用金属材料

1. 镁及镁合金

地壳中镁的储量约为 2.77% ，在金属元素中仅次于铝和铁，居第三位。海水中也含有丰富的镁，含量约为 0.13%，且相对较易提取。镁属于轻金属，在现有的工程用金属中密度最小，仅为 1.74 g/cm^3，并且与人骨的密质骨密度（1.80 g/cm^3）极为接近。其导热率好，无磁性，对 CT（computed tomography，电子计算机 X 射线断层扫描技术）或磁共振图像干扰小。镁及镁合金的机械性能比其他常用金属材料更接近天然骨，如用作植入材料，其适中的弹性模量能够有效缓解应力遮挡效应，对骨折愈合、种植体的稳定具有重要作用。目前镁及镁合金主要用作骨折固定材料、矫形材料、牙种植材料、口腔修复材料等。

2. 钛基合金

钛基合金的生物相容性更好，密度轻，接近人体骨组织，弹性模量较低，耐蚀性能良好。最常用的钛合金为钛-6 铝-4 钒（Ti-6Al-4V），用于制造人工关节、接骨钢板、螺钉等创伤内固定产品，也可用于制造脊椎矫形钉棒。钛基合金的缺点是硬度较低，抗剪切性和耐磨损性较差，易被磨损破坏氧化层。新的制造技术克服了钛基合金的这些缺点，氮离子植入技术使其表面硬度和光洁度增加，抗磨损性和表面强度大大提高。采用等离子喷涂和烧结法在钛合金表面上涂多孔纯钛或Ti-6Al-4V合金涂层，有利于新骨组织长入，形成机械性结合。近年来又发展了多种钛制品表面改进技术，如通过等离子喷涂羟基磷灰石使钛制品表面具有生物活性。

3. 形状记忆合金

镍钛记忆合金由于具有优异的形状记忆效应和弹性性能、良好的力学性能、生物相容性和耐蚀性，近年来被广泛应用于临床。常见的记忆合金有聚髌器、多臂环抱接骨器和骨卡环等。

8.3.2 生物医用高分子材料

医用材料是生物医学的分支之一，是由生物、医学、化学和材料等学科交叉形成的边缘学科。而医用高分子材料则是生物医用材料的重要组成部分，主要用于人工器官、外科修复、理疗康复、诊断检查、患疾治疗等医疗领域。早在公元前3500年，埃及人就用棉花纤维、马鬃缝合伤口；在公元前500年的中国和埃及墓葬中就发现了假牙、假鼻、假耳等；古代的墨西哥印第安人会用木片修补受伤的颅骨。进入20世纪，高分子科学迅速发展，新的合成高分子材料不断出现，为医学领域提供了更多的选择余地。例如，1936年发明的有机玻璃很快就用于制作假牙和补牙，至今仍在使用；1943年，赛璐珞薄膜开始用于血液透析。1949年，美国科学家首先发表了医用高分子的展望性论文，第一次介绍了利用聚甲基丙烯酸甲酯(PMMA)作为人的头盖骨、关节和股骨，利用聚酰胺纤维作为手术缝合线的临床应用情况。20世纪50年代，有机硅聚合物被用于医学领域，使人工器官的应用范围大大扩大，包括器官替代和整容等许多方面。此后，一大批人工器官在20世纪50年代试用于临床，如人工尿道(1950年)、人工血管(1951年)、人工食道(1951年)、人工心脏瓣膜(1952年)、人工心肺(1953年)、人工关节(1954年)、人工肝(1958年)等。20世纪60年代，医用高分子材料开始进入一个崭新的发展时期。常用的医用高分子材料见表8-6。

表 8-6 常用的医用高分子材料

材料名称	用途
有机硅橡胶、聚氨酯橡胶	人造心脏
聚氨酯橡胶、聚对苯二甲酸乙二醇酯	人造血管
有机硅橡胶、聚乙烯	人造气管
醋酸纤维素、聚酯纤维	人造肾
有机硅橡胶、聚乙烯	人造鼻
聚四氟乙烯、聚碳酸酯、聚丙烯	人造肺
聚甲基丙烯酸甲酯、酚醛树脂	人造骨
有机硅橡胶、涤纶织物	人造肌肉
有机硅橡胶、聚多肽	人造皮肤
有机硅橡胶、聚甲基丙烯酸酯	牙科材料
聚甲基丙烯酸-β-羟基乙酯、有机硅橡胶	隐形眼镜
聚对苯二甲酸乙二醇酯	外科缝线

1. 聚甲基丙烯酸甲酯

聚甲基丙烯酸甲酯即通常所指的普通骨水泥，结构式见图 8-4。常用于人工关节置换术中填充骨和假体之间的缝隙。PMMA 分为液相的单体和固相的聚合体两种成分，使用时将两者按一定的比例混合，可使人工假体机械嵌插负重面积增加，负重能力增强。在局部，骨水泥聚合时放出大量的聚合热，引起骨-骨水泥界面的蛋白质凝固和组织坏死，单体具有细胞毒性作用而影响心血管功能。PMMA 抗张力和抗剪切力差，因而，在填充骨水泥之前要彻底清理髓腔，完全去除异物，减少和控制出血，以增加其强度。

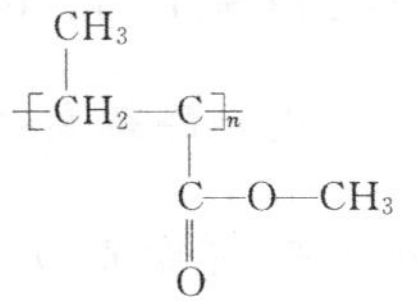

图 8-4 PMMA 的结构式

目前 PMMA 仍是临床上唯一的椎体成形材料，可用于治疗椎体血管瘤、转移瘤、骨髓瘤和骨质增生性椎体压缩性骨折等。

2. 超高分子量聚乙烯

超高分子量聚乙烯(UHMWPE)的摩擦系数低，为 0.03～0.06，抗冲击性强，耐磨性强，年磨损率为 0.1～0.2 mm。基于此，传统的金属-UHMWPE被广泛应用于人工髋关节领域。但 UHMWPE 材料磨损产生的聚乙烯(PE)碎屑激发了由多种细胞介导、众多细胞因子参与的生物反应，最终会造成假体周围的骨溶解，由此导致的人工关节松动是当前骨科领域最具挑战性的问题。PE 的磨损从根本上说是一种材料学上的缺陷，并不能以假体设计改进、手术技术提高等而完全弥补。因此真正的解决之道在于寻找新的关节配体材料。

Harris 等的研究证明，采用电离辐射或 γ 射线辐射，剂量达到 50 kGy时就能增加 PE 的交联度、提高 PE 的抗磨损性能，而理想的高交联度需 95～100 kGy 剂量的辐射来达到。高交联 UHMWPE 是通过侧向共价键的形成，使 PE 分子排列更加多向，降低了材料的延展性，从而极大地减少了磨损碎屑的形成。体外研究表明，与传统的 UHMWPE 相比，高交联 PE 的磨损碎屑减少了 80%～90%。此外，由于第三方颗粒（如金属碎屑、骨碎屑、骨水泥碎屑等）的存在，PE 表面也会产生研磨性磨损。在临床实际中，其中第三方颗粒还可能导致人工球头的磨损，反过来加速 PE 研磨性磨损的进程。体外实验证明，无论这样的第三方颗粒是坚硬的氧化铝陶瓷碎屑还是稍软的丙烯酸骨水泥碎屑，其对高交联 PE 的磨损都明显小于传统的 UHMWPE。目前，高交联 UHMWPE 已作为最有希望减少 PE 磨损及其后续骨溶解的措施，获得了临床的广泛应用。

然而，现代高交联 UHMWPE 的临床应用毕竟时间尚短，缺乏长期的随访研究报告，高交联的工艺也有待进一步的提高和标准化，从而使产品的机械性能和抗磨损力更趋稳定和统一。

3. 可生物降解高分子材料

可生物降解高分子材料是一类生物相容性好，在生物体内经水解和酶解逐渐降解为低相对分子质量化合物或单体的材料，降解产物被排出体外或参加体内正常新陈代谢而消失。常用作骨科材料的可降解吸收高分子材料主要有聚乳酸、甲壳素等，而抗生素-聚酸酐缓释剂也已得到了深入的研究。

（1）聚乳酸（PLA）。聚乳酸属于聚酯类材料，不仅具有良好的生物相容性，还具有适宜的生物降解特性、优良的力学性能和可加工性，在实验及临床应用中表现出良好的骨修复作用。由 PLA 制作的螺钉、髓内棒、针、膜已商业化。但也存在一些不足，如强度不足、热稳定性差、降解后的酸性产物不利于骨细胞生长等。

（2）甲壳素。甲壳素为白色无定形固体，属氨基多糖高分子材料，常与蛋白质以共价键结合存在，具有生物相容性好、无毒、无刺激、可降解等优点。由于甲壳素分子内、分子间有强的氢键连接，使其呈紧密的晶态结构,不溶于普通溶剂,所以加工困难,限制了临床应用。甲壳素可制成骨缺损支架材料。单纯将甲壳素及其衍生物作为骨科材料用于临床的研究不多见,但常与其他材料复合用作骨科材料。通过对甲壳素进行分子设计,采用组织工程方法进行关节软骨修复和重建,已成为甲壳素研究开发计划的一个新目标。

(3) 聚酸酐。聚酸酐是20世纪80年代初美国麻省理工学院Langer等发现的一类新型可生物降解的合成高分子材料。由于其优良的生物相容性和表面溶蚀性,降解速度可调及易加工等优异性能,很快在医学前沿领域得到应用,现已广泛用于化疗剂、抗生素药物、多肽和蛋白制剂(如胰岛素、生长因子)、多糖(如肝素)等药物的控释研究。目前,最值得关注的是卡莫司汀(BCNU)等化疗剂与P(CPP-SA)等聚酸酐组成的局部控释制剂,可用于实体瘤癌症的术后辅助化疗,这已成为聚酸酐应用研究的热点。庆大霉素等抗生素与聚酸酐组成的缓释给药系统应用于骨髓炎的治疗也已取得初步成功。对于聚酸酐释药模型,剂型工艺和质量标准的研究将是未来的重点之一。

8.3.3 生物陶瓷

陶瓷的抗磨损和抗压性能强,但质脆易碎裂。陶瓷的硬度高,表面可打磨得非常光滑,适合作承重表面。骨科常用的陶瓷材料为羟基磷灰石和磷酸钙。当前的研究主要集中在具有良好力学性能且能促进组织生长的生物活性材料。

1. 羟基磷灰石

羟基磷灰石(HA)的分子式为$Ca_{10}(PO_4)_6(OH)_2$,其化学成分、晶体结构与人体骨骼中的无机盐十分相似,在体内不存在免疫和干扰免疫系统的问题。该材料本身无毒副作用,耐腐蚀强度高,表面带有极性,能与细胞膜表层的多糖和糖蛋白等通过氢键结合,并有高度的生物相容性。合成的HA通常作为多孔植入物和金属植入物的涂层,从而达到生物活性固定。

2. 磷酸钙

磷酸钙是近年来出现的一种新型的骨修复生物材料,具有良好的生物相容性和可降解性。更有意义的是其可根据骨缺损部位的形状任意塑型,与人骨紧密结合,作为植入材料可引导新骨的生长。缺陷是脆性大、力学强度较低、降解和骨替代的速度太慢，使其临床应用受到了限制。目前主要集中在磷酸钙基复合材料应用于骨组织工程的研究和发展。

8.3.4 生物医用复合材料

生物医用复合材料是由两种或两种以上不同材料复合而成的生物医用材料，可根据应用需求进行设计，由基体材料与增强材料或功能材料相互搭配或组合，形成大量具备综合性能优势的生物医用复合材料。目前，羟基磷灰石基复合材料和纳米材料是研究应用最为广泛的材料。常用的 α-TCP/HA 复合材料既有 HA 的优点，又可以通过复合比例控制降解速度，在骨科临床上已应用于股骨骨折的内固定增强和桡骨远端骨折内固定等。但这类材料缺乏骨诱导性，脆性较大，抗拉、抗扭和抗剪切性能差，仍然需要进一步改进。近年来有人通过水热合成法制备了羟基磷灰石纳米粒子，在尺寸、组成和结构上都与人骨中的磷灰石微晶相似。采用 DNA 和羟基磷灰石的原位组装获得了具有特定纳米结构的 DNA 纳米复合物，实现了界面介导的高基因转染纳米涂层，为骨和相关组织的再生修复提供了良好手段。纳米 HA 复合材料作为一种极具发展潜力的硬组织修复材料已经完成了相关动物实验，显示出巨大的应用前景。

目前，国际生物医用材料研究和发展的主要方向一是模拟人体硬软组织、器官和血液等的组成、结构和功能而开展的仿生或功能性设计与制备，二是赋予材料优异的生物相容性、生物活性或生命活性。就具体材料来说，主要包括药物控制释放材料、组织工程材料、仿生材料、纳米生物材料、生物活性材料、介入诊断和治疗材料、可降解和吸收生物材料、新型人造器官、人造血液等。

8.4 纳米材料与技术

1984 年，德国科学家格莱特将一些极其细微的金属粉末压制成一个小金属块，然后对此金属块的结构和性能进行了研究，发现此金属具有很多特异的性能和奇特的内部结构。一般的物体是以晶体的有序排列为物质的主体，其中的缺陷、杂质是次要的。而格莱特制成的这种物体却是一种把缺陷作为主体的特殊物质，正是这种特殊的物质结构构成了纳米材料。

纳米技术就是以纳米为尺度的科学和技术，通俗地说就是由尺寸只有几个纳米级别的微小颗粒组成的材料。1 nm 等于 10^{-9} m，用肉眼无法看到，但是由纳米颗粒组成的材料却具有许多特异性能，故纳米材料又被称为“21 世纪新材料”。

8.4.1 纳米材料的特性

（1）力学特性。纳米晶粒的金属比传统金属“硬”，如纳米铜块状材料的硬度比常规的金属材料提高 50 倍；用纳米颗粒压制成的纳米陶瓷材料也有很好的韧性。

（2）热学特性。纳米材料比普通材料熔点低，开始烧结的温度和晶化温度均比常规粉体低得多，如银的常规熔点为 670 ℃，而纳米银颗粒的熔点可低于 100 ℃。

（3）电学特性。纳米级别材料的电阻、电阻温度系数较普通材料发生变化。例如，银是良导体，10～15 nm 的银颗粒的电阻会突然升高，失去金属的特性而成为绝缘体。

（4）光学特性。当有色泽的各种金属成为纳米金属时，几乎都会变成黑色，对可见光反射率极低而呈现强吸收性；以纳米微粒为材料还可以降低光导纤维的传输损耗。

（5）磁学特性。纳米颗粒有巨磁电阻特性、超顺磁性、高的矫顽力、单磁畴结构等特性，用这样的材料制作的磁记录材料可以提高信噪比，改善图像质量等。

（6）化学特性。随着微粒尺寸的减小，纳米材料比表面积大大增加，会出现许多活动中心，表面台阶和粗糙度增加，表面出现非化学平衡、非整数配位的化学价。

（7）吸附和团聚。纳米微粒的比表面积大，使得纳米微粒有较高的吸附性，因而超细微粒很容易发生团聚以减小体系总表面能达到稳定状态。

8.4.2 纳米材料的应用领域

纳米材料主要包括纳米聚合物基复合材料、纳米碳管功能复合材料、纳米钨铜复合材料等。正是由于纳米复合材料具备了优良的综合性能，因而被广泛应用于医学、航空航天、国防、交通和体育等领域。

1. 医学领域

生命科学的巨大进步明显改善了人们的生活质量，延长了人类的平均寿命，也成为推动经济发展的重要支撑点。纳米技术在医学上的应用包括影像诊断、纳米人工组织器官和生物相容性材料、药物和基因输送系统等重要领域。在影像诊断方面，纳米氧化铁作为造影剂注射到血液后，在正常肝脏和脾脏内会被网状内皮细胞吸收。如果这些器官的细胞发生癌变，由于所含网状内皮细胞大量减少，只能吸收少量氧化铁，从而在核磁共振的影像上显示出差别，由此能够很好地区分正常组织和恶性肿瘤组织，这对肝癌的早期诊断极为重要。

纳米材料用于药物载体可以治疗癌症，还可以作为疫苗辅剂。纳米颗粒作为药物载体有其独特的优点，纳米颗粒可作为靶向制剂，使药物富集定位于病变组织、器官、细胞或细胞内结构的新型给药系统，被认为是抗癌药的适宜剂型。将磁性纳米颗粒（如 Fe_3O_4）与药物结合后注入人体，在外磁场作用下，定向移动于病变部位，从而达到定向治疗的目的。

纳米药物载体还可以控制性地释放药物，即把药物粉末或溶液包埋在直径为纳米级的微粒中，使药物在预定的时间内自动按某一速度从纳米微粒中恒速释放于靶器官，并使药物较长时间维持在有效浓度。

2. 包装领域

纳米技术的神奇功能与特性使得其在包装领域中也有着非常广阔的应用。利用纳米技术可消除静电的特殊功能，将其涂覆在包装和印刷材料表面，以消除在高速全自动包装机和印刷机上输送包装和印刷材料时所产生的静电，从而大大提高包装和印刷速度；在包装材料中加入纳米微粒还可以除异味、杀菌消毒；选择适宜纳米微粒生产高级印刷油墨，从而为生产高档印刷油墨创造了条件；将纳米微粒加入陶瓷或玻璃中，使陶瓷或玻璃材料富有韧性，为陶瓷包装和玻璃包装产业带来了新的希望。

利用纳米微粒的敏感性，可以制出具有气敏性或湿敏性的防伪包装材料。一般金属微粒是黑色的，具有吸收红外线、表面积大、表面活性高和对周围环境敏感等特点。因此，把具有这些特性的纳米微粒加入包装材料中，人们在选择商品时便可通过热度、光线或湿度加以鉴别，从而达到防伪目的；纳米微粒对紫外线也有吸收能力，塑料包装制品在紫外线照射下很容易老化变脆，如果在塑料包装材料表面涂上一层含有纳米微粒的透明涂层，这种涂层会产生很强的紫外线吸收性能，这样就可以防止塑料包装的老化，大大增加塑料包装的用途和寿命。

目前我国各类饮料及食品包装用的金属罐一直存在韧性差、延展性差、加工易产生裂纹等技术问题，使得很多金属包装容器所用原材料需要进口。如果采用纳米技术，在制罐金属材料中加入纳米微粒，可使其韧性和延展性大大提高，使包装容器的成形加工工艺简化，并提高可靠性和成品率。

3. 涂料领域

纳米技术因其独特的物理和化学性质，在化工领域得到了广泛的应用，特别是在涂料工业中的应用。据统计，发达国家的涂料工业产值占化学工业年产值的10%。这不仅是因为涂料工业投资小、见效快、经济效益高，更重要的是涂料在发展现代工业方面起着非常重要的辅助作用。借助于传统的涂层技术并添加纳米技术，可获得纳米复合体系涂层，从而实现功能的飞跃。例如，将纳米技术用于涂料中所得到的一类具有抗辐射、耐老化、具有某些特殊功能的涂料就是纳米复合涂料。

4. 汽车领域

汽车技术的发展有赖于材料技术的发展，纳米技术的应用为材料技术的发展提供了新的思路。根据纳米材料的结构特点，把不同材料在纳米尺度下进行合成与组合，就可以形成各种纳米复合材料。例如，纳米功能塑料优异的物理性能包括强度高、耐热性强、相对密度小。同时，纳米塑料还可以显示出良好的透明度和较高的光泽度，这样的纳米塑料在汽车上将有广泛的用途。随着汽车应用塑料数量越来越多，纳米塑料很可能普遍应用于汽车。这些纳米功能塑料最引起汽车业内人士注意的有阻燃塑料、增强塑料、抗紫外线老化塑料、抗菌塑料。目前的研究还表明，用纳米技术制造的乳化剂，以一定比例加入汽油后，可使小汽车降低10%左右的耗油量。显然，纳米科学在不久的将来必定会在汽车的制造领域得到更加广泛的应用。

纳米材料与科技的研究开发大部分处于基础研究阶段，如纳米电子与器件、纳米生物等高风险领域还没有形成大规模的产业。但纳米材料及技术在电子信息产业、生物医药产业、能源产业、环境保护等方面对相关材料的制备和应用都将产生革命性的影响。

8.5 超导材料与技术

超导材料是指在一定的低温条件下呈现出电阻等于零以及排斥磁力线性质的材料。自 1911 年荷兰物理学家昂尼斯发现汞在 4.2 K 附近的超导电性以来，人们发现的超导材料几乎遍布整个元素周期表，从轻元素硼、锂到过渡重金属铀系列等。超导材料的最初研究多集中在单质、合金、过渡金属碳化物和氮化物等方面。至 1973 年，发现了一系列 A_{15} 型超导体和三元系超导体，如 Nb_3Sn、V_3Ga、Nb_3Ge，其中 Nb_3Ge 超导体的临界转变温度（T_c）值达到 23.2 K。以上超导材料要用液氦作制冷剂才能呈现超导态，因而在应用上受到很大限制。

1986 年，德国科学家柏诺兹和瑞士科学家穆勒发现了新的金属氧化物超导材料钡镧铜氧化物（La_2BaCuO），其 T_c 为 35 K，第一次实现了液氮温区的高温超导。铜酸盐高温超导体的发现是超导材料研究的一次重大突破，指明了混合金属氧化物超导体的研究方向。1987 年初，中、美科学家各自发现临界转变温度大于 90 K 的 YBaCuO 超导体，已高于液氮温度（77K），高温超导材料研究获得重大进展。法国人米切尔发现了第三类高温超导体 BiSrCuO，后来又有人将 Ca 掺入其中，得到 BiSrCaCuO 超导体，首次使氧化物超导体的零电阻温度突破 100 K 大关。1988 年，美国人荷曼和盛正直等发现了 T_1 系高温超导体，将临界转变温度提高到当时公认的最高纪录 125 K。瑞士人希林等发现在 HgBaCaCuO 超导体中，临界转变温度大约为 133 K，高温超导临界转变温度取得新的突破，超导体物理学家朱经武等用加压的方法在这类超导体的 Hg1223 相中观察到 $T_c>150$ K 的超导电性。甚至还有人报道了具有更高临界转变温度的超导体，表明这类氧化物超导体的临界转变温度在不断提高。

铜酸盐高温超导体的发现促进了一系列新型奇异超导体的发现。具有双能带超导性的二硼化镁（MgB_2），其 T_c 为 40 K。掺杂 C_{60} 化合物超导体的发现是超导领域的又一重大成果，人们发现 C_{60} 与碱金属作用能形成 A_xC_{60}（A 代表钾、铷、铯等），大多数 A_xC_{60} 超导体的临界转变温度比金属合金超导体高。金属氧化物超导体是无机超导体，具有层状结构，属二维超导；而 A_xC_{60} 则为有机超导体，具有球状结构，属三维超导。因此 A_xC_{60} 这类超导体是很有发展前途的超导材料。

8.6 军用新材料

军用新材料是新一代武器装备的物质基础，也是当今世界军事领域的关键技术。通俗地说，军用新材料技术就是用于军事领域的新材料技术，是现代精良武器装备的关键，是军用高技术的重要组成部分。世界各国对军用新材料技术的发展高度重视，加速发展军用新材料技术是保持军事领先的重要前提。

军用新材料按其用途可分为结构材料和功能材料两大类，主要用于航空航天工业、兵器工业和船舰工业。

8.6.1 军用结构材料

1. 铝合金

铝合金一直是军事工业中应用最广泛的金属结构材料，具有低密度、高强度、易加工等特点。作为结构材料，因其加工性能优良，可制成各种截面的型材、管材、高筋板材等，充分发挥材料的潜力，提高构件刚度和强度。所以，铝合金是武器轻量化首选的轻质结构材料。在军事工业中应用的铝合金主要有铝锂合金、铝铜合金(2000 系列)和铝锌镁合金(7000 系列)。

在航空工业中，铝合金主要用于制造飞机的蒙皮、隔框、长梁和珩条等；在航天工业中，铝合金是运载火箭和宇宙飞行器结构件的重要材料；在兵器领域，铝合金已成功地用于步兵战车和装甲运输车，最近研制的榴弹炮炮架也大量采用了新型铝合金材料。

新型铝锂合金应用于航空工业，预测飞机质量将下降 8%～15%；铝锂合金同样也将成为航天飞行器和薄壁导弹壳体的候选结构材料。尽管近年来，铝合金在航空航天业中的用量有所减少，但它仍是军事工业中主要的结构材料之一。随着航空航天业的迅速发展，铝锂合金的研究重点仍然是解决厚度方向的韧性差和成本高的问题。铝合金总的发展趋势是追求高纯、高强、高韧和耐高温的相关材料。

2. 钛合金

钛合金是一种理想的轻质结构材料，具有抗拉强度（441～1470 MPa）较高、密度（4.5 g/cm^3）较低、抗腐蚀性能优良的特性，而且在300～550 ℃的温度下有一定的高温持久强度和很好的低温冲击韧性。钛合金还具有超塑性的功能特点，采用超塑成型-扩散连接技术，可以以很少的能量消耗和材料消耗将合金制成形状复杂、尺寸精密的制品。

钛合金在航空工业中主要用于制作飞机的机身结构件、起落架、支撑梁、发动机压气机盘、叶片和接头等；在航天工业中，钛合金主要用于制作承力构件、框架、气瓶、压力容器、涡轮泵壳、固体火箭发动机壳体及喷管等零部件。20世纪50年代初，一些军用飞机开始使用工业纯钛制造后机身的隔热板、机尾罩、减速板等构件；60年代，钛合金在飞机结构上的应用扩大到襟翼滑轧、承力隔框、起落架梁等主要受力结构；70年代以来，钛合金在军用飞机和发动机中的用量迅速增加，从战斗机扩大到军用大型轰炸机和运输机，在F-14和F-15飞机上的用量占结构质量的25%，在F100和TF39发动机上的用量分别达到25%和33%；现有的航空航天用钛合金中，应用最广泛的是多用途的Ti-6Al-4V合金。近年来研究出两种新型钛合金，分别是高强、高韧、可焊、成型性良好的钛合金和高温、高强、阻燃钛合金，这两种先进钛合金在未来的航空航天业中具有良好的应用前景。

随着现代战争的发展，陆军部队需要威力大、射程远、精度高、有快速反应能力的多功能的先进加榴炮系统。先进加榴炮系统的关键技术之一是新材料技术。自行火炮炮塔、构件、轻金属装甲车用材料的轻量化是武器发展的必然趋势。在保证动态与防护的前提下，钛合金在陆军武器上有广泛的应用。155火炮制退器采用钛合金后不仅可以减轻质量，还可以减少火炮身管因重力引起的变形，有效地提高了射击精度；主战坦克及直升机反坦克多用途导弹上的一些形状复杂的构件可用钛合金制造，既能满足产品的性能要求，又可减少部件的加工费用。

在过去相当长的时间内，钛合金由于制造成本昂贵，应用受到了极大的限制。近年来，世界各国正在积极开发低成本的钛合金，在降低成本的同时还要提高钛合金的性能。在我国，钛合金的制造成本还比较高，随着钛合金用量的逐渐增大，寻求较低的制造成本是发展钛合金的必然趋势。

3. 树脂基复合材料

先进复合材料是比通用复合材料具有更高综合性能的新型材料，包括树脂基复合材料、金属基复合材料、陶瓷基复合材料和碳基复合材料等，在军事工业的发展中起着举足轻重的作用。先进复合材料具有比强度高、比模量高、耐烧蚀、抗侵蚀、抗核、抗粒子云、透波、吸波、隐身、抗高速撞击等一系列优点，是国防工业发展中最重要的一类工程材料。

树脂基复合材料具有比强度和比模量高，密度低，成型工艺性能、抗疲劳性能、减震性能、耐化学腐蚀性能和介电性能良好，热导率低等特点，被广泛应用于军事工业中。树脂基复合材料可分为热固性和热塑性两类，热固性树脂基复合材料是以各种热固性树脂为基体，加入各种增强纤维复合而成的一类复合材料；而热塑性树脂则是一类线型高分子化合物，可以溶解在溶剂中，也可以在加热时软化、熔融变成黏性液体，冷却后硬化成为固体。树脂基复合材料综合性能优异，制备工艺容易实现，原料丰富。在航空工业中，树脂基复合材料被用于制造飞机机翼、机身、鸭翼、平尾和发动机外涵道；在航天工业中，它不仅是制造方向舵、雷达、进气道的重要材料，而且可以制造固体火箭发动机燃烧室的绝热壳体，还可用作发动机喷管的烧蚀防热材料。近年来研制的新型氰酸树脂复合材料具有耐湿性强、微波介电性能佳、尺寸稳定性好等优点，被广泛用于制作宇航构件、飞机的主次承力构件和雷达天线罩。

4. 金属基复合材料

金属基复合材料具有比强度高、比模量高、耐高温性能良好、热膨胀系数低、尺寸稳定性良好、导电导热性优异等特点，在军事工业中得到了广泛的应用。铝、镁、钛是金属基复合材料的主要基体，而增强材料一般可分为纤维、颗粒和晶须三类，其中颗粒增强铝基复合材料已进入型号验证，如用于 F-16 战斗机作为腹鳍代替铝合金，其刚度和寿命大幅度提高。碳纤维增强铝镁基复合材料在具有高比强度的同时，还有接近于零的热膨胀系数和良好的尺寸稳定性，成功地用于制作人造卫星支架、L 频带平面天线、空间望远镜、人造卫星抛物面天线等；碳化硅颗粒增强铝基复合材料具有良好的高温性能和抗磨损的特点，可用于制作火箭、导弹构件，红外及激光制导系统构件，精密航空电子器件等；碳化硅纤维增强钛基复合材料具有良好的耐高温和抗氧化性能，是高推重比发动机的理想结构材料。在兵器工业领域，金属基复合材料可用于制作大口径尾翼稳定脱壳穿甲弹弹托、反直升机/反坦克多用途导弹固体发动机壳体等零部件，以此减轻战斗部质量，提高作战能力。

5. 陶瓷基复合材料

陶瓷材料虽然耐高温性能好，但其脆性大。改善陶瓷材料脆性的方法包括相变增韧、微裂纹增韧、弥散金属增韧和连续纤维增韧等。陶瓷基复合材料是以纤维、晶须或颗粒为增强材料，与陶瓷基体通过一定的复合工艺结合在一起组成的材料的总称。由此可见，陶瓷基复合材料是在陶瓷基体中引入第二相组元构成的多相材料，它克服了陶瓷材料固有的脆性，已成为当前材料科学研究中最为活跃的一个方面。陶瓷基复合材料具有密度低、比强度高、热机械性能和抗热震冲击性能好的特点，是未来军事工业发展的关键支撑材料之一。陶瓷基复合材料主要用于制作飞机燃气涡轮发动机喷嘴阀，在提高发动机的推重比和降低燃料消耗方面具有重要的作用。

6. 碳-碳复合材料

碳-碳复合材料是由碳纤维增强剂与碳基体组成的复合材料。碳-碳复合材料具有比强度高、抗热震性好、耐烧蚀性强、性能可设计等一系列优点。碳-碳复合材料的发展与航空航天技术提出的苛刻要求紧密相关。20 世纪 80 年代以来，碳-碳复合材料的研究进入了提高性能和扩大应用的阶段。在军事工业中，碳-碳复合材料最引人注目的应用是航天飞机的抗氧化碳-碳鼻锥帽和机翼前缘，用量最大的碳-碳产品是超音速飞机的刹车片。碳-碳复合材料在宇航方面主要用作烧蚀材料和热结构材料，具体而言，它是用作洲际导弹弹头的鼻锥帽、固体火箭喷管和航天飞机的机翼前缘。目前先进的碳-碳喷管材料密度为 1.87～1.97 g/cm^3，环向拉伸强度为 75～115 MPa。近期研制的远程洲际导弹端头帽几乎都采用了碳-碳复合材料。

随着现代航空技术的发展，飞机装载质量不断增加，飞行着陆速度不断提高，对飞机的紧急制动提出了更高的要求。碳-碳复合材料质量轻、耐高温、吸收能量大、摩擦性能好，用它制作的刹车片广泛用于高速军用飞机中。

8.6.2 军用功能材料

1. 光电功能材料

光电功能材料是指在光电子技术中使用的材料，它能将光电结合的信息传输与处理，是现代信息科技的重要组成部分。光电功能材料在军事工业中有广泛的应用。例如，碲镉汞、锑化铟是红外探测器的重要材料；硫化锌、硒化锌、砷化镓主要用于制作飞行器、导弹以及地面武器装备红外探测系统的窗口、头罩、整流罩等；氟化镁具有较高的透过率和较强的抗雨蚀、抗冲刷能力，是较好的红外透射材料。激光晶体和激光玻璃是制作高功率和高能量固体激光器的材料，典型的激光材料有红宝石晶体、掺钕钇铝石榴石、半导体激光材料等。

2. 储氢材料

储氢材料在前面已介绍过。在兵器工业中，坦克车辆使用的铅酸蓄电池因容量低、自放电率高而需经常充电，维护和搬运十分不便。同时其放电输出功率容易受电池寿命、充电状态和温度的影响，在寒冷的气候条件下，坦克车辆启动速度会显著减慢，甚至不能启动，影响坦克的作战能力。储氢合金蓄电池具有能量密度高、耐过充、抗震和抗低温性能好、寿命长等优点，在未来主战坦克蓄电池发展中具有广阔的应用前景。

3. 阻尼减震材料

阻尼是指一个自由振动的固体即使与外界完全隔离，其机械性能也会转变为热能的现象。采用高阻尼功能材料的目的是减震降噪，因此阻尼减震材料在军事工业中具有十分重要的意义。

阻尼材料及技术在武器上的应用研究工作受到了极大的关注，一些发达国家专门成立了阻尼材料在武器装备上应用的研究机构。目前金属阻尼材料的应用主要集中在船舶、航空、航天等工业。美国海军已采用 Mn-Cu 高阻尼合金制造潜艇螺旋桨，取得了明显的减震效果。20 世纪 80 年代后，阻尼减震降噪技术有了更大的发展，借助 CAD/CAM 在减震降噪技术中的应用，把设计—材料—工艺—试验一体化，进行了整体结构的阻尼减震降噪设计。我国在 20 世纪 70 年代前后进行了阻尼减震降噪材料的研究工作，并取得了一定的成果，但与发达国家相比仍有一定的差距。在航空航天工业中，阻尼材料主要用于制造火箭、导弹、喷气机等控制盘或陀螺仪的外壳；在船舶工业中，阻尼材料用于制造推进器、传动部件和舱室隔板，有效地降低了来自机械零件啮合过程中表面碰撞产生的震动和噪声；在兵器工业中，坦克传动部分（变速箱、传动箱）的震动是一个复杂震动，频率范围较宽，高性能阻尼锌铝合金和减震耐磨表面熔敷材料技术的应用大大减轻了主战坦克传动部分产生的震动和噪声。

4. 隐身材料

现代攻击武器的发展，特别是精确打击武器的出现，使武器装备的生存力受到了极大的威胁，单纯加强武器的防护能力来提高作战能力已不实际。采用隐身技术，可使敌方的探测、制导、侦察系统失去功效，从而尽可能地隐蔽自己，掌握战场的主动权。隐身技术的最有效手段是采用隐身材料。国外隐身技术与材料的研究始于第二次世界大战期间，起源于德国，在美国发展，并扩展到英、法、俄罗斯等发达国家。目前，美国在隐身技术和材料研究方面处于领先水平。在航空领域，许多国家都已成功地将隐身技术应用于飞机的隐身；在常规兵器方面，美国对坦克、导弹的隐身也已开展了不少工作，并陆续用于装备，如美国M1A1坦克上采用了雷达波和红外波隐身材料，原苏联T-80坦克也涂敷了隐身材料。

隐身材料有毫米波结构吸波材料、毫米波橡胶吸波材料和多功能吸波涂料等，不仅能够降低毫米波雷达和毫米波制导系统的发现、跟踪和命中的概率，而且有兼容可见光、近红外伪装和中远红外热迷彩的效果。

思考题

1. 举例说明合金在生产生活中的应用。
2. 说明储氢材料能储氢的化学原理。
3. 什么是纳米材料？纳米材料有哪些优点？
4. 隐身材料是利用什么化学原理？

第9章

化学与武器

自人类社会形成以来，由于部落之间资源、信仰等方面的差别，流血冲突源源不断。当这种冲突到了一定级别时，军事战争常无法避免。最初的武器是用于劳动、狩猎的简单工具，如石块、木棒、石斧等。随着社会的发展，尤其是奴隶制社会出现以后，战争变得规模更大也更残酷，专门用于战争的武器出现了：一种是利用人本身的力量，采用砍、刺、砸等方法，造成敌人物理性损伤的兵器，如刀、枪、剑等，由于这类武器发挥作用时不伴随着发光发热的剧烈化学反应，所以被称为冷兵器；另一种则是伴随着爆炸的热武器，如各种火药、炸药等。

除上述传统武器外，还有一种生物化学武器，是更大规模的杀伤性武器。与常规武器相比，它有以下特点：

(1) 杀伤范围广，扩散速度快，威力大。据统计，作战使用 5 t 神经性毒剂沙林(GB)，其杀伤范围可达 260 km^2，与一枚当量为 2000 万 t 的热核武器相当。

(2) 杀伤途径多。毒剂一般以气溶胶、液滴形式使用，可通过皮肤、呼吸道、伤口直接杀伤人畜，也可经由水、食物间接造成伤害。

(3) 作用持续时间长。杀伤作用可延续几分钟、几小时、几天，甚至更长。

(4) 种类多，可根据需要选择使用，达到不同的战略、战役企图和战术效果。例如，进攻时使用非持久性速杀毒剂，可造成敌军在数秒至数十秒内死亡、瘫痪、暂时或永久丧失战斗力；防御时可使用持久性毒剂。

(5) 只杀伤人员和生物，不破坏武器装备和军事设施。这些装备清理后仍可使用。

(6) 与研制生产核武器相比，化学武器所需的技术水平、设备及经费均大大降低，更易于大规模生产、装备。据统计，当量为 400 万 t 级的氢弹，按弹重计算，每吨生产费约为 100 万美元，而沙林毒剂弹每吨仅需 1 万美元。一些无力发展核武器的国家，为维护其本国的利益常发展化学武器。因此，化学武器被称为“穷国的原子弹”。另一方面，其作战效费比高。按每平方千米面积上造成大量杀伤的成本费计算，常规武器为 2000 美元，核武器为 800 美元，神经性毒剂化学武器仅为 600 美元。

(7) 受气象、地形条件影响较大。大风、大雨、大雪和近地层空气的对流都会严重削弱毒剂的杀伤效果，风向还可能造成毒剂对己方人员的危害。

由于化学武器具有上述特点，在战争中具有特殊的地位和作用：

(1) 既可用作战略武器，又可用作战术武器。既可用于突袭远距离战略目标，如机场、交通枢纽、核设施、港口、指挥中心；又是一种重要的战术武器，可对坚固设防但无防化设施的阵地造成大量杀伤。例如，1917 年 7 月，德军在比利时伊伯尔地区使用持久性毒剂芥子气歼灭敌军 1.5 万人，阵地前移 5～8 km。又如，在长达 8 年(1980～1988 年)的两伊战争中，伊拉克在交战失利时使用化学武器，先后共使用 240 多次，造成伊朗军民 5 万多人伤亡。再如，在越南战场上，美军大量使用刺激性毒剂西埃斯(CS)，进攻战斗中用于驱赶山洞、坑道、掩体中的敌军兵员，建立直升机着陆场；对峙阶段用于阻止敌军占领工事；防御中用于掩护直升机撤出作战部队等。

(2) 化学武器装备部署后，即使未使用也能产生巨大的威慑作用。1991 年海湾战争爆发前，伊拉克已作好对多国部队进行化学战的一切准备，其西部、南部分别部署了针对以色列和沙特阿拉伯的化学武器；北部地区导弹部队配发了化学弹头；空军配发了化学弹药，飞机装配好毒剂布洒器；医院腾出床位，准备接收化学战伤员；南部开设了消毒场等。美国一方面多次声明遵守 1925 年签署的禁止使用化学武器的条约，另一方面也部署了强大的化学战威慑力量：3～5 个“长矛”地地战术导弹营，10～14 个 M270 型多管火箭炮营，以及 155、203 毫米榴弹炮营各 25～35 个，均有化学武器攻击能力；还有航弹及机载毒剂布洒器等。海湾战争中，多国部队的防化装备质量和数量均大大超过伊拉克，因此伊军未敢使用化学武器，海湾战争成为一场在化学战威胁下进行的常规局部战争。

(3) 化学武器可对付游击战。越南战争期间，美军使用 CS 7000 t、植物杀伤剂 12 万 t，使染毒面积占越南南方总面积的 30%以上，造成 130 多万人中毒。1986 年 8 月，苏联军队使用其新研制的全氟烯烃毒剂，造成阿富汗游击队的伤亡。

9.1 冷兵器中的化学

9.1.1 金属冶炼与金属武器

战国时期，群雄逐鹿，不同规模的战争络绎不绝，使社会生产力蒙受了巨大的损失，却使金属冶炼的技术登上了一个新台阶。传说中的莫邪、干将宝剑，削铁如泥，吹发立断，其效果令今天的工程师叹为观止。1972年出土的越王勾践自铸用剑，埋在地下数千年仍然光亮如新，可以一剑劈开十层铜钱，体现了当时铸剑工匠高超的技艺。经激光色谱分析，该剑除铁外，还含有铬、碳、锰等多种元素。

其实，最早使用的金属兵器是天然铜。但是铜的质地较软，不适合制造刀、剑等锐器，一般制成斧、锤等钝器。后来随着冶炼技术的提高，金属锡和铅被制造出来。人们还发现，不同的金属按照一定比例混合熔铸，可以形成性质截然不同的合金。例如，铜与锡的合金青铜就比铜坚硬得多，可以制造刀、剑等锋利的兵器。

炼铁术的发明是人类文明史的一个里程碑。铁矿比铜矿更常见，铁质的工具价格更低，硬度也高于铜，极大地方便了人类的生产活动。而且，铁与碳、硅、硫、锡等的合金比青铜更坚硬、更便宜，使各种兵器更加普及。

9.1.2 矛与盾——进攻与防御

“自相矛盾”的寓言早已被大家所熟知。既然有了进攻用的锋利武器，也就有了防御用的盔甲。古代的盔甲所用材料有布、皮革和金属。据测算，一层普通的棉布就可以让飞来的箭伤害能力降低很多，更不用说厚厚的皮革、钢铁了。在中世纪的欧洲战场，军人的盔甲越来越厚，甚至形成身披重甲的重骑兵。全身的盔甲足有上百斤，简直是一个活坦克，普通的羽箭、长矛根本无法伤其皮肉。在十字军东征战争的几个世纪里，兵器和盔甲得到了重大改进，正是这些重骑兵随着十字军东征，所向披靡。但是，其最大的弱点就是行动缓慢，所以在印度被当地的象军所打败。

防护用材料与进攻用金属有所不同。进攻用的箭头、刀刃，除锋利、坚固外，还需要有很大的质量，只有这样，才可以具有很大的打击动量；而防护用材料，除坚固外，还需要轻便耐用。金属虽然坚固，但巨大的质量限制了其应用。所以，古代的战甲多是皮革制成，上镶铁钉。

子弹应用以后，其巨大的打击力度已非一般的盔甲所能抵挡，所以军人摆脱了厚重的盔甲，仅仅穿上轻便军服。但是，钢质头盔仍然可以抵御一部分侧面打击的子弹，所以保留下来。随着材料科学的发展，现代头盔的种类繁多，有步兵头盔、炮兵头盔、飞行员头盔、伞兵头盔、坦克乘员头盔、摩托兵头盔、空降兵头盔、海军陆战队员头盔等。头盔正朝着增大防护面积，保护两鬓、耳、后颈等部位方向发展。迄今为止，虽然所有的头盔都能承受住炮弹碎片的打击，但还没有任何一种头盔能经受现代步枪子弹的打击。目前，有的国家军队的头盔安装有通话装置；还有的国家已研制成兼备攻防两种功能的头盔枪，既可防护，又可发射无壳子弹。英国和以色列已分别研制成功头盔显示器。英国为战斗机飞行员研制了一种称为“十字军战士”的综合头盔显示器系统，该系统由夜视器、头部跟踪装置、瞄准具、显示器、小型通信传感器、三防装置、激光光辐射防护装置、主动减弱噪音装置以及稳定装置等组成，其特点是重心平稳、质量轻、隐蔽性好。以色列研制成功了第三代头盔显示器，可显示瞄准线、目标鉴别、飞行数据、飞行状态以及威胁警报等重要情况。

现代战争中，防御与进攻同样重要。例如，战争之神——坦克，其厚厚的钢铁外衣足以抵御很多武器的袭击。为了对付这种厚装甲，人们制成了硬度、密度更大的穿甲弹。现代的合金装甲不仅要求牢固，还要求轻，并要具有防核辐射的功能。

9.1.3 冷兵器时代的“热武器”——火

火给人类带来了光明和温暖，也带来了无尽的灾难。在战争中，人们当然要利用这把双刃剑。

在《三国演义》中诸葛亮自谓“吾平生专用火攻”，此可谓诸葛亮之定评。诸葛亮用火攻为刘备开创了蜀汉基业。从初出茅庐的“初用兵”，便火烧博望坡，三把火使十万曹兵上天无路，入地无门；然后又火烧新野，三把火烧得曹兵魂飞魄散，使如丧家之犬的刘备有了喘息之机；而赤壁之战中，诸葛亮也积极参与火攻的部署。这些经典战例都说明火作为武器，可以发挥巨大的威力，可以给敌人造成惨重的损失，而己方只需隔岸观火，坐享其成。火，本身可以带来高温，烧伤敌人；还可以引燃各种可燃物，破坏敌方建筑和交通工具；同时，燃烧产生的烟尘和有毒气体还可以对敌人造成二次伤害。

其实，从化学的角度来看，燃烧就是一种剧烈的氧化还原反应，需要三个条件：温度、还原剂和氧化剂。温度，一般由火种提供；还原剂，就是各种可燃物；氧化剂，就是空气中的氧气。例如，《三国演义》中“火烧赤壁”一段，使用的燃料是木柴、芦苇，为了加强效果，又灌入鱼油，撒上硫磺和硝石。硫磺就是天然存在的单质硫，其着火点很低，即使环境中氧气浓度很低，也可以维持燃烧；燃烧后产生的二氧化硫有毒，可以继续杀伤人员、牲畜。硝石的主要成分是硝酸钾，高温环境下可以释放氧气：

$$2KNO_3 \xlongequal{} 2KNO_2 + O_2\uparrow$$

这样，加上大风带来源源不断的氧气，燃烧当然更加剧烈。

现代战争中，火仍然发挥着巨大的作用。但是，现代的燃烧弹，其填充的燃料已经不再是木柴、鱼油，而是白磷、凝固汽油、三乙基铝等。击中目标后，少量炸药将燃烧剂喷涂在目标上，随即发生燃烧，将目标烧毁。对于目标内储存的炸弹、炮弹、鱼雷等武器，高温还可能将其引爆，从而对目标造成更大的伤害。第二次世界大战期间，盟军在对日本东京空袭时就大量使用了燃烧弹。因为日本的建筑多为木质，将其引燃比爆破弹的破坏效果更加强烈。

坦克被称为“战争之神”，其厚厚的装甲令很多武器无能为力。但是，金属最大的特性就是导热性好。所以，坦克的天敌就是火。如果坦克不慎置身火海，不久就会被烧成一块内外都达到上千度的大烙铁。不仅人员不能活命，连储存的燃油、弹药都要发生爆炸。最简单的反坦克燃烧弹——燃烧瓶，就是在玻璃瓶中灌入汽油，瓶口堵上棉花，点燃后投掷出去。第二次世界大战中，苏军游击队的燃烧瓶令德国最先进的坦克都头痛不已，苏军称之为“莫洛托夫鸡尾酒”。

前面提到的都是单纯由易燃的燃料组成的燃烧剂，一旦空气中缺氧，就不能起到应有的效果。于是，现代战争中，人们又制造出另一种燃烧剂——纵火剂。纵火剂的主要成分为铝粉和四氧化三铁，实际就是一种铝热剂，铝热反应产生的高温金属熔化物甚至可以烧穿坩埚。这种铝热剂本身就可以发生剧烈的燃烧，甚至在水下也毫不逊色。而且，高温金属熔化物还可以引燃金属，甚至引燃阻燃橡胶和阻燃塑料，所以被称为纵火剂。这种火灾无法扑灭，为了加强燃烧效果，还要混入少量硝酸钡。

9.1.4 毒药

在中国古代，战争中应用毒药也是很值得注意的一个现象。火药出现以前，中国战争中的用毒主要有以下三类：

（1）作为坚壁清野的手段，在泉水、河流中投毒。《左传·襄公十四年》记载，公元前559年夏，晋国联合诸侯伐秦，秦人于泾河亡流投毒。诸侯之师渡河后，士卒多死。杜预江说："饮毒水故。"《墨子·杂守》提出，边地应种植、预备芫（芫花）、芒（莽草）、乌喙（乌头、附子之类）等有毒药物和盐，坚壁清野时投放于沟井中。由于战国以来这种做法非常普遍，所以防毒成为历代军队"行军须知"的重要内容之一。《武经总要》前集卷六载有一篇"防毒法"，起首就说："军行近敌地，则大将先出号令，使军士防毒。"

（2）用于攻守城时的地道战和保卫城门。自战国以来，攻城的重要方法之一是挖掘地道以破坏城墙或远城而入，称为"穴"。对付穴攻的基本方法是在城内墙下挖井，井底置陶缸，派人伏缸侦听；发现敌人开掘地道，就从城内挖反地道相迎；挖通地道后，即焚烧艾蒿和秕糠，产生大量浓烟，用皮囊、风扇车等鼓簸，以害敌工兵。又有一法，在敌地道之亡掘竖井，接通后，用一铁篮盛薪火，中加艾、蜡，以铁索继下熏灼敌人。《墨子·备穴》、《武经总要》前集卷十二对这些方法有详细的记述。这类熏灼法中所用的艾，既能生烟，又有毒性。

我们所熟知的事件有：

（1）"平陆事件"——口服毒药。

1960年，山西省平陆地区一处公路修筑工地。午饭后，民工们稍事休息，拿起工具，准备继续筑路。突然，很多人觉得腹痛，并且呕吐不止。医疗队的值班医生还没有检查完第一批病人，所有吃过午饭的61名民工都出现了这些症状。口服绿豆甘草水、注射吗啡，都无法奏效。一时间，工地变成了野战医院，医生在紧急抢救的同时，也在检测患者呕吐物和剩下的午饭。最终，找到了造成这起悲剧的元凶——砒霜。在人体内，亚砷酸可与蛋白质的巯基牢固结合，使维持生命活动的酶失活，造成中毒。要治疗砷中毒，就必须使用富含巯基的化合物，如二巯基丙醇、二巯基丁二酸钠。在"平陆事件"中就是用的特效药二巯基丙醇（图9－1）。

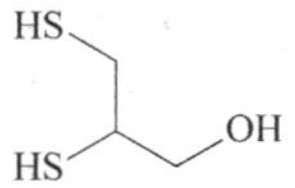

图9－1 二巯基丙醇的结构式

砒霜就是三氧化二砷，最早由炼丹者发现，是在加热含砷矿物时升华的一种剧毒的白霜样物质。三氧化二砷易溶于水，生成亚砷酸：$As_2O_3+3H_2O═══2H_3AsO_3$，亚砷酸是弱酸，基本没有什么特殊味道，将其混入酒、饭菜或汤药中，是不会被人发现的。在一些影视作品中，加有砒霜的酒可以使大理石桌子嘶嘶冒泡，纯粹是一种编造的现象，实际上根本不存在这种效果。

现代战争中，常用的毒药为氰化钾（KCN）或氰化钠（NaCN）。氰化物致人死亡的量约为 100 mg。而且，口服后大约半分钟，注射后几乎是即刻，受害者就会死亡。那么，氰化物的中毒机理是什么呢？

我们知道，生物体的最基本需求就是能量。在细胞内，能量是通过各种有机物——糖、脂肪、蛋白质经过一系列氧化作用变成二氧化碳和水产生的，产生的能量与体外的氧化反应——燃烧是一样的。但是，与燃烧的不同之处是：燃烧反应中，电子由碳、氢等原子直接传递给氧，从而释放能量，而在体内，电子是通过一个复杂的电子传递链传递给氧的。这条电子传递链中包含很多复杂的有机化合物，而电子传递的中心元素就是与有机化合物中的铁离子相结合。氰化物溶于水后解离出氰离子，氰离子可以极为牢固地与这些化合物中的铁结合，使电子传递立即终止，生物体内的产能也立即停止，从而造成生物体迅速死亡。

氰化物中毒后，解毒剂为硫酸亚铁或亚硝酸钠。亚铁离子可以与氰离子牢固结合为六氰合亚铁离子$[Fe(CN)_6]^{4-}$，这是一种无毒物质。亚硝酸根离子可以与血液红细胞中的血红蛋白生成氮氧血红蛋白，然后与氰离子反应生成硫氰酸根离子。硫氰酸几乎无毒。这些物质会很快随尿液排出。

(2)“杀人伞”事件——注射用毒剂。

20 世纪 70 年代的一个傍晚，来自保加利亚的一名叛逃者从 BBC 广播公司回家。他每天的工作就是通过电波，把攻击保加利亚的言论传回自己的祖国。突然，他觉得后背一阵刺痛。回头一看，原来是被一个行人的雨伞尖碰伤。那人立刻道歉，并转身消失在人群之中。回家以后，他发现后背有点红肿。当晚，他开始发烧昏迷，数小时后抢救无效死亡，成为北约、华约冷战的牺牲品。经过解剖，在他的后背肌肉中发现了一个直径不到 1 mm 的空心金属球。原来，那把雨伞是保加利亚特工使用的苏制暗杀武器——伪装高压气枪，可以让那颗金属球穿透衣服钻进人体。正是这种金属球中的内含物杀死了这名叛逃者。经过分析，这是一种从植物中提取的毒素——蓖麻毒素。蓖麻毒素是一种蛋白质，其毒性比氰化钾高 400 余倍。而且，中毒后的症状类似于败血症，很容易造成误诊误治。但是，如果口服，则大部分会被消化液所分解，效果大打折扣。由于其特殊的性质，难以在战场应用，只能作为一种暗杀武器。1944 年，英国特工用含蓖麻毒素的手榴弹刺杀了德国纳粹高级将领。

2006 年 11 月 24 日，一个在伦敦隐居多年的神秘人物占据了英国各大报纸头版头条的地位，因为他在 11 月 23 日以未知病因离开了人世。关于他的死亡的猜疑，世界上许多报纸刊登了分析文章。不过，案情扑朔迷离，胜过《福尔摩斯探案集》。他就是俄罗斯联邦安全局前上校利特维年科，2000 年叛逃到了英国，一直过着避人耳目的悄然生活。2006 年 11 月 1 日，44 岁的他与一名意大利女记者在英国伦敦的一家寿司店进餐。不久，他出现呕吐和中毒症状，生命垂危。据伦敦圣玛丽医院的毒药学专家介绍，利特维年科在与那位女记者见面时所喝的咖啡中可能被投入了一种金属元素铊，这种元素无色无味，通常被用来做鼠药，只需不到 1 g 的剂量便能致人死亡。

《三国演义》中，蜀军进攻魏国樊城。在攻城中，关羽被曹仁射出的毒箭所伤，最后经名医华佗刮骨治疗才得以痊愈。关羽之所以中毒是因为箭头上涂了一种毒药——乌头。实际上，乌头的毒性很小，不足以造成小说中的危害。但是，将药物涂在武器上，借助创伤使人体吸收，已经应用于实战。19 世纪，在欧洲殖民者与非洲土著的战斗中，死于毒箭的侵略者就不在少数。

以上这些毒剂都是通过直接进入血液发挥作用，属于注射用毒剂。其特点是毒性很强，所以用量极少，只需要“擦破点皮”就能够发挥作用。目前研究中的还有贝类毒素、河豚毒素、蛇毒等。

9.2 热武器时代的化学

热武器是指利用爆炸反应短时间产生的大量高温气体冲击波，推动抛射物攻击目标，或者直接破坏目标的一类武器。这种武器的主要部分是化学炸药，和冷兵器相比，质量轻而杀伤效果好得多，是近现代战争中最主要的武器。爆炸反应包括物理性爆炸和化学性爆炸两类，是由于一定空间内短时间产生巨大压力，造成容器破裂等效果的一种现象。化学爆炸是一种剧烈快速的氧化还原反应，可以在短时间内产生大量高温气体。

9.2.1 热武器的先驱——黑火药

晋代以后，炼丹术在中国盛行一时。一天，一位炼丹师把木炭、硫磺、硝石混合在一块倒入炉中冶炼，不久，随着一声巨响，丹房消失了。这位炼丹师用生命宣告了一个时代的诞生。

黑火药是世界上最早应用的炸药，也是我国古代的四大发明之一，是木炭粉、硫磺粉和硝酸钾粉末的混合物，在混合物中，三种成分的质量分数约为硝酸钾 75%、木炭 15%、硫磺 10%，其爆炸反应方程式如下：

$$2KNO_3+3C+S = K_2S+3CO_2\uparrow+N_2\uparrow$$

10 g 固态的黑火药其体积几乎为零，而反应后产生了将近 4 L 的气体，加上反应释放大量的热，从而引发爆炸。

黑火药是燃烧式爆炸，其燃烧速度远远大于任何一种燃料。所以其初期是作为一种火攻杀伤武器使用。后来，人们发现，如果在一个一端开口另一端密闭的容器中点燃火药，会引起容器沿火焰喷射反方向迅速飞出，这就是火箭的基本原理。

最初的火箭是在箭杆上捆绑一只一端开口的小竹筒，点燃后用弓弩射出。火药的喷射反作用使箭的飞行速度加大，射程也大大加长。射中敌人后，残留的火药还可以造成持续烧伤，如果射中帐篷、木船等目标，还可以放火。

黑火药在古代战争中的第三种应用是作为发射药的火炮和火枪。初期的火炮是一个庞大的铜管或木桶，装填火药后对着冲锋的敌人点燃，利用喷射出的火焰杀伤敌人。可以说，更接近火焰喷射器。后来人们发现，混在火药中未完全燃烧的木块、硫磺块等造成的打击伤害更大，而且射程更远。于是就在火炮的火药中混合大量的石子、铁钉、铁砂等物质，点燃后，这些物体由于火药的抛掷作用而具有很大的速度，动能也很大，可以杀伤远距离的敌人。但是，由于作为子弹的石子、铁砂等是与发射药混合在一块的，所以射程远远不及近代枪弹。

火炮发明后，人们又发明了质量更轻的突火枪。突火枪实际就是小规模的火炮，是用长竹筒制成，主要是一种近距离防御武器。由于枪管加长且细得多，所以可以很方便地瞄准。突火枪在明代沿海抗击倭寇的战斗中曾经发挥过巨大的作用。

随着成吉思汗的铁骑西征，黑火药也传入了阿拉伯和波斯，并逐渐传到了蒙昧中的欧洲。在欧洲中世纪的战争中，黑火药发挥了很大的威力。后来，利用黑火药制造了现代枪械和爆炸杀伤炮弹，在美国独立战争、普法战争和帝国主义国家侵占殖民地的战争中都起到了非同一般的作用。

在黑火药的诞生地——中国，那些使用火药的武器却被视为“邪术”而没有得到应有的发展。中国军队仍然使用传统的冷兵器作战。火药仅仅用作节日庆典时的烟花爆竹。当西方列强用黑火药武装的枪炮进攻时，愚昧的官兵认为是旁门左道，竟然用《封神演义》中的方法，取鸡血、狗血泼到钢枪铁炮上试图破其“邪术”。最后，西方列强用中国人发明的黑火药轰开了中国的大门，肆意掠夺。

由于黑火药的爆炸反应产生大量的硫化钾烟尘，所以也被称为有烟火药。在反映美国独立战争、普法战争等影视作品中，战场上白烟弥漫，就是这种硫化钾烟尘。硫化钾烟尘附着在枪管、炮管内，影响射击精度和枪炮寿命。同时，黑火药的爆炸属于燃烧式爆炸，燃爆速度较慢，难以达到很大的威力。战争中迫切需要更好的炸药。

黑火药的原料易得，生产工艺简单，所以在中国土地革命和抗日战争中，是敌后根据地兵工厂生产的主要炸药。在电影《地雷战》中，游击队用黑火药装填的地雷炸得日本侵略者人仰马翻。

现代战争中，黑火药主要用于制造导火索，在工程爆破中使用较多，还可用于制造信号弹。

9.2.2 现代炸药——单质炸药

现代炸药包括由单纯一种物质组成的单质炸药和由氧化剂、还原剂混合而成的混合炸药，按其使用方式可分为起爆剂和主体炸药。

单质炸药也称为爆炸化合物，是单一化合物组成的爆炸性物质，有猛炸药和起爆药两类，通常所称的单质炸药是指单质猛炸药。在这些化合物中都含有某些特殊的基团，如硝酸酯基（$—ONO_2$）、硝基（$—NO_2$）、氯酸根（$—ClO_3$）、高氯酸根（$—ClO_4$）、叠氮基（$—N_3$）、偶氮基（$—N{=}N—$）等。这些基团称为爆炸性基团，具有氧化性，在高温下可以提供氧。同时，分子中的其他元素，如 H、C 则可以发生氧化反应生成 H_2O、CO 等，并释放大量能量。在瞬间完成上述氧化还原反应，释放巨大的能量，从而发生爆炸。

1. 雷酸汞

18 世纪末，科学家用酒精处理硝酸汞，得到了一种白色的固体。

这种固体常温较安定，加热时会缓慢地分解。但是，如果受到撞击、针刺或在密闭容器中加以高温，就会发生极其猛烈的爆炸，这就是雷酸汞，简称雷汞，其制备反应方程式如下：

$$3Hg(NO_3)_2+4C_2H_5OH=\!=\!=3Hg(ONC)_2+2CO_2\uparrow+12H_2O$$

爆炸反应方程式如下：

$$Hg(ONC)_2=\!=\!=Hg+N_2\uparrow+2CO\uparrow$$

由于这种物质价格昂贵，制备困难，所以不能当作炸药使用。但是，极少量的雷汞可以把撞击、针刺等机械作用转化为爆炸作用，用以引爆黑火药等炸药。利用这个原理，雷汞被用于制造子弹及炮弹的底火、炮弹的引信和用来引爆炸药的雷管。

由于雷汞有毒，现代应用的起爆剂主要有叠氮化铅 $Pb(N_3)_2$、斯蒂芬逊酸（2，4，6－三硝基间苯二酚）铅等。

起爆剂除了能转化机械作用外，由于其瞬间产生高温高压，可以引起很多难以起爆的炸药的爆炸，如 TNT（2，4，6-三硝基甲苯）等。在应用起爆剂以后，可以引爆很多并不知道有什么用途的有机物质，发现了很多优质的炸药。

2. 苦味酸

1771 年，英国人沃尔夫用浓硫酸、浓硝酸处理苯酚，获得了一种黄色固体——三硝基苯酚（图 9－2）。由于一般都含少量水，所以呈现为蜂蜜样黏稠的黄色液体。其酸性很强，又有浓烈的苦味，所以被命名为苦味酸。苦味酸的黄色十分浓厚，被广泛用作黄色染料。

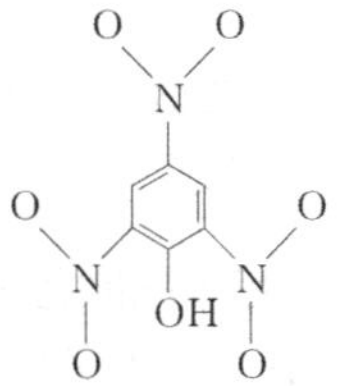

图 9－2　苦味酸的结构式

1860 年的一天，在巴黎郊区的一家染料商店，一桶苦味酸由于铁桶生锈无法打开。伙计找来铁锤，用力砸去。随着一声巨响，火光冲天，黄色染料竟然大发雷霆！染料商店顿时化作一片废墟。军方得知了这个悲剧却欣喜若狂。因为根据现场调查，这桶黄色染料造成的破坏程度远远大于同质量的黑火药——他们发现了一种大威力的炸药。经过测试，苦味酸的爆炸速度、爆破能量均远远高于黑火药，1885 年，法国开始将苦味酸用于装填弹药，应用于战争。爆炸反应方程式如下：

$$2C_6H_3O_7N_3=\!=\!=3H_2O\uparrow+3N_2\uparrow+11CO\uparrow+C$$

由于其爆炸产物中有游离碳，所以装填苦味酸的炮弹爆炸后形成的是黑烟。

苦味酸的爆炸性能很好，甚至强于后来使用的 TNT，而且其机械敏感度也比 TNT 大。但是，苦味酸的酸性很强，会腐蚀炮弹，所以苦味酸装填的炮弹保存期很短。苦味酸盐中仅苦味酸铵[$C_6H_2ONH_4(NO_2)_3$]钝感，其余的感度均很高。苦味酸的钾、铅盐被用作起爆药。装填炮弹的苦味酸易与炮弹材料（如钢铁）反应，生成感度很高的盐，在炮弹发射时会发生炸膛。因而苦味酸在弹体装药中已经很少应用。

3. 硝酸甘油

硝酸甘油即三硝酸甘油酯（图 9－3）。1846 年，化学家索布雷罗用浓硫酸、浓硝酸与甘油作用得到了这种淡黄色的油状液体。当时确认是一种性质猛烈的炸药，比通用的黑火药好得多。硝酸甘油的爆炸反应方程式如下：

$$4C_3H_5O_9N_3 = 6N_2\uparrow + 10H_2O\uparrow + 12CO_2\uparrow + O_2\uparrow$$

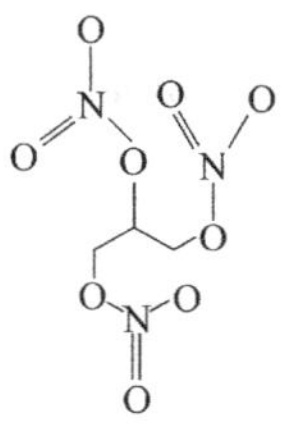

图 9－3　硝酸甘油的结构式

硝酸甘油特别敏感，加热、撞击、摩擦或轻微的震荡都有可能引起剧烈的爆炸，严重限制了它的应用。但是硝酸甘油的生产工艺简单，价格低廉，所以仍然有工厂冒险生产，称之为“爆炸油”，不过只能用于采矿、筑路等工程，是美国西部开发时主要应用的工程炸药。当时，硝酸甘油的运输极其危险，所以从事其运输的人员收入都很高。运输时，制备好的硝酸甘油分装在内壁光滑的玻璃瓶中，瓶与瓶之间用棉花衬垫，赶马车的人员至少 3 名：一人赶车缓慢地行走，一人在前疏散其他人员车辆并移开路上的石块，否则轻微颠簸也可能引起爆炸油发怒，还有一人随时替换其他两人轮番休息。即使这样，仍然不时有车毁人亡的事故发生。

19 世纪中叶，年轻的瑞典化学家诺贝尔试图制服这匹“烈马”。在经历数次实验事故，连父亲和弟弟也死于爆炸事故之后，诺贝尔终于成功了。用白色的硅藻土吸收这种爆炸油，成为一种黄色的固体，其爆炸效果稍低于爆炸油，但是性格却温顺得多。一般的震动、摩擦对它不起作用，只有用雷管才能使其恢复火爆的性格。很快，诺贝尔的安全炸药击败了价格昂贵的黑火药，成为工程爆破中最常用的炸药，销售量迅速上升，诺贝尔作为专利所有者，很快成为巨富。在他去世之前留下遗嘱，用家产在银行的利息创建了诺贝尔奖金，用来奖励那些在科学研究中取得丰硕成果的科学家。现在，诺贝尔奖已经成为衡量一个国家科学研究水平最权威的标准。

4. 没有硝烟的炸药——火棉

1832 年，法国人布拉孔诺在一次实验中，棉布围裙被硫硝混酸弄湿，于是清洗后用手提着在壁炉边烤干。就在即将干燥的时候，眼前一亮，围裙不见了。原来，棉布中的纤维素已经被硝酸酯化为纤维素硝酸酯。他将这次事件记载下来，却没有进一步研究。直到 1846 年，化学家舍恩拜因使用硝酸-硫酸混酸制出了硝酸纤维素，并对其性能进行了研究。硝酸纤维素化学名纤维素硝酸酯，旧称硝化纤维、硝化棉，是一种白色的纤维状物质，物理性质与棉花基本相同；是一个聚合物，相对分子质量很大；爆炸威力比黑火药大 2～3 倍，可以用于军事，所以被称为“火棉”。不过，火棉的燃爆速度实在是太快了，甚至高于苦味酸。如果制成炮弹，则在发射出炮筒之前就会爆炸，非常不安全。但是，用醇-醚混合溶剂处理并碾压成型后，其燃爆速度就能明显减慢，可以用作枪弹、炮弹的发射药或固体火箭推进剂的成分。硝化纤维的爆炸反应方程式如下：

$$2(C_6H_7O_{11}N_3)_n = 3nN_2\uparrow + 7nH_2O\uparrow + 3nCO_2\uparrow + 9nCO\uparrow$$

由于其爆炸不产生任何烟尘，所以也被称为“无烟火药”。

5. 炸药之王——梯恩梯

1863 年，化学家维尔布兰德用甲苯、硫酸、硝酸首先制得了这种黄色的针状固体，命名为梯恩梯（TNT）。TNT 的化学名为 2,4,6-三硝基甲苯（图 9－4），俗称黄色炸药，分子式 $C_7H_5O_6N_3$，为淡黄色颜色鲜艳的片状结晶或粉末。溶于热水，在冷水中溶解度较小，容易形成过饱和溶液。溶液呈黄色，有很强的染色能力，能损伤皮肤。有酸性，易于和碱反应成盐，能腐蚀某些金属。

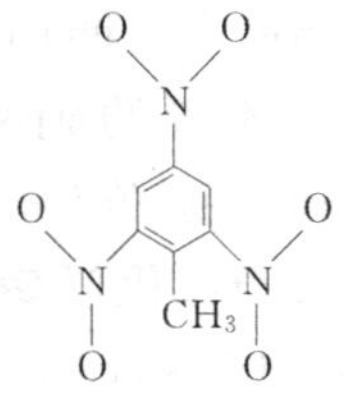

图 9－4　TNT 的结构式

这种物质很奇特，用锤子砸，毫无反应；用火烧，只是冒出了浓浓的黑烟。但是，如果用雷汞引爆，就会显示出巨大的威力，稍逊于苦味酸，但是制造简单，储存安全，拆除引信的炮弹别说是摔打，就是火烧也没有问题。从 1891 年开始应用于军事，并很快取代了苦味酸，成为最经典的炸药。至今，TNT 的地位仍然无可动摇，是产量最大的炸药。在计算核武器破坏效果时，使用 TNT 作为标准，就是一枚核弹爆炸释放的能量相当于多少吨 TNT，称为核武器当量。但是点燃 TNT 只发生熔化和缓慢燃烧，发出黄色火焰，不会爆炸。因而常用燃烧法销毁TNT。

TNT的爆炸反应方程式如下：

$$2C_7H_5O_6N_3 = 3N_2\uparrow + 5H_2O\uparrow + 7CO\uparrow + 7C$$

TNT的生产成本低，工艺成熟，各国都大量生产。TNT的熔点低，且熔点远低于分解温度，可以将其熔化而不担心发生危险。熔化的TNT是良好的溶剂和载体，许多不易熔化的粉状炸药都可以与其混熔后浇铸成型。

6. 昙花一现的炸药——特屈儿

1877年，化学家默滕斯用N,N-二甲基苯胺、硫酸、硝酸合成了特屈儿，分子式$C_7H_5O_8N_5$，为无色或淡黄色晶体，不溶于水，溶于丙酮。它是一种很好的炸药，1906年开始应用其装填炮弹。但是，特屈儿的毒性很强，所以被工业生产所淘汰。其爆炸反应方程式如下：

$$2C_7H_5O_8N_5 = 5N_2\uparrow + 5H_2O\uparrow + 11CO\uparrow + 3C$$

7. 炸药中的后起之秀——黑索今

1899年，英国药物学家亨宁用福尔马林与氨水作用，制得了一种弱碱性的白色固体，命名为乌洛托品，分子式$(CH_2)_6N_4$。当用硝酸处理时，得到了一种白色的粉状晶体，水溶性极差。经过研究，原来是生成了六元环状的硝酰胺类化合物。因为其分子呈六边形，所以命名为hexogon(根据英语“六边形”改动而成)，中文音译为黑索今。

1922年，化学家赫尔茨发现黑索今竟然是一种性格猛烈的炸药，分子式$(CH_2NNO_2)_3$，化学名环三亚甲基三硝胺，为白色粉末，经钝化处理的黑索今因加有染料而有其他颜色，加有石墨的为灰色。其威力不弱于梯恩梯，但其合成原料氨水和福尔马林却比甲苯价格更低，来源更丰富。只是，黑索今的性格还是有点暴烈，需要加入某些钝感剂才适用于炮弹、鱼雷、地雷等武器，还可以作为火箭推进剂的成分之一。第二次世界大战后，黑索今已经成为军用炸药的主角之一，仅次于梯恩梯。其爆炸反应方程式如下：

$$C_3H_6O_6N_6 = 3N_2\uparrow + 3H_2O\uparrow + 3CO\uparrow$$

9.2.3 现代炸药——混合炸药

混合炸药也称爆炸混合物，是由两种以上的化学物质混合构成的猛炸药。作为组分的化学物质可以是炸药,也可以是非爆炸性的物质,如氧化剂、可燃剂等。在第一次和第二次世界大战中,大量使用了苦味酸、梯恩梯等单质炸药装填各种弹药。随着现代武器的发展和防御能力的加强,如舰艇和坦克的装甲以及工事掩体的结构等的不断改进,上述单质炸药的爆炸威力已显得不足,需要发展爆炸威力更高的新品种。一些爆炸性能好的单质炸药,如黑索今、奥克托今和太安等,由于机械感度高,装药加工不安全,不便单独使用,导致了以这类炸药为主的混合炸药的出现。将单质炸药与其他物质混合制成混合炸药使用,可改善其物理和化学性质以及爆炸性能和装药性能等。现在,各种类型的弹药、战斗部、水下武器等的装药绝大部分是混合炸药,工业炸药几乎全部是混合炸药。对混合炸药的要求主要是:①降低某些猛炸药的机械感度,提高装药性能和药柱的机械强度;②使高熔点的猛炸药与低熔点的猛炸药熔合,便于铸装;③改善和调整炸药的爆炸性能;④扩大炸药供应的来源,开拓利用来源广、价格低的原料。

1. 液体炸药

液体混合炸药是由液体或某些能溶于或者能悬浮于液体的物质所制成的混合炸药。液体炸药流动性好、密度均匀,可随容器任意改变形状,并可渗入被爆炸物的缝隙中。液体炸药通常为氧化剂与可燃剂的混合物,如浓硝酸与硝基苯、浓硝酸与硝基甲烷、四硝基甲烷与硝基苯、硝酸肼与肼等。它们的爆炸性能均较好,可应用于装填地雷、航弹、扫雷、开辟通道、挖掘工事和掩体,但也具有挥发性大、安定性差、腐蚀性强以及某些组分有毒等缺点。

现代战争中液体炸药被用于破坏坑道和深层掩体。

2. 高威力混合炸药

这类混合炸药中往往加有高热值的可燃剂,以提高炸药的爆热。这些物质为铝、镁、硼、铍、硅等,其中以铝使用最普遍,因此通常所指的高威力混合炸药即指含铝的混合炸药。这类炸药的组分大致为黑索今、梯恩梯、铝粉以及少量附加胶黏剂等。主要用于装填鱼雷、水雷、深水炸弹、高射炮弹、破甲弹和某些高爆炸弹。

3. 工程炸药

在修筑工事、掩体,铺设道路,拆除建筑物时,都需要爆破作业。然而梯恩梯、黑索今等炸药价格昂贵,不适合工程爆破使用。硝酸铵是一种中等威力的炸药，爆炸反应方程式如下：

$$2NH_4NO_3 = 2N_2\uparrow + 4H_2O\uparrow + O_2\uparrow$$

在其产物中有氧。如果在其中混入一些还原剂，就可以制成价格低廉、威力巨大的炸药。一般常用的为铵油炸药，即将硝酸铵与燃料油、木粉、沥青等可燃物混合。在拆除钢筋混凝土工事时，还需要加入少量梯恩梯和铝粉。

4. 燃料-空气炸药

当可燃性气体、粉尘在空气中达到一定浓度时，一个火星就可以引发剧烈的爆炸，称为"爆炸极限"。在军事上，根据这一原理制造了燃料-空气炸弹。

燃料-空气炸弹由两部分组成：中心部分是少量的炸药，其余部分是高压液化的燃料，如环氧乙烷、环氧丙烷等，有的还混有胶体铝粉。燃料-空气炸弹投放后，在目标上空发生第一次爆炸。爆炸后高压液化的燃料迅速发生气化膨胀，0.1 s以内就可以形成一个直径数十米的爆炸性气团。此时，延迟引信将其引爆，相当于一个直径数十米的炸弹的威力。苏军在阿富汗，美军在越南、伊拉克和阿富汗都使用过这种武器。由于它的威力特别大，爆炸时甚至能够形成类似核弹爆炸的蘑菇云，因此被称为"常规武器之王"。

燃料-空气炸弹爆炸时可产生巨大的气浪，不仅能够引爆地雷一类的隐蔽武器，甚至能够在坎坷不平的地面上开出一片平地。所以，这种炸弹可以排雷，在其爆炸过的地方也可以作为直升机机场使用。

燃料-空气混合气体可以迅速渗入坦克和掩体内部，引爆后可以杀伤其中人员。而且，爆炸将附近空气中的氧消耗殆近，可以让没有被破坏的坦克、车辆立即熄火；同时产生大量的一氧化碳，让未死亡的人员也会迅速窒息中毒而死。苏军在阿富汗为对付隐藏于村庄中的游击队，就曾经使用过燃料-空气炸弹。爆炸后村庄中的所有人员、牲畜都被杀死。

根据燃料-空气炸弹的原理，美军设计出一种坑道专用的特殊炸弹——油气弹。这种炸弹同样是发生两次爆炸，第一次把汽油蒸气等可燃气体扩散于空气中，随后将其引爆。由于这种油蒸气密度大，所以主要覆盖地面、渗透进孔洞。而且，其爆炸威力也远远小于常规燃料-空气炸弹，可以靠烧灼或窒息作用杀死人员，却不会破坏坑道，也不会使死者支离破碎，仍然保持容貌。美军在对阿富汗的战争中就使用了这种炸弹，试图在死者中发现拉登等人的尸体。

9.2.4 枪炮发射药

无论是贯穿杀伤的子弹还是爆炸杀伤的炮弹，都需要有一个很大的初速度。这种初速度是由弹壳中的发射药提供的。

发射药也属于一种混合炸药，其要求是：提供大量高压气体，固体产物少；温度不能过高，否则会烧蚀枪炮管；性质安定，便于保存；爆炸产物不能有过大的毒性。

最早的发射药就是黑火药。由于产生大量硫化钾烟尘污染枪膛、炮膛，因此那时枪炮必须时时擦拭。现代发射药可以根据其使用的火药类型，分为单基火药、双基火药和三基火药。

单基火药就是火棉，将火棉混合少量的稳定剂即可。优点是价格低廉；缺点是稳定剂都是易挥发的有机溶剂，容易变质，不能做大尺寸药体。

双基火药是火棉与爆炸性有机溶剂的混合物，一般用硝酸甘油。由于硝酸甘油爆炸时产生氧气，可以和火棉爆炸产生的CO继续作用，因此发射后气体毒性更小。调整二者的比例，可以适应不同武器对发射药的要求。缺点是爆炸温度高，减少枪炮使用寿命。

三基火药是在双基火药的基础上加入不溶于有机溶剂的固体炸药制成的，如加入硝基胍、黑索今、奥克托今等。三基火药适合大口径榴弹炮、加农炮使用，其炮管烧蚀作用更低，但是价格相对昂贵。现在正在研制的还有液体发射药，可以用控制装填液体量的方法来调节炮弹的发射距离。

9.2.5 火箭推进剂

现代火箭主要是一种爆炸杀伤武器。可以控制飞行轨迹的火箭称为导弹。火箭与炮弹不同，其初速度为零，动力来源于自身燃料的燃烧喷射。对于火箭推进剂的要求是：必须自身携带氧化剂和还原剂，产生大量高温气体，点火容易，燃烧稳定，燃速可调范围大；物理化学安定性良好，能长期储存。所以，火箭燃料一般都相当于慢速炸药。根据其物理状态，可以分为固体火箭推进剂、液体火箭推进剂和固-液火箭推进剂。

1. 固体火箭推进剂

最早的火箭推进剂是黑火药。1930年,英、德军事部门将枪弹用双基发射药加以压缩,作为近距离火箭的推进剂。1940年,发明了第一代专用推进剂,主要成分是高氯酸钾和沥青。1947年,橡胶-高氯酸铵-铝粉推进剂广泛应用。现代的固体火箭其主要成分仍然是高氯酸铵、铝粉、沥青等物质,只是赋型剂加以改进。常用的有聚氯乙烯、氯丁橡胶等。为了加强燃爆速度,还加有少量的黑索今、奥克托今等。

固体火箭推进剂制造工艺简单、价格低廉、体积小、质量轻、使用容易。缺点是固体火箭发动机不能重复使用,而且很难控制其喷射速度,所以一般应用于火箭弹、战术导弹和多级火箭的最末级。

2. 液体火箭推进剂

液体火箭推进剂的氧化剂、还原剂都是液体,分开储存,分别注入燃烧室内混合燃爆,所以控制相当容易,而且发动机可以重复多次使用,所以相对成本较低。德国的V2导弹就是一种液体火箭,燃料为液氧和乙醇。

现代液体火箭其氧化剂一般为液氧、四氧化二氮、过氧化氢、浓硝酸等,还原剂一般为煤油、液氢、肼、偏二甲肼等。正在开发中的还有液氢-液氟、液氨-液氟、硼烷-液氧等。液体火箭主要用于战略弹道导弹和卫星、载人航天器发射。

3. 固-液火箭推进剂

20世纪50年代起,人们开始了固-液火箭推进剂的开发。其设想如下:氧化剂、还原剂分别为固体和液体,这样就可以通过控制其中之一来控制火箭,综合了固体和液体火箭的优点。目前,最有价值的是高氯酸铵加铍粉-液氧推进剂。

9.2.6 烟火剂

在战争中,天气情况也是很重要的。例如,进攻时需要能见度高,撤退时需要大雾弥漫,空中打击时不能有云等。可是,自然界却难以这样随人心愿。这就需要人工制造一些光源、云雾等。这种人工制造烟雾火光的物质一般没有直接杀伤作用,属于慢速炸药,称为烟火剂。

1. 照明剂

在战场上，夜间作战的情况经常遇到。如果没有很好的夜视系统，会对进攻、搜索产生很大的影响。如果用灯具照明，那么这些光源本身就是敌人袭击的目标。所以，使用照明弹是最好的选择。

照明剂要求具有较高的发光强度和较长的照明时间，其火焰温度不低于 2000 ℃。常用的配方为镁粉 55%、硝酸钠 40%、合成树脂 5%，其燃烧时发光强度为 50 000 cd · s/g。这种照明弹可以将数平方公里的范围照射得亮如白昼，维持数分钟。

2. 闪光剂

某机场。一架客机被恐怖分子劫持，谈判正在紧张进行。劫机者的条件根本无法满足，于是他们威胁要杀死所有人质。为了避免更大的损失，特种部队决定突袭。

一个装扮成医生的战士登上了飞机。就在走到机舱门的一刹那，他投掷出了一枚手榴弹。一声巨响，手榴弹发出了比太阳还亮的光芒。所有的人都觉得眼前一团漆黑，其他士兵迅速冲进飞机，把瞪着眼睛不知所措的恐怖分子制服、捕获。这颗手榴弹就是不会伤害人员的闪光弹。

闪光剂的主要成分是镁铝合金和氯酸钾。它可以在 0.1 s 内产生数亿到数十亿坎德拉的亮度，无论是直接照射还是从其他物品反射，都可以使人眼受到强光刺激而暂时失明，即使闭上眼睛也无济于事。早期军事摄影用的一次性闪光灯也是这种配方。

3. 信号剂

在很多影视作品中都能看到，随着红色信号弹的升空，进攻开始。信号弹就是一种特殊的火药。其主要成分为黑火药，同时加入一些可以产生特殊颜色光的盐类，如红光加入硝酸锶、绿光加入硝酸钡、黄光加入硝酸钠、蓝光加入硫酸铜等。

4. 烟幕剂

《三国演义》中著名的“草船借箭”，诸葛亮利用漫天大雾，佯攻曹军，令其不知虚实而以弓箭阻击，从而得到了数万支羽箭。试想，如果当时晴空万里，诸葛亮的妙计就不能实现了。

现代战争中，烟雾的作用仍然很大。趁着大雾进攻，敌人不辨虚实，难以有效抵抗；大雾中撤退，可以神不知、鬼不觉，让敌人空守一场。大雾之中，不但可见光无法穿透，连先进的红外、激光制导武器都会失灵。

可是，这种大雾不是想要就有的。所以，人们发明了人工雾——烟幕剂。

烟幕剂通过燃烧或分散形成较稳定的气溶胶。气溶胶中含有很多固体或液体微粒，它们吸收、散射光线，起到遮蔽目标的作用。常用的发烟剂有白磷、红磷、HC 烟幕剂(含六氯乙烷、铝粉和氧化锌)等。

普通的雾是悬浮于空气中的小水滴，而人造的雾可以加入一些其他的物质，不但光无法透过，连雷达波都会被扰乱。

越南战争期间，美军的激光制导炸弹让越南吃尽了苦头。经常是第一颗炸弹炸破厚厚的掩体，第二颗炸弹通过这个缺口钻进去爆炸，杀伤人员，毁坏设备。一天，当美军飞机轰炸河内地下电厂时，第一颗炸弹刚刚炸开掩体缺口，地下电厂四周的发烟器同时工作，电厂立刻被浓厚的烟雾笼罩。其余的炸弹飞进烟雾，立刻失去了制导，无一击中目标。

依靠炸药爆炸作用进行破坏的热武器和用刺、砸等物理作用进行杀伤的冷兵器称为“常规武器”，而不同于这两种的其他武器则称为“非常规武器”。

9.3 化学武器

1915 年 4 月，第一次世界大战比利时战场。德军与法军陷入胶着状态。22 日傍晚，德军阵地上突然浓烟大作，大片的黄绿色浓烟缓慢地飘向了法军阵地。一瞬间，士兵们咳嗽不止，不久便纷纷倒地而死。在浓烟背后，面戴碱水浸湿毛巾的德军士兵缓慢地移动过来。他们惊讶地看到，死亡的法军士兵都保持着痛苦的表情，有的甚至抓破了自己的喉咙。所有的枪炮都生了厚厚的锈，连口袋中的硬币都被腐蚀了。这种黄绿色的气体就是最早应用的战争毒气——氯气(Cl_2)。

氯气被人吸入后，可以与肺泡表面的水反应生成盐酸和次氯酸。盐酸可以强烈地刺激神经末梢，引起剧烈咳嗽，次氯酸可以破坏组织蛋白和肺泡表面的活性物质。最后血浆渗入肺泡，肺失去了气体交换的功能，最终导致吸入人员窒息而死。

化学武器不同于常规武器，其杀伤作用不是依靠弹片打击、高温灼烧或高压抛掷，而是通过呼吸、皮肤黏膜、饮食吸收的化学物质破坏人体组织，杀伤人员。从这一点来说，前面提到的暗杀毒药也可以算作一种化学武器。但是，它需要口服吸收或通过创伤吸收，而且不可能大规模应用，所以不属于真正意义的化学武器。化学武器由于其上述特点，已经被国际社会禁止在战争中应用。

9.3.1 神经性毒剂

神经性毒剂主要是有机磷类物质。它可以让神经肌肉间的连接传道失效，使肌肉持续强制痉挛，呼吸停止，最后死亡。其解毒剂为阿托品。

1995 年 3 月 19 日早晨，东京地铁像往日一样繁忙。突然，几条干线列车内同时传出了一丝不易察觉的苹果香味。不一会，很多人头晕目眩、呕吐不止，有的甚至当场不省人事。这就是邪教组织奥姆真理教制造的震惊世界的东京地铁毒气事件。这次事件造成 12 人死亡，数千人受伤。这种毒气就是神经性毒剂——沙林。

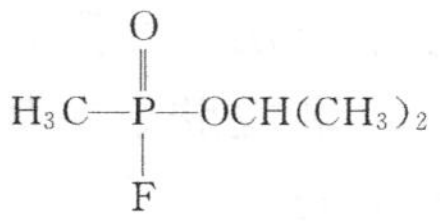

图 9－5　沙林的结构式

沙林的化学名为甲氟膦酸异丙酯(图 9－5)，是无色易挥发液体，具有淡淡的苹果香味。其致死浓度很低，在战场上很难被察觉。由于其作用速度快，即使感到了它的存在而戴上防毒面具，也往往已经中毒了。沙林最早由德国科学家在研制杀虫剂时发现。这种物质挥发性强、毒性大，不适合作农药。但是，军方发现了这种物质的新用途。

德国最早发现了神经性毒剂，但是因为惧怕引起盟军的报复性应用，所以并没有在第二次世界大战中使用。神经性毒剂还有维埃克斯(VX)、梭曼(GD)等，其毒性更强，致死速度更快。

1968 年，美国陆军在美国本土使用 VX 进行实验，导致一牧场主的近 6000 只羊死亡，引发了震惊世界的“羊群诉讼案”。1980 年，苏联在阿富汗围剿游击队时使用了梭曼毒剂弹。被杀死的游击队员甚至还保持着举枪瞄准的姿势，是在瞬间死亡的。

9.3.2 糜烂性毒剂

2003 年 8 月 4 日，黑龙江省齐齐哈尔市的一处建筑工地。工人们挖地基时，发现了几只锈迹斑斑的金属桶。其中的一只渗出黑色的油状液体，散发出浓烈的大蒜气味。几个小时以后，在场的工人纷纷出现了失明、头痛、呕吐等症状。然后，皮肤、呼吸道溃疡，白细胞数量下降，造成了严重的伤亡。原来，这几只金属桶是日本侵略者逃离中国时遗留下来的芥子气弹。

1886 年，德国科学家在一次试验中制得了这种无色的油状液体。它具有强烈的大蒜芥末气味，被命名为芥子气。当时，他不慎在皮肤上沾了一滴，随即擦掉了。但是，被沾染的皮肤很快起泡溃烂，最后留下了巨大的疤痕。

这条消息又被军方获悉了。经过长时间试验，芥子气的性质被发现。芥子气($ClCH_2CH_2—S—CH_2CH_2Cl$)的化学名为 2,2′-二氯乙硫醚。与蛋白质接触后，可以引起蛋白质巯基、羟基烷基化。烷基化后，蛋白质将永久失去活性，从而引起皮肤黏膜变性糜烂。

芥子气是一种挥发性的油状液体。在战场施放后，不仅可以渗透进普通的帆布军服，甚至可以透过薄橡胶防毒衣。当时仅仅会感到皮肤发痒、流泪、咳嗽；4～6 h 以后，开始出现皮肤溃烂、失明等症状。受害者往往在数天后死亡，或者留下终生残疾。吸入其蒸气，可以引起严重的肺损伤，几乎 100%死亡。

如果皮肤、黏膜不慎沾染，要立即用乙醇等有机溶剂擦掉，然后按照烧伤治疗。

在第一次世界大战中，交战双方都大量使用了芥子气。希特勒当时是一名普通士兵，曾经被英军的芥子气伤害导致暂时失明。第二次世界大战中，只有日本在中国使用过芥子气。两伊战争中，双方也都使用过芥子气。

糜烂性毒剂还有路易氏气，其特点是立即发生伤害，没有潜伏期。这是一种砷剂，解毒剂为二巯基丙醇。

9.3.3 全身性毒剂

全身性毒剂属于一种速杀性的毒剂，主要是氢氰酸、氯化氰等，也称为血液性毒剂。氢氰酸为无色易挥发液体，具有苦杏仁味。其蒸气被吸入后，在血液中解离出氰离子，随血液循环遍布全身，使人员迅速死亡。其中毒机理和解毒方法参见前述。

氢氰酸、氯化氰都是最常用的化工原料之一，生产工艺简单。但是，其防护比较容易，不能持久染毒，限制了其在现代战场上的应用。

9.3.4 窒息性毒剂

窒息性毒剂主要包括光气、双光气等。

1812 年，英国科学家将氯气和一氧化碳混合，在强光照射下合成了光气。光气的化学名为碳酰氯，分子式 $COCl_2$。

光气被吸入后，可以与肺泡中的水作用，生成浓度很大的盐酸。盐酸可以破坏肺泡组织，使肺泡表面活性物质失去作用，血浆即可渗入肺泡，使其失去气体交换能力，受害者最终死于窒息。最早应用的氯气也属于窒息性毒剂。窒息性毒剂最大的弱点就是怕水。所以，使呼吸气体通过碱性溶液就可以很好地破坏这种毒剂。

9.3.5 刺激性毒剂

1977 年 11 月 5 日，美国白宫南草坪。伊朗国王巴列维受到了美国总统卡特的热情接见。当卡特致欢迎词的时候，通过电视收看新闻的人们惊奇地发现，总统竟然流泪了。不知是见到了老朋友激动万分，还是被伊朗经济的突飞猛进所感动。而且，现场的美伊官员、警卫、新闻记者也都是热泪盈眶。原来，白宫外一群伊朗留学生和伊朗裔美国人正在举行示威游行，为了不影响正在进行的欢迎仪式，警方使用了催泪弹。但是，一阵大风吹来，将烟雾吹进了围墙，让宾主双方泪流满面。

催泪弹的主要成分就是刺激性毒剂。刺激性毒剂主要有苯氯乙酮（图 9－6）、亚当斯气等，可以强烈地刺激人的眼睛和呼吸道，引起流泪、咳嗽、哮喘等刺激症状，使人员不能执行战斗任务，失去抵抗能力。而且，它的作用比较持久，中毒人员在脱离毒气环境数分钟甚至数天内都无法恢复正常，严重地影响其战斗能力。这种毒剂一般不能引起远期伤害，中毒人员经休养基本可以恢复正常。当咳嗽不止时，可以使用少量麻醉剂抑制刺激症状。

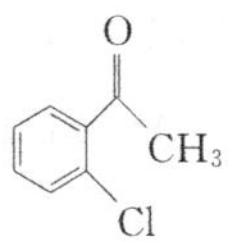

图 9－6　苯氯乙酮的结构式

美军正在研制的一种刺激性毒剂称为“臭气弹”，主要是含有巯基等基团的小分子物质。这种物质不会伤害人体，但空气中混有极少量就可以产生冲天的臭气。这种无法忍受的臭气会让人不顾一切地逃离，却不会有任何后遗症。

9.3.6 “人道”的毒剂——失能性毒剂

1952 年，美国国家电视台播出了这样一组镜头：在一个大玻璃柜中关着一只饥饿的猫。试验人员扔进了一只小白鼠，猫立刻凶相毕露，扑过去抓住了小白鼠。试验人员救出小白鼠后，向玻璃柜中滴入一滴液体。过了一会，把小白鼠又扔了进去。这一次，猫却像见到了恶魔，被小白鼠吓得东逃西窜。

那滴液体就是失能性毒剂——毕兹溶液。随后军方发言人说：“这是一种人道的化学武器。它可以让敌人失去战斗能力，不再对我们造成威胁，我们可以方便地俘获而不是杀死他们来结束战斗。”

失能性毒剂主要是一类针对神经系统的药物，可以使神经传导发生错误，让中毒人员精神错乱，不会操纵手中武器，不辨敌友，失去抵抗能力。这种精神症状几天以后就可以消除，基本不会留下严重的后遗症。

在越南战场上，美军就对越军使用过这种毒剂。但是，美国战地记者发现，大量的越军官兵是拿着子弹充足的步枪被美军用刺刀刺死的。这就是“人道”的化学武器的效果：失去抵抗能力的人被残忍地杀害！

9.3.7 不针对人的化学武器——植物枯萎剂

越南战争中，越南北方和南方之间的主要交通线是位于热带雨林当中的一条公路——胡志明小道。由于丛林密布，美军很难准确破坏这条交通线。于是，美军向越南农村的非军事区喷洒了 4200 万 L 俗称“橙色剂”的脱叶剂，不久就引起植物大量枯萎死亡，爆发的山洪多次冲毁胡志明小道，比空军的轰炸还有效。

“橙色剂”实际上是一种高效除草剂，是人工合成的植物激素，可以使植物迅速畸形生长，随即死亡。其本身对人体也有很大的毒性和致癌、致畸作用。“橙色剂”不但间接使 100 万越南人伤亡，也使参战的美军官兵身患各种后遗症。至今，喷洒过“橙色剂”地区居民和参加越南战争美军老兵中的癌症和畸形婴儿的发生率还相当高。

9.3.8 化学武器的应用和防护

化学武器从其特点来看可以分为两大类：暂时性毒剂和持久性

毒剂。

很多气体毒剂或强挥发性毒剂持续时间短，只有几秒钟到几分钟就会扩散到效果很差的低浓度，如沙林、氢氰酸等。

很多固体或弱挥发性液体毒剂可以造成数小时甚至数天的有效染毒浓度，如芥子气、毕兹等。但是，如果芥子气以气溶胶形式施放，就变成了暂时性毒剂；而沙林若以缓释溶剂施放，就成为持久性毒剂。

化学武器主要以气体形式施放，可以渗透进任何非密闭的空间；相对常规武器而言，还有造价低廉、不破坏装备的特点。所以，从发明以来就被战争狂人们竞相使用。由于其杀伤效果太强，已经被日内瓦国际公约禁止使用。

化学武器并非无法防护，酸、碱甚至水都可能使其分解失效。有毒气体还可以被活性炭等多孔物质吸附。一般的防毒面具可以过滤几乎所有的毒气。其主要机理就是通过酸性溶液、碱性溶液分别洗涤空气，活性炭吸附。对于糜烂性毒剂，隔绝式的防毒衣也可以很好地防护。如果空气染毒特别严重，还可以穿着封闭式防化衣。封闭式防化衣提供了一个完全隔绝的环境，人员呼吸用氧气由过氧化钠提供。

化学武器的施放也受环境因素的限制。一般来说，越封闭的环境染毒效果越好，如坑道、室内或低洼地带。而空气流通好的地方，如高地、山顶，毒剂很快就会扩散到无害浓度，效果很差。此外，如果是大风天气，毒剂会被迅速吹散；雨天，毒剂会遇水分解或被冲走；雪天，毒剂会被覆盖而不发挥应有作用。而且，天气炎热时，毒剂的挥发、分解作用也会加速，很可能使目标人员中毒之前就损失殆尽。

化学武器的最大特点是都有特殊的气味。例如，沙林有苹果香味，芥子气有大蒜气味。化学武器的施放可以依靠炮弹、火箭弹、导弹等，还可以由飞机、车辆布洒，类似于农药的喷洒。化学弹爆炸时一般威力都很小，但是爆炸后却可以形成很大的烟雾团，并伴随有特殊气味。同时，还可以看到昆虫、动物非正常死亡，这都是化学武器使用的特征。

9.4 核武器与化学

1945 年 7 月 16 日，5 点 30 分，美国新墨西哥州沙漠。随着一声巨响，一个比正午的太阳还要亮的火球出现了。这就是世界上第一枚核武器——原子弹。

9.4.1 原子弹与化学

1939 年，核物理学家发现，当一个重原子核（如铀等）被中子轰击后，可以发生裂变。裂变前后并没有发生质子、中子数量的变化，但是其质量却减轻了微不足道的一点。根据爱因斯坦能量方程 $E=mc^2$，这些消失的质量转化为能量释放出来。这微不足道的一点质量乘以光速的平方，就是一个相当大的数值了。据测算，一个铀原子核裂变仅能释放 2.9×10^{-11} J 能量，但是，1 mol 铀-235，可以释放 1.746×10^{13} J 能量，这相当于数千吨 TNT 爆炸的效果。因为铀原子核裂变时可以同时释放两三个中子，如果这些中子继续轰击其他的铀原子核，就可以形成雪崩式的裂变反应，把能量在 0.01 s 内释放出来，称为链式反应。这样的瞬间能量释放可以形成破坏巨大的爆炸，完全能够制造出一种质量轻、破坏大的武器。

但是，铀有铀-235 和铀-238 两种同位素。铀-235 在吸收中子后可以立即发生裂变，而铀-238 则几乎毫无变化。天然铀中铀-235 的比例很小，根本不可能维持链式反应。所以，将铀-235 提纯就成为原子弹成功的关键。铀-235 与铀-238 的化学性质完全相同，物理性质中也仅仅是密度稍有差异。科学家发现，铀与氟反应生成 UF_6，这是一种气体。铀-235 和铀-238 的氟化物密度有差异，如果使其扩散通过多孔板，铀-235 氟化物比铀-238 氟化物稍快。经过很多次这种过程，铀-235 就被提纯了。也可以利用超速离心的方法分离。

铀-238 也不是废物。当铀-238 吸收中子后，会发生 β 衰变成为镎-239。镎-239的半衰期很短，很快衰变为钚-239。钚-239 与铀-235 性质相似，也可以发生链式反应。1945 年投放在长崎的“胖子”就是一枚钚弹。据统计，美军在日本投下的两枚原子弹共造成近 30 万人死亡，效果远远超过任何一种常规武器。

9.4.2 氢弹与化学

核裂变实现以后，科学家又把目光集中在了轻核的聚变反应。如果轻原子核（如氢）的同位素（氘、氚）靠近到一定距离，可以聚合为质量稍大的氦核，其质量的衰减大于重核的裂变。太阳就是一个巨大的核聚变反应堆。

但是，原子核携带正电荷，要想让其靠近到可以聚合的距离，必须使其具有巨大的动能。达到这种动能的温度只存在于恒星内部，依靠常规方法是无法实现的。可是，原子弹爆炸时的温度可以达到上千万度，完全满足了这种需求。一旦被引发，核聚变本身产生的能量就足以维持直到燃料用尽。

1952 年 11 月 1 日清晨，太平洋埃尼威托克环礁。随着一声巨响，耀眼的火球冲天而起。海水沸腾了，整个小岛几乎从海面上消失。这就是第一枚氢弹。

这枚氢弹使用一枚小当量原子弹作为“雷管”。核聚变材料为液态氘、氚。核反应方程式如下：

$$^{2}_{1}H+^{3}_{1}H \longrightarrow ^{4}_{2}He+^{1}_{0}n$$

这枚氢弹的爆炸当量相当于 700 个广岛原子弹，充分体现了核聚变的威力。但是，这种氢弹是不具有实战应用价值的。它的质量达到 65 t，其中用于维持氘氚液化的制冷系统就有约 50 t。这样大的质量是任何运载工具都难以承载。而且，核燃料氚是一种放射性同位素，半衰期为 12 年，制造好的氢弹是不能长期保存的。

化学家和核物理学家合作，很快解决了这个问题。用锂的一种同位素锂-6 与氘反应，生成一种白色的固体氘化锂。这是一种容易保存的盐。氘化锂用作核装药，在爆炸时发生以下两个核反应：

$$^{6}_{3}Li+^{1}_{0}n \longrightarrow ^{3}_{1}H+^{4}_{2}He$$

$$^{3}_{1}H+^{2}_{1}H \longrightarrow ^{4}_{2}He+^{1}_{0}n$$

这两个反应都会释放巨大的能量。原子弹“雷管”爆炸时可以提供足量的中子，中子与锂-6 反应生成氚，氘氚核聚变时又能产生中子维持锂-6 的反应，……所以，总反应式可写为

$$^{6}_{3}Li+^{2}_{1}H \longrightarrow 2^{4}_{2}He$$

这样，氢弹甩掉了重负，可以应用于实战。由于氢弹爆炸时要发生两种核反应，即原子弹“雷管”裂变反应和氘氚聚变反应，因此也被称为双相弹。

氢弹的原料氘是氢的同位素，大量存在于自然界中。氘与氧的化合物称为重水，其化学性质与水基本相同。但是，重水的沸点略高于水，在电解水时，重水也相对不容易被电解。因此，可以采用反复蒸馏普通水和电解水的方法浓缩重水，最后利用电解的方式得到氘。锂-6 主要存在于海水、矿泉水、锂辉石中，天然储量也很大。所以，氢弹的原料更易得。

氢弹爆炸成功后，人们发现，其爆炸时可以产生大量高速的中子。如果用这种高速的中子轰击铀-238，可以引起其裂变而释放能

量。由于铀-238裂变时不产生中子，所以不会维持链式核裂变反应，但是核聚变产生的高能中子已经绰绰有余。于是，在氢弹的外边加上铀-238外壳，就制成了聚变-裂变弹，也称为氢铀弹。由于同时发生原子弹“雷管”裂变、氘氚聚变和铀-238裂变三种核反应，所以又被称为三相弹。

由于氢弹不受核装药临界体积的限制，所以理论上讲可以做得无限大，上千万甚至上亿吨级的氢弹也可以制造出来。由于三相弹中应用的铀-238是制造原子弹的废品，这种应用更是很好的废物利用。

9.4.3 不是核武器的核武器——贫铀弹

在提取核燃料时，铀-238成为废品。美军研究人员开发出了这种废品的新用途。

铀是一种超重元素，其密度远大于铅。用其为弹芯制成穿甲弹，其打击动量更大。当贫铀弹击中目标时，其巨大的动能可以很轻易地击穿坦克的厚装甲。而且，铀属于元素周期表稀土元素，具有以下特点：当其粉末与空气摩擦时可以燃烧，且热值很高。例如，机械打火机的火石就是稀土元素的镧铈合金。所以，贫铀弹打击后产生的贫铀材料碎屑可以立即燃烧，产生细微的氧化物飘尘，扩散于空气中，沉降在土壤内。

铀-238是一种放射性元素，其半衰期达数百万年。使用过贫铀弹的地区，铀-238的化合物可以随饮水、食物链进入人体，同时在环境中对人和其他生物造成持久的放射伤害。从这一点来说，贫铀弹的放射性沾染威力一点也不逊色于任何一种核武器。在使用过贫铀弹的伊拉克、南斯拉夫等地区的居民中，甚至在当地执行过任务的英美、北约士兵中，癌症的发病率都相当高。在这些地区，人们甚至不能饮用当地的水，不能吃当地出产的食物。

与贫铀弹类似，一些恐怖组织试图制造一种“脏弹”来攻击其他国家。放射性元素的半衰期是不随其化学存在状态改变的，其辐射能力也是稳定的。于是，他们在普通炸药中混入放射性核废料，在爆炸后，这些放射性元素化合物就会严重污染周围的环境。所以，在最近的反恐怖战争中，连毫无用处的核废料也被各个政府部门严加看管，以免失窃，成为恐怖分子制造“脏弹”的原料。

世界最严重的毒气泄漏悲剧
——“博帕尔事件”

美国联合碳化物公司为回避本国限制生产有害物质的法律规定，为节约大量环保费用以增加利润，于 1977 年在印度中部博帕尔创建了印度联合碳化物公司，这是其拥有全部产权的一家子公司。另一家子公司在本国西弗吉尼亚州。该公司生产一种名为甲基异氰酸盐的气体，是制造农药西维因和涕灭威的原料。根据英国化学工业协会主席的声明，英国在 20 世纪 70 年代就已停止生产和储存大量的甲基异氰酸盐了。博帕尔工厂却继续在生产这些化学剂。而且，美国联合碳化物公司采用“双重安全标准”，即在博帕尔工厂和在本国西弗吉尼亚州的相同的联合碳化物公司，安全和监督有毒物的系统大不相同。该公司为了追逐暴利，在博帕尔工厂的设计方面没有采用美国公司同类企业中安装的应急预警计算机系统和储存化学毒剂的安全可靠场所。因此，博帕尔工厂是在既无预防措施又无安全原则的条件下生产剧毒的甲基异氰酸盐。甲基异氰酸盐 21 ℃时即为气体，从储气罐中渗出的毒气通常会通过一个氢氧化钠涤气器进行中和成为无害气体。但压力增加的速度太快，以至于涤气器来不及中和这些泄漏的毒气。当这些致命毒气开始渗出时，人们正在熟睡中，毒气引起了一片惊慌，最终造成 20 000 余人死亡。

伤亡如此惨重，引起了印度国内外极度的不安和愤怒。印度前总理拉·甘地当天就表示：“博帕尔出现的这一可怕悲剧使我感到非常震惊、十分悲痛。它造成的严重后果确实令人感到恐怖。”他立即拨出32万美元用作救济金。印度政府石油和化工部长瓦桑特·萨特12月5日声明，希望美国联合碳化物公司对受害者给予足够的赔偿，“能像这场事故发生在美国那样来处置，拿出它在美国所会拿出的同样数额的赔偿金”。但是，这家公司对受害者提供的赔偿“无论以哪种标准来衡量都是少得可怜的”，而且是在“不通知受害者有各种不同索赔权的情况下”这么做的。为此，印度人12月7日在美国西弗吉尼亚州对联合碳化物公司提出诉讼，控告这家大化学公司的设计和经营不当，要求赔偿150亿美元。这一诉讼案是博帕尔的两个家庭——希拉·巴伊·达瓦尼一家和拉赫曼·帕特尔一家起诉的，达瓦尼的丈夫和帕特尔的妻儿都被毒雾夺去了生命。因起诉者请求让他们代表毒气受害的所有人，这个案件即成为集体控告一方的诉讼案。150亿美元的赔偿也长期不兑现。1985年12月4日，即印度在纪念1984年毒气事件一周年的第二天，在新德里又发生了什里拉姆化肥厂硫酸外漏事件。

多年后，有人这样写道：“每当回想起博帕尔时，我就禁不住要记起这样的画面：每分钟都有中毒者死去，他们的尸体被一个压一个地堆砌在一起，然后放到卡车上，运往火葬场和墓地；他们的坟墓成排堆列；尸体在落日的余晖中被火化；鸡、犬、牛、羊也无一幸免，尸体横七竖八地倒在没有人烟的街道上；街上的房门都没上锁，却不知主人何时才能回来；存活的人已惊吓得目瞪口呆，甚至无法表达心中的苦痛；空气中弥漫着一种恐惧的气氛和死尸的恶臭。这是我对灾难头几天的印象，至今仍不能磨灭。”混乱，从最开始就是灾难的一部分。时任博帕尔警察局局长的Swaral Puri回忆说：“1947年印度分治惨案发生的时候，我并不在场。但是，我听说了那个故事，人们只是惊惶地四处逃命。我在博帕尔看到的这一幕着实可以和那时候的那种惊慌混乱相比了。”“空气中弥漫着剧毒气体。虽然实际上人们都是朝相反的方向跑的。但是我还是跑向杀虫剂厂。大概是晚上12点左右我到了工厂,我问那里的工作人员泄漏的是什么气体,用什么方法可以解毒。但是他们没有回答我的任何问题。直到凌晨3点的时候,才有人从工厂来到警察局告诉我那种泄漏的气体是异氰酸钾(MIC)。我从日常记录簿上撕下来一张纸,把这几个字写在上面。我现在还保存着这张纸,留作纪念。”到灾难发生的第三天,统计数据显示,中毒死亡人数已达8000人,受伤人数达500 000人。事件还造成122例流产和死产,77名新生儿出生不久后死去,9名婴儿畸形。19年后,死亡人数已升至20 000人,成为迄今为止世界上最严重的中毒事件。

思考题

1. 试述砒霜中毒的化学原理。
2. 氰化物中毒后该如何解毒?其中包含怎样的化学原理?
3. 试举三例现代炸药爆炸时的化学反应方程式。
4. 列举各类化学武器的特点。

第10章

化学与文艺

化学与文艺,一个是自然科学的中心学科,一个是社会科学的璀璨明珠;一个理性而严谨,一个感性而自由。看似处于磁铁的两极,实则相互贯通、相映成趣。无论是文艺创造所用的工具、作品的表达形式,还是作品的特殊效果,无不体现了化学的魅力。化学使文艺更加灿烂绚丽,同时文艺也让化学更生动自然。2009 年 Tea off 世界厨具大赛的优胜作品清彩变色茶壶(图 10-1)就是化学与艺术的一个很好的结合。茶壶的创意在于其外层涂有感温变色油墨,在加热过程中隐藏的装饰花纹会随着温度的升高分步呈现,同时起到温度指示的作用。化学的应用使茶壶更加生动、有趣,而变色茶壶也使更多的人去关注、了解化学。

图 10-1 清彩变色茶壶

下面从化学与文房、化学与文物、化学与文学影视和化学与娱乐四个方面,简要介绍化学与文艺的关系。

10.1 化学与文房

文房之名,始于南北朝时期,专指文人书房或书斋中使用的书写绘画等器具。随着科技的进步，文房无论从品类、实用性还是艺术性上都有所发展。目前对文房而言，实用价值仅是其基本价值体现，文房用品的艺术价值和创新价值的比例日趋提高。

10.1.1 传统文房四宝

我国传统文房用品中，笔、墨、纸、砚被称为文房四宝。此文房四宝的发明和应用凝聚着古人的智慧，而由此引申的制作工艺、书法和绘画等艺术更是代表了中国古代文人和工匠的审美和情怀。

1. 笔

文房用品中首当其冲的就是笔。而在各类笔中，毛笔可算是中国独有的品类。传统的毛笔不但是古人必备的文房用具，而且在表达中华书法、绘画的特殊韵味上具有与众不同的魅力。中国的书法和绘画都与毛笔的使用分不开。

毛笔的精髓在其毛，一般为动物纤维制成。提到毛笔，人们往往会想起“蒙恬造笔”的故事。而毛笔被称为“管城子”和“毛颖”也与蒙恬造笔有关。相传战国时期的秦国大将蒙恬带兵在外作战，他要定期写战报呈送秦王。当时，人们用竹签为笔写字，蘸了墨没写几下又要蘸，使用起来很不方便。一天打猎时，蒙恬看见一只兔子的尾巴在地上拖出了血迹，不由生出灵感。他剪下一条兔尾巴，插在竹管上，试着写字。可是兔毛油光光的，不吸墨。蒙恬又试了几次，效果都不行，于是随手把那支“兔毛笔”扔进了门前的石坑里。有一天，他无意中发现那支被自己扔掉的笔，毛不仅变得更白了而且还湿漉漉的。他将兔毛笔往墨盘里一蘸，兔尾竟变得非常“听话”，写起字来非常流畅。原来，石坑里的水含有石灰质。经碱性水的浸泡，兔毛的油脂被去掉，变得柔顺亲水。其中暗含的化学反应即油脂在碱性条件下的皂化反应。脂肪和植物油的主要成分是三酸甘油酯，它在碱性条件下催化水解的方程式为

$$\begin{array}{l}CH_2OOCR\\ |\\ CHOOCR + 3NaOH \longrightarrow 3RCOONa + CH_2OHCHOHCH_2OH\\ |\\ CH_2OOCR\end{array}$$

R 基团不同，对应的产物羧酸盐 RCOONa 也不同。反应物三酸甘油酯不溶于水，为疏水性物质，而产物甘油和羧酸盐均为亲水性物质。反应

得到的羧酸盐可以用来做肥皂，而反应也是制造肥皂流程中非常重要的一步，因此也称为皂化反应。

2. 墨

墨是我国文化发展和交流的重要工具，同时也是集中国绘画、书法和雕刻技巧于一身的特殊工艺品。追溯墨的起源，可分为天然墨和人工墨两类。天然墨始于新石器时代，如1980年陕西临潼姜寨村仰韶文化墓葬中出土的黑红色氧化铁矿石就是天然墨。人工墨始于甲骨文时期，即商代。美国人曾在1937年的《工业及工程化学》（分析版）上发表论文，通过颜料的微量化学分析证明，在甲骨上书写文字的颜料中，红色是朱砂（HgS），而黑色是碳单质。通常书法中所说的墨是由碳单质（烟、煤）与动物胶相调和，经合剂、蒸杵等工序加工而成的。

3. 纸

纸是中国古代的四大发明之一。据考证，我国自西汉以来就开始造纸，其中由植物纤维制成的灞桥纸是目前世界上发现的最早的纸之一。东汉蔡伦改革并推广了造纸术，使纸的使用进一步发展和传播。古代用纸在纸的品类中属于古纸和手造纸，都是由木浆经过不同的加工方式得到。而木浆的主要组成即植物纤维，其中除了含有纤维素、半纤维素和木质素这三大主要成分外，还有少量的树脂、灰分以及硫酸钠等辅助成分。纤维素是一种复杂的多糖，由8000～10 000个葡萄糖残基通过β-1，4-糖苷键连接而成（图10-2）。它是世界上最丰富的天然有机物，占植物界碳含量的50%以上。

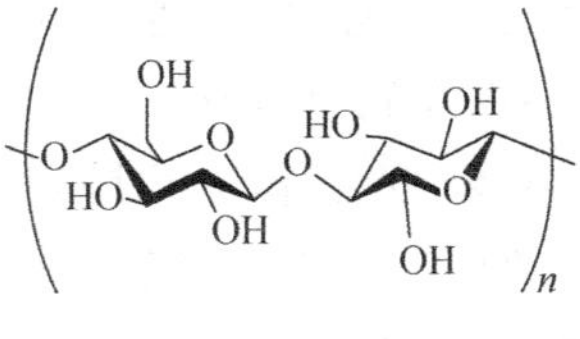

图10-2　纤维素的结构式

造纸制浆过程中需要通过机械和化学方法去除原料中缠绕着纤维素的部分木质素和半纤维素等，使纤维素得以分离和利用。例如，化学制浆的硫酸盐过程中需要大量使用NaOH、Na_2S、Na_2SO_3等化学品来分离纤维素；使用废纸为原料的制浆和脱墨过程，则主要使用NaOH、Na_2SiO_3和一些表面活性剂；制浆漂白工艺中会用到含氯化合物、H_2O_2以及O_3等氧化剂来达到漂白的作用。此外，为了改善造纸工艺及制浆性能，还常使用各种化学助剂、增强剂、浆纱助剂等。

4. 砚

砚是我国特有的文房用品，它是由砚石雕制而成的研墨工具。砚石主要由硬度较低的黏土矿物或方解石和一定比例(5%左右)硬度较高的次要矿物(石英、黄铁矿、红柱石和赤铁矿等)组成。方解石是最为常见的矿石之一,主要成分为 $CaCO_3$;石英的化学组成为 SiO_2;黄铁矿和赤铁矿都为铁的矿石,主要成分分别为 FeS_2 和 Fe_2O_3;红柱石则是一种硅酸铝矿物,其化学成分为 Al_2SiO_5。不同的砚石其矿物组成不同,其化学组成也随之不同。泥岩、板岩和千枚岩类砚石,其矿物组成主要为硅酸盐,因而其化学性质稳定。灰岩、大理岩类砚石,矿物组成主要为碳酸盐,化学反应性比硅酸盐强。需要注意的是,即使同一类岩石,也会因为产地和石品的差异,化学组成有所不同。从岩石的化学组成看,其中除了主要含 SiO_2、Al_2O_3 或 CaO、CO_2 外,还含有一定量不同价态的铁质,使砚石呈现紫红色、猪肝色、灰黄色和绿色等;少量的 P_2O_5 和 SO_2 能使砚石磨出的墨汁油润有光泽,写出的作品不易被虫蛀。

10.1.2 其他文房中的化学

1. 油墨的世界不孤单

随着化学的发展和人们对于文房用品要求的提高,越来越多的化学创新成果应用到文房用品的设计和使用中,其中特别值得一提的是化学在油墨发展中的作用。现在人们对于墨的认识已经不再局限于墨汁。钢笔墨水、圆珠笔和水性笔油墨、喷墨打印机的墨盒以及一些特殊作用的墨都与化学的发展息息相关。油墨是具有一定流动性的浆状胶黏体,可分为液体油墨(溶剂)和浆状油墨(胶、铅印)两大类。日常生活中接触最多的是液体油墨,其又可根据水溶性分为水性、油性和中性。

面对种类繁多的墨,我们首先来说说钢笔墨水。钢笔墨水根据颜色可分为纯蓝墨水、蓝黑墨水和黑墨水,当然也有红墨水。纯蓝墨水的主要原料为水溶性的酸性墨水蓝。酸性墨水蓝属三苯甲烷系(图 10-3),是由碱性品红与苯胺缩合后用硫酸磺化,经碳酸钠中和最后用硫酸酸化而得。在不同的溶剂中所呈现的颜色有差异,如在水溶液体系中为蓝色,在乙醇中为蓝绿色,而遇到浓硫酸则呈红棕色。酸性墨水蓝的水溶性和在空气中易被氧化的性质,导致书写的字迹容易被水晕染和褪去,不利于书写材料的长期保存。

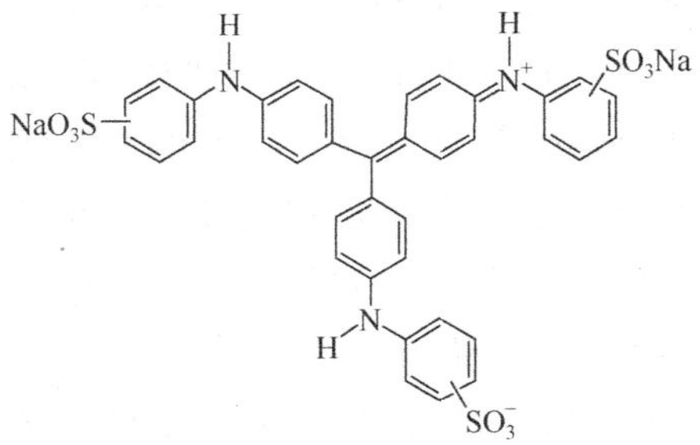

图 10－3 酸性墨水蓝的结构式

针对纯蓝墨水易褪色的问题，其后研发的蓝黑墨水在颜色的持久性上有很大的改善。蓝黑墨水中除了含有酸性墨水蓝染料外，还加入了鞣酸、没食子酸、硫酸亚铁等成分。因此，蓝黑墨水又称为鞣酸铁墨水。鞣酸和没食子酸能与 Fe^{2+} 反应生成无色可溶性鞣酸亚铁或没食子酸亚铁，并建立动态平衡。书写后，经过空气中的氧气氧化，字迹中的亚铁化合物逐渐转变成黑色不溶性的鞣酸铁和没食子酸铁。沉淀使得有机染料被固着于纸上，此外鞣酸铁沉淀还可以增强墨水的耐水性，没食子酸铁沉淀则增强变黑性，两者都能使墨水颜色的持久性增强。从这一原理来看我们也很容易理解，为什么蓝黑墨水写出来的字会由最初的浅蓝色，随着时间推移，逐渐加深变为蓝黑色。除了以上成分外，蓝黑墨水中还加入了丙三醇等吸水剂来保持笔尖湿润以增加书写的流畅性，少量酸性稳定剂（如硫酸）用来防止墨水氧化产生沉淀。但也正是酸性稳定剂的加入，使得这些含酸字迹对纸张产生很大的危害。前面我们已经提到了纸的主要成分是纤维素，墨水中的酸渗透到纤维素中，在一定温度和湿度条件下，不断催化纤维素水解，致使纸张脆化甚至出现穿孔的现象。因此，从这个角度看蓝黑墨水也不宜用于书写需要长期保存的资料。此外，一些常用氧化剂如高锰酸钾、漂白粉、次氯酸钠、过氧化氢等也可以氧化墨水中的有机染料，破坏发色官能团并改变分子结构，使染料的颜色随之改变或消失。同时，一些还原剂如维生素 C 或草酸等能将字迹中的 Fe^{3+} 还原，从而褪去蓝黑墨水中的黑色。这些正是蓝黑墨水类退字灵消退字迹的基本原理。无论是纯蓝墨水还是蓝黑墨水，在墨迹的保留上都存在缺陷。因此，以黑色染料为着色剂的高级黑墨水或者以炭黑为主要成分的碳素墨水，因化学性质稳定、光泽性好等特点，成为最适合档案保存的墨水。

各类墨水的组成和性质比较见表 10－1。

表 10-1　各类墨水的组成和性质比较

	纯蓝墨水	蓝黑墨水	黑墨水	碳素墨水
着色剂	酸性墨水蓝(主色) 酸性大红 G(调色)	酸性墨水蓝(主色) 直接湖蓝 5B(主色)	直接耐晒黑(主色)	炭黑(主色)
酸碱性	酸性	酸性	碱性	碱性
特殊辅料		硫酸亚铁、鞣酸、没食子酸	渗透剂(如拉开粉、二异丁基萘磺酸钠)	增稠剂和分散剂(如 PVP)
其他主要辅料	苯酚(防腐剂)、甘油(润湿剂)、硫酸(稳定剂)		苯酚(防腐剂)、甘油(润湿剂)、乙二醇(润湿剂)	
优点	颜色鲜艳悦目	色牢度高	稳定、书写流畅	字迹牢固、耐水、永不褪色
缺点	字迹易晕散、褪色	对纸有一定腐蚀性、遇碱变质	色牢度不高、一般有偏色	易堵塞钢笔、书写流畅性稍差

近年来,墨水钢笔的使用率逐渐降低,取而代之的是更为方便的油性笔、中性笔和水性笔。这三种笔的主要区别在于染料基质溶解性的差异。油性笔的基质染料为油性,难溶于水,不易褪色但黏度大;水性笔的墨为水性,纸对其吸收性好,书写相对流畅但遇水易晕染;中性笔则兼有上面两者的性质,是目前应用最为广泛的笔之一。

除了一般书写用油墨外,还有一些特殊的油墨也出现在书写世界中。例如,荧光笔就是在普通油墨中加入荧光剂,在紫外线的作用下产生荧光效果,发出白光使墨迹更加鲜亮。此外,还出现了隐藏的无色荧光笔,书写后没有颜色,在紫外灯照射后方呈现书写内容。变色油墨也在市场上出现,如可擦中性笔就是利用摩擦生热使字迹油墨温度升高从而实现墨迹褪去。相较于传统的利用钛白粉或硫化锌覆盖作用的改正液,这种可擦中性笔在书写页面整体和美观性上提升了一步。对于追求书写整洁、美观的人,可擦中性笔是一个非常好的选择。可擦中性笔的热致变色过程为不可逆过程,即字迹不会随着温度降低而重现。也有可逆的变色油墨在日常生活中的应用。开关变色马克杯的神奇效果就源于在杯子外的釉色中加入了可逆的热致变色染料。染料会随着杯子温度的变化开启关闭,从而控制图案的呈现。在前文中提到的清彩变色茶壶也是利用了可逆的热致变色油墨。2006 年英国一家名为“狮王品质标准”的公司还将变色油墨用于鸡蛋上,以帮助人们通过油墨随温度的变化来标记煮的蛋是“嫩蛋”、“适中”还是“老蛋”。除了温感变色油墨外,还有光感变色油墨、湿感变色油墨、化学变色油墨等,这些特殊的油墨主要用于防伪、警报等特殊用途和创意产品的设计和研发。例如，人民币左下角数字就采用了光感变色油墨印刷，以起到防伪的作用。同样，2014 年美国财政部也在新版美元上采用了可逆热致变色油墨用于防伪设计。

当特殊用途的油墨与纸结合，就创造了一些具有神奇效果的纸。例如，最初用于复写的印蓝纸，就是在油性纸的背面涂上蓝色碳墨染料，当受到压力时染料就会印到下一页。但这样的复写纸存在转印效果不佳、干净程度稍差的缺点，目前正逐渐被另一种新的隐色无碳复写纸所代替。这种无碳复写纸是第一种化学型压敏记录纸，是 1954 年由美国 NCR (National Cash Register)公司的 L. Scheicher 和 B. Green 发明的。无碳复写纸复写的基本原理与印蓝纸类似，都是压敏纸。两者的区别在于，无碳复写纸不再需要用涂色蜡的复写纸作为“中介”，而只需将多页此类纸叠在一起书写即可实现高效、连续化的清洁打印复写。那么无碳复写纸的颜色来源何在呢？秘密就藏在上层复写纸的背面和下层复写纸的正面。无色染料藏在复写纸背面的微胶囊中，胶囊内装有染料前体。之所以称其为染色前体，是因为它原本无色，但在一定条件下能变成有色染料，如常用的无碳复写纸的黑、蓝、橙、绿、红等字迹颜色。这些染色前体的显色通常是 pH 调控的，如首个使用的染料前体晶体紫内酯在酸性条件下会因分子结构转变而由无色变成紫色。这个变色条件是如何创造出来的呢？答案就藏在下层复写纸的正面，其上涂有相应的显色剂。当用力书写或者打印的冲击压力将上层复写纸的微胶囊压破时，微胶囊中的无色前体溶液流出与下层复写纸上涂覆的显色剂混合，发生化学反应呈现有色图文，从而达到复写的目的。如果以晶体紫内酯为前体，则显色剂只要是酸性溶液即可。总的来说，无碳复写纸的染料前体与显色剂溶液分别位于不同的纸面，一定条件下发生化学反应而显色。另一种新型的打印纸——热敏纸同样也是利用染料前体和显色剂显色。但区别于无碳复写纸的是，热敏纸上染料前体与显色剂同时存在于纸张的同一面，其存在形式不是液体而是固体。例如，晶体紫内酯在常温下就是固体，如果接触的酸同为固体，那么虽然隐色染料与显色剂在物理上充分混合、亲密接触，但它们并不会发生化学反应，能长时间相安无事。一旦条件改变，这些分子运动速率增大，如变成液态，则显色反应速率大大提高，从而能快速显色(图 10－4)。热敏纸就是利用这一化学原理，将碾细的固体前体与显色剂混合均匀后涂抹在纸张表面，当纸上温度升高，固体熔化成液体，反应就能快速进行从而显色。目前热敏纸应用最广的领域是购物超市的小票用纸，因为这些纸自带油墨，所以小票打印机并没有墨盒，取而代之的是一个能提供高温的打印头。

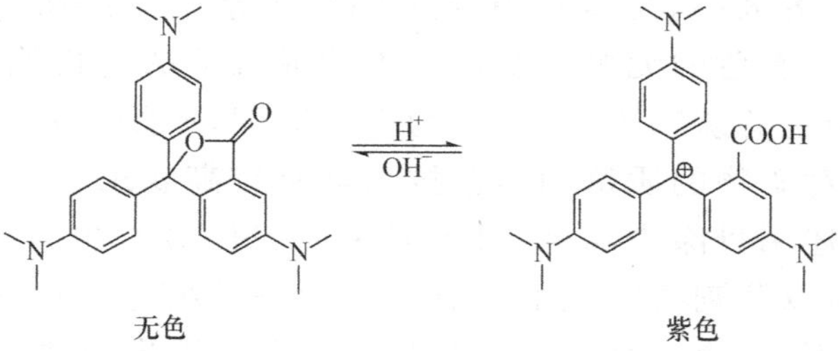

图 10-4 晶体紫内酯的显色反应

除了上面提到的特殊纸外，随着电子技术的发展还出现了基于化学原理的电子纸技术。电子纸技术，通常称为电子墨水(E-Ink)，现在特指由 E-Ink 公司制造的一种使用特殊技术的显示屏幕，它是亚马逊 kindle 阅读器和汉王阅读器的核心显影技术。电子纸的屏幕由数百万个微胶囊组成，胶囊粗细与人的头发相当。双色系统中每个微胶囊内都含有黑白两色的染料粒子。染料粒子可带电，它们悬浮于透膜液体中。当正、负电场接通时，由于库仑引力作用，相应电荷的粒子会移动至微胶囊顶端，从而呈现白色或黑色影像。目前 E-Ink 公司还开发出三色电子墨水系统，原理与双色系统类似，均为使染料带电，并在电压条件下相对移动。这一原理与化学中使用的电泳分析法的原理类似，因此这类电子墨水也称为电泳显示液。在 E-Ink 的制作中还蕴含了很多化学知识，如组成胶囊壁壳的聚合物的性质组成，不同颜色及特性的染料颗粒和体系中的分散剂组成及性质等，尤其是这些材料对电场的响应。这些性质都会影响电子墨水的成像。

2. *颜色的化学*

墨的发明和利用使人类能更好地记录世界，颜料和染料的发现和利用则使世界更加真实鲜活、绚丽斑斓，同时这些色彩也在悄无声息地影响和见证世界的进程。我国早在夏商周时期植物染料就已经形成规模，到唐宋已经达到登峰造极的地步。清朝还特别开设了织造局，专门为皇家织染衣服，《红楼梦》的作者曹雪芹家三代都是江南织造局的负责人。对于颜色的分类也日趋细化，如《红楼梦》中就用了 22 种不同的词汇来描述红色。

同为着色剂，颜料与染料在溶解性、着色方式上存在区别。颜料一般不与溶剂（如水、油、乙醇等）互溶，只是以物理方式分散其中；而染料通常可以溶于溶剂中，是真正意义上的分子水平的溶解。染料以有色有机物居多，而有色的无机物及部分不溶或难溶的有机物则多为颜料。虽然可用于染色的矿物不少，但因为上述原因，矿物颜料想要达到较好的染色效果，对矿物的质量和染色技巧都有较高要求。在《考工记·钟氏》中曾经记述用丹涂染羽毛，丹就是朱砂（HgS）。在宝鸡茹家庄西周墓出土的麻布以及刺绣印痕上就有用丹涂染的痕迹。由于朱砂颜色红赤纯正，经久不褪，直到西汉，仍然用它作为涂染贵重衣料的颜料。长沙马王堆一号汉墓中出土的朱红菱纹罗棉袍上的朱红色，经 X 射线衍射分析，它的谱图就和六方晶体的红色硫化汞相同。朱砂或赭石颜料在施染以前都要经过研磨，并且加胶液调制成浆状，才可以用工具涂到织物表面。通过对上述出土纺织品的分析，可以看出当时的颜料研磨已经相当精细，涂染技术十分精良。颜料或染料除了来自于大自然外，也可以通过化学合成得到，目前合成着色剂的使用越来越广泛。

天然无机颜料多以矿石为来源，如从孔雀石中提取绿色的碱式碳酸铜 $Cu_2CO_3(OH)_2$，从青金石碱式铝硅酸盐中得到的蓝色颜料以及从黄铁矿中得到的黄色 FeS_2 等。有些金属因为其特有的金属光泽也能用作颜料，如铝粉、铜粉等可作为涂料使用。表 10－2 给出了一些常用无机颜料及其主要化学组成。

表 10－2　常见的无机颜料

颜　色	化学名	化学式	颜料俗名	发现年代
白色	水化硅酸铝	$Al_2O_3 \cdot SiO_2 \cdot 2H_2O$	瓷土、黏土、云母	早期
白色	氢氧化铝	$Al(OH)_3$	水化氧化铝	
白色	碳酸钙	$CaCO_3$	白垩	早期
白色	碱式碳酸铅	$2PbCO_3 \cdot Pb(OH)_2$	铅白、怀特海德白	
白色	氢氧化钙	$Ca(OH)_2$	圣乔尼白	15 世纪
白色	氧化锑	Sb_2O_3	锑白	1920
白色	硫酸钡	$BaSO_4$	重晶石粉	18 世纪
白色	硝酸铋	$Bi(NO_3)_3 \cdot 5H_2O$	铋白	19 世纪
白色	硫酸锶	$SrSO_4$	锶白	
白色	二氧化钛	TiO_2	钛白	1870
白色	氧化锌	ZnO	锌白、中国白、雪白	1834
白色	硫酸钡＋硫化铅	$ZnS + BaSO_4$	锌钡白	1874

续表

颜　色	化学名	化学式	颜料俗名	发现年代
粉色	氧化锡	SnO_2	波特粉	
红色	硫化汞	HgS	朱砂、辰砂	
红色	硫化亚砷	As_4S_4	雄黄	早期
红色	氧化铁	Fe_2O_3	印度红、威尼斯红、红土	
红色	碘化汞	HgI_2	猩红	
红色	氧化铅	Pb_3O_4	红铅、铅丹	中世纪
深红色	一氧化铅	PbO	密陀僧	
橙色	铬酸铅	$PbCrO_4$	铬橙/红/黄、樱草黄	1797
橙色	硫化锑	Sb_2S_3	锑橙	1847
橙色	硫化镉	CdS	镉橙	1817
黄色	硫化砷	As_2S_3	雌黄	早期
黄色	氯氧化铅	$PbCl_2 \cdot 7PbO$	特纳黄	1781
黄色	锑酸铅	$PbSb_2O_6$	拿浦黄、锑黄	800
黄色	硒化镉	$CdSe$	镉黄	
黄色	铬酸钡	$BaCrO_4$	钡黄	19 世纪
黄色	硝酸钴钾	$Co(NO_3)_2 \cdot 6KNO_3$	钴黄	1830
黄色	铬酸锶	$SrCrO_4$	锶黄	
黄色	铬酸锡	$Sn(CrO_4)_2$	矿湖	
黄色	氧化铀	$UO_4 \cdot 2H_2O$	铀黄	
黄色	铬酸锌	$ZnCrO_4$	锌黄、柠檬黄	1847
绿色	水化氢氧化铬	$Cr_2O_3.\ 2H_2O$	铬绿	1838
绿色	氧化铬	Cr_2O_3	氧化铬	1809
绿色	砷化钴	Co_2As		
绿色	氧化钴＋氧化锌	$CoO+ZnO$	钴绿	1780
翡翠绿色	乙酸铜合亚砷酸铜	$Cu(C_2H_3O_2)_2 \cdot 3Cu(AsO_2)_2$	巴黎绿、席勒绿	1788
蓝绿色	六氰合亚铁酸铁(Ⅲ)	$Fe_4[Fe(CN)_6]_3$	普鲁士蓝	1704
蓝绿色	乙酸铜	$Cu(C_2H_3O_2) \cdot H_2O$	威尔第绿	早期
蓝色	青金	铝硅酸盐	青金	
蓝色	碱式碳酸铜	$CuCO_3 \cdot Cu(OH)_2$	古董绿、蓝矿石	早期
蓝色	氢氧化铜	$Cu(OH)_2$	布勒门蓝、石亲蓝、孔雀蓝	18 世纪
蓝色	硅酸铜钙	$CaCuSi_4O_{10}$	埃及蓝、釉蓝、波佐丽蓝	公元前 3000

续表

颜　色	化学名	化学式	颜料俗名	发现年代
蓝色	氧化钴	CoO	钴蓝	1802
紫色	磷酸钴	$Co_3(PO_4)_2$	钴紫	
蓝色	锰酸钡	$BaMnO_4$	锰蓝	19 世纪初
蓝色	钴锡酸盐	$CoO+SnO_2$	钴蓝	1805
棕红色	水合四氰合铁酸铜	$Cu_2Fe(CN)_4 \cdot xH_2O$	范戴科红	
黑色	碳	C	骨黑、炭黑	罗马时代
黑色	氧化亚铁	FeO	黑色氧化铁、马斯黑	20 世纪
黑色	氧化锰	MnO	黑色氧化锰	
透明	水合硅酸镁	$3MgO \cdot 2SiO_2 \cdot 2H_2O$	石棉	

相对于天然无机染料，天然有机染料则多来源于生物特别是植物，常作为无机色材的补充。例如，红色染料可以从茜草、苏木、红花中提取；利用栀子果可以染出浓郁的橙黄色；用拓木汁染的赤黄色自隋唐以来就是帝王的服色；从菘蓝的叶子中可以提取出蓝色染料，其根是有名的中药材板蓝根；黑色染料植物主要有乌桕叶、冬青叶、五倍子等，它们均含有鞣质，与铁盐作用呈黑色。其中茜素和靛蓝是目前使用最广泛的两种天然有机颜料。化学分析中的绝大多数指示剂都为有机染料。

中国古代对颜料应用最集中、体现最生动的莫过于敦煌石窟。敦煌石窟不仅是世界艺术的宝库，也是一座丰富的颜色标本博物馆。敦煌石窟保存了古代 10 余个朝代的大量彩绘艺术的颜料样品，并且很多至今仍色彩鲜艳、金碧辉煌。它是研究我国古代颜料发展史的重要资料。敦煌石窟中所用颜料有 30 多种，大体分为无机颜料、有机颜料和非颜料物质三类。其中，无机颜料用量最大。例如，红色的朱砂、铅丹、雄黄、绛矾；黄色的雌黄、密陀僧；绿色的绿石、铜绿；蓝色的青金石、群青和蓝铜矿等；变色的铅粉、白垩、石膏、熟石膏、氧化锌和云母等；黑色则主要为碳。此外，壁画和彩塑上还应用了金箔和金粉等。有机颜料如红色的胭脂、黄色的藤黄、蓝色的靛蓝等。非颜料的矿物质以白色居多，如硅酸盐矿石（如含铝的高岭土、含镁的滑石）、石英、白云山（钙镁碳酸盐矿石）和各类铅矿石（$PbSO_4$、$PbCl_2$）等。在敦煌壁画所用颜料中，最值得一提的是云母。唐 112 窟所用的银白色颜料至今仍闪光发亮。经 X 射线衍射分析得知为纯的天然片状白云母粉，细碎的鳞片在画面上显色效果极佳。这也在一定程度上反映了当时先进的云母提纯和加工技术。除此以外，敦煌壁画中还应用了大量的蓝色，其来源多为青金石。青金石是碱性的铝硅酸盐矿石，因其“色相如天”常被用来制作皇室玉器工艺品。青金石是我们国代使用很早的彩绘颜料，敦煌石窟是应用青金石颜料时间最长、用量最多的地点之一。

除了青金石这一中国古代文物中较为常见的天然蓝色矿石颜料外，研究还发现古代还人工合成了中国蓝和中国紫颜料用于蓝色的呈现。非天然染料在古代并不多见，尤其是蓝紫色，更是堪称稀罕。中国蓝、中国紫、埃及蓝(Egyptain blue)和玛雅蓝是迄今为止被确认的出现于工业社会以前的四种人工蓝紫色颜料。其中埃及蓝被认为是世界上第一种人工合成色素，在古埃及的壁画和莎草纸上可以看到这种特有的蓝色。埃及蓝被认为是通过含铜的矿石如孔雀石与沙和石灰岩等含钙的矿石煅烧得到的，其主要成分是硅酸铜钙($CaCuSi_4O_{10}$)，颜色可以从深蓝一直变化到苍白的浅蓝。中国蓝和中国紫同为二价碱土金属+铜硅酸盐，一度有研究者认为中国蓝或紫源自于埃及蓝，并以此作为中西方文化交流最早的证据之一。但其后的X射线衍射等化学仪器分析方法研究发现，两种蓝色染料在组成和结构上是存在差异的。区别于埃及蓝，中国蓝($BaCuSi_4O_{10}$)和中国紫($BaCuSi_2O_6$)均为钡的铜硅酸盐，其钡的来源可能为中国中部地区常见的重晶石($BaSO_4$)。此外，中国蓝中发现了含铅成分，而在埃及蓝中则含有中国蓝中没有的钠和钾等碱金属，却没有铅。出现这一差异的原因是两者所使用的助熔剂不同。钡的相对原子质量大于钙，在煅烧过程中需要铅类化合物做助熔剂将钡盐的温度进一步降低。而这与研究得出的埃及蓝的形成温度(800～900℃)低于中国紫的形成温度(900～1100℃)这一事实是一致的。此外，这也与中国古代以铅钡玻璃为主而国外以钠钙玻璃为主的历史研究事实相符，即直到19世纪，除了中国以外，没有其他地区出现过这种铅钡配方的玻璃体系。

随着对颜料性能和种类要求的逐渐提高，天然颜料已经不能满足人们的需求，于是开始通过化学方法合成颜料。除了上面提到的蓝色系人工合成颜料外，真正意义上的工业合成染料始于1704年。当时，德国普鲁士人狄斯巴赫(H. Diesbach)发现了铁蓝($Fe_4[Fe(CN)_6]_3$)的工业制法，这一制备方法从染料扩展到颜料，带来了无机化学合成类颜料的迅猛发展。有机颜料的人工合成则起源于英国的珀金(W. H. Perkin)爵士。1856年，他在尝试通过化学方法合成奎宁时意外得到了一种紫色染料苯胺紫(图10-5)。苯胺紫的合成直接开启了随后几十年间一系列通过碳的提纯来制造颜料的序幕，是现代颜料的开端。1868年，德国化学家格伯(Greabe)和利伯曼(Liebermann)以蒽

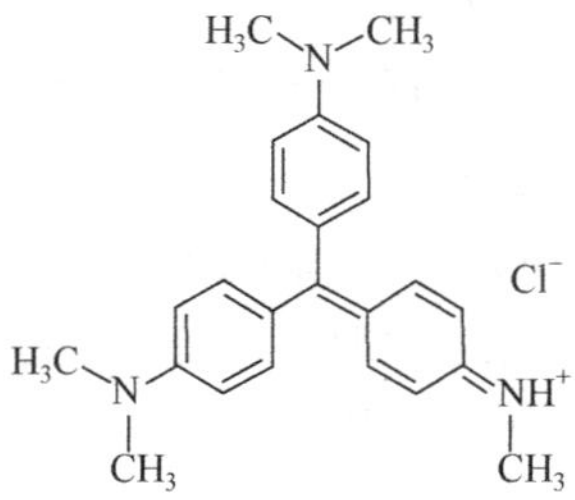

图 10-5　苯胺紫的结构式

为原料合成了茜素，这是第一个通过人工合成的方法得到的与天然色素结构相同的化合物，第二年实现了工业化，推动了蒽醌化学的发展。1878 年，德国化学家拜耳第一次完成了靛蓝的人工合成。经过 100 多年的发展，合成染料和颜料在纺织、橡胶、塑料、纸张、皮革、食品、化妆品、油墨、涂料、感光材料等各种领域中得到了广泛的应用。现在日常所用的颜料多为有机颜料。对普通民众，最为熟悉的有机颜料莫过于苏丹红。苏丹红一号是一种禁止作为食品添加剂的红色工业染料，具有较强的致癌作用。但一些不法商贩为了牟取暴利，擅自在食品中添加了这种有机染料，事件的曝光引发了中国有关食品安全的讨论。

17 世纪油画颜料初诞生，通常由画家本人或助手根据需要将颜料粉加油和胶搅拌研磨配制。到了 18 世纪，颜料则被装在动物膀胱做的袋子里出售，出口用线束紧，使用时用针扎一个孔挤出。19 世纪 30 年代，也有用金属和玻璃注射管装的颜料出售。直到 1841 年，美国肖像画家兰德发明了可挤压的锡管，管装颜料的生产随之成为一门工业，这也是颜料发展的一个历史转折点。从此，画家可以更方便地走出画室去捕捉即时的光影和色彩。而随之印象派也诞生了，可以说没有管装颜料就没有毕加索、梵高和塞尚这些印象派大师。目前，也有铝管装油画颜料出售。

关于物质产生颜色的原因有很多。对于常见的化学颜料，无论是有机颜料还是无机颜料，其产生颜色的原理基本类似，一般都为物质吸收一定波长的光而呈现其互补色。例如，水合铜离子吸收了自然光中的黄色光，从而呈现其互补色——蓝色。化学中常用三种理论：电荷迁移理论、能带理论和色心理论来解释不同类型化合物的互补色显色机理。而这些理论都是从物质微观结构层面给出的解释。除了物质本身的结构会影响其颜色外，环境（如溶剂、温度）和颗粒大小等也会影响其所呈现的颜色。例如，前面谈到的热致变色物质，其颜色就会随着温度的不同而发生变化。钠离子在水中为无色，而钠溶于液氨溶液中呈现蓝色。一般金属粉末为黑色，而块状固体则呈现出特有的金属光泽。CdSe-CdS 的纳米粒子由 1 nm 逐渐增到 6 nm，在荧光灯下呈现了由蓝色至红色的颜色变化（图 10-6）。

图 10－6　不同粒径 CdSe-CdS 纳米粒子的荧光显色

颜料和染料在使世界更加绚烂的同时，化学家还赋予了其特殊的功能，如防锈颜料、磁性颜料、发光颜料、珠光颜料、导电颜料等。随着人们对颜料特性及其显色机理的进一步认识，相信会有更多的功能性颜料来点缀和改善人们的生活。

10.2　化学与文物

文物是历史和传统文化的载体，对文物的发掘、研究和保护是人类对自然、自身不断了解的过程。如何对文物进行有效的发掘、如何更好地利用文物获取更多的历史信息、如何对文物实施高效的保护，这些过程都渗透着对化学知识及其材料的应用。其涉及的知识面非常广，本书将从文物鉴定和文物保护两个方面简要介绍。

10.2.1　文物鉴定的利器

对考古工作者而言，文物的挖掘清理仅是考古工作的第一步，对文物的认识研究工作才刚刚开始。文物鉴定是文物研究的第一步，通过文物鉴定可辨识文物年代、质地、用途、真伪和价值。

1. 解密文物的年龄

辨识文物年代，即文物断代，是文物鉴定的必要步骤。了解文物的出产年代不仅有助于对其结构和成分进行推测，更有助于文物研究。随着科学技术的发展，人们开始利用科学方法对文物进行断代研究。其中应用最广泛的是放射性碳元素断代，其次是热释光断代、古地磁断代和钾-氩法断代等。这些方法都是基于物质的某些物理化学特点，借助一定的仪器测定相关数据来推测文物的年代。

放射性碳元素断代法，又称为^{14}C断代法，是由美国芝加哥大学教授利比（Libby）于1949年提出的用于测定含碳物质（如动、植物）的断代研究方法。^{14}C是^{12}C的同位素，^{14}C也参与自然界的碳交换循环，因此所有生物中都含有^{14}C。但区别于^{12}C的是，^{14}C具有放射性，会发生β衰变，此衰变反应为准一级反应，半衰期为（5730±40）年。所谓半衰期是指某特定物质的浓度经过某种化学反应降低到初始浓度一半所消耗的时间。半衰期是研究反应动力学的一个非常重要的参数。

$$^{14}C \longrightarrow {}^{14}N + {}^{0}_{-1}e$$

生物体在活着的时候因呼吸、进食等不断从外界摄入^{14}C，最终体内^{14}C与^{12}C的比值达到与环境一致（该比值基本不变）。但当生物体死亡后，^{14}C的摄入停止，同时遗体中^{14}C发生衰变，使遗体中的^{14}C与^{12}C的比值发生变化，通过测定此比值就可以测定该生物的死亡年代。

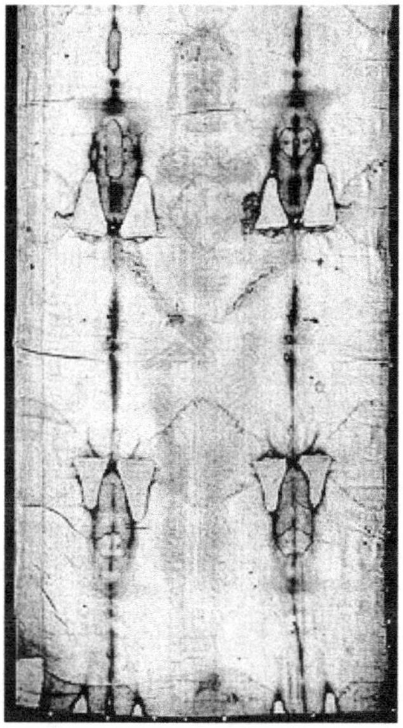

图10-7　都灵裹尸布

关于^{14}C断代法应用最著名的例子即“都灵裹尸布”事件。都灵裹尸布是一块印有男人面部面容及全身正反两面痕迹的麻布（图10-7）。一些人认为它是裹有耶稣基督尸体的殓布。为了验证这一说法的真实性，1988年，位于英国、瑞士和美国的3个著名实验室分别用^{14}C断代法对来自殓布的3个样品进行检测，结果显示样本布料的年代介于1260～1390年，与圣经上记载的基督殉难的年代不符。但其后，也有相关报道提出，当时样本来自殓布已经被高度污染的一角，可能所取样本为后人修补所用的麻布，样本不具有特征性。2013年，意大利帕多瓦大学的范提（G. Fanti）教授在其新书《裹尸布之谜》一书中指出，最近科学家利用过去进行碳年代测定时的布块纤维再进行化学与机械测试，结果发现裹尸布年代为公元1世纪，与耶稣年代相符。直到现在都灵裹尸布的真实性还是一个谜。

我国文物考古工作者也应用^{14}C断代法进行文物鉴定工作。中国社会科学院考古研究所用此法测定洋镐遗址、殷墟遗址和北京琉璃河遗址中出土的木炭、炭化小米、炭化栗、骨类等，得出武王克封为公元前

1050～1020 年。这与由历史文献和天文计算的公元前 1046 年的结果吻合，为我国夏、商、周断代提供了证据。此外，某些成果还改变了旧的观点。例如，河套人、峙峪人、资阳人和山顶洞人等，原来认为其活动年代为 5 万年或 5 万年以上，但应用^{14}C断代法证明其均在 4 万年以内，甚至山顶洞人可晚到 1 万多年，这一研究结果表明旧石器晚期文化变迁和进展的速度比考古工作者原先想象的要快。又如，在汉代冶铁遗址中曾发现有煤的使用，这一发现使一些考古工作者认为在汉代时煤就已经用于冶铁，但后来从铁器的^{14}C鉴定结果推断，我国在宋代才开始把煤炭用于冶铁，尽管汉代冶铁遗址中发现有煤，但并未用于炼铁。

^{14}C断代法虽然在文物断代中有明显优势，但也存在局限性，其中最主要的就是这种方法只适用于生物样本。对陶器等非生物样本，此方法就不适用。针对陶瓷和黏土样本主要采用热释光断代法和地磁断代法。而对古生物骨样品的断代研究则可依据年代范围不同，采取含氟法和氨基酸外消旋法。

2. 探秘文物组成

文物的组成鉴定也是文物检测工作的重要组成部分，对文物组成和结构分析研究不仅有利于文物的保护，也有利于对文物的工艺流程、制作方法进行了解甚至还原，对古文物和文明的研究有着重要作用。文物组成和结构分析离不开化学方法的辅助，其中既有由来已久的经典化学分析方法，也有目前应用较多和广泛的现代仪器分析技术。

相对于经典化学分析方法而言，仪器分析方法有样品量少甚至是无损检测、准确性高、快速方便的特点。根据研究对象和目的的不同，可选择不同的仪器分析方法。

对无机元素的分析主要利用原子发射光谱（ICP-AES、ICP-MS）、原子吸收光谱（AAS）、X 射线荧光光谱（XFS）、质子荧光光谱（PFS）、X 射线电子能谱（XPS）等。例如，在陕西省法门寺珍藏着很多玻璃制品，这些玻璃制品究竟是我国古代自己制造的，还是中西文化交流传入中国的呢？经研究我国唐、宋以前的玻璃含铅量高，主要为铅钡玻璃，成分属 Na_2O-PbO-BaO-SiO_2 系统；而西方古代玻璃以钠钙玻璃为主，基本不含铅。由元素分析得知，这些玻璃制品含铅量非常少，由此可进一步确证它们都是西方各国给唐朝的贡品，是中西文化交流的见证。通过丝绸之路，我国精美的丝织品传入西方，同时西方的玻璃制品也大量地传入我国。可见唐朝时期已实行开放政策，促进了唐王朝的兴旺发达。仪器分析方法除了可以帮助考古研究者更好地研究文物组成外，还可以帮助他们进行文物相关的鉴定，了解文物背后的相关历史。20世纪40年代，欧洲古董市场曾出现一批战国的“陶俑”，售价很高，真伪难分，后来英国牛津实验室用前面提到的热释光断代技术鉴定，结果表明它们为近代制作的赝品。

当需要对文物中有机分子组成和结构进行分析时，则多采用紫外-可见光谱（UV-Vis）、红外光谱（IR）、质谱（MS）、核磁共振波谱（NMR）、拉曼光谱（FT-Raman）等。一个有趣的事例即对20世纪后期出现的一件轰动世界的“希特勒日记”的鉴定。据称在一个建筑的废墟中发现了几页残缺不全的日记，酷似希特勒绝命前勾画的一幅他未来征服全世界后由他统治世界构想蓝图的绝笔真迹，最后被德国国家博物馆以90万马克收藏为“珍品”。文学家还以这个日记的内容为题材，将其搬上了银幕。但是分析化学家用红外光谱法对日记纸张侧面残存的胶料成分进行分析，发现含有德国拜耳公司20世纪60年代才推出的化学浆糊聚乙烯吡咯烷酮，从而使该说法不攻自破。类似的还有美国古邮票真伪鉴定事件，两枚邮票上均有蓝色染料，用拉曼光谱分析发现真品中所用的染料为普鲁士蓝，与所称年代相符；而赝品中所使用的颜料为酞菁蓝，与所称年代不符。

对文物表面和微观形态的检测分析也是文物鉴定中重要的组成部分。通常采用光学显微镜（偏光，金相显微镜）、X荧光射线（XFS）、扫描电子显微镜（SEM）、透射电子显微镜（TEM）、显微分光光度计及图像分析系统、电子探针（EPA）、光电子能谱（ESCA）、俄歇电子能谱（AES）等。例如，在湖北楚墓中出土的越王勾践剑，虽在地下埋藏了2000多年，但出土时仍然光彩熠熠、锋利如新、毫无锈蚀。应用X射线荧光分析方法，人们发现该剑身为铜、锡、铅、铁等金属铸成，表面还经过了硫化处理。锡的加入克服了纯铜质软的问题，但兵器的脆性增强，而越王勾践剑则选择了一个合理的铜锡配比。此外，对宝剑的表面分析表明，其表面经过硫处理，一方面增加了宝剑的美观，更重要的是增强了宝剑的抗腐蚀性，而这也是宝剑千年不锈的奥秘所在。另一个类似的例子是其后在秦俑中挖掘出土的秦箭。对“秦箭不锈之谜”的探秘借助了电子探针、微光显微镜、X射线和荧光灯的仪器分析方法。保护秦箭不锈的原因是其表面有一层致密的铬的氧化层。此保护层厚度为10～15 mm，平均含量为1%左右。而此项技术在西方直到20世纪30年代才首次获得专利。再如，利用X射线照相技术可以得到文物内层面貌的情形图像。对于铁质文物的研究则可以通过此方法得到文物锈蚀的分布和范围，估计锈蚀孔洞的深度，提取锈蚀成分覆盖的用肉眼无法观察到的一些历史信息，如铭文、花纹、垫片、铸造工艺、附件连接以及修补等情况。对司母戊鼎进行X射线拍照发现鼎身与鼎耳部分并非一次铸成，有古人曾对其做过补铸。

10.2.2 文物——想说爱你不容易

文物是集史料学和艺术性为一体的特殊历史“讲述者”，但面对这一生动的“讲述者”，我们通常会发出想说爱你不容易的感慨。文物是鲜活的历史，同时也是“娇贵”的历史。各类文物从出土去泥、清洗、除锈、防护处理，到入库由博物馆保存，其中各个环节都有可能造成不可挽回的破坏。文物发掘结束后，其防腐和保护工作就是文物工作的重中之重。据2014年国家文物局公布的一项调查数据显示：50.66%的馆藏文物存在不同程度的腐蚀损害，其中重度以上的腐蚀占16.5%。所谓腐蚀，从材料学讲，是指材料受到周围环境作用，发生有害的变化而失去其固有性能的过程。文物腐蚀及损害过程不仅仅是一个化学过程，除去人为因素的破坏，也可能有细菌侵蚀、虫蛀等生物作用，或如变形、开裂等机械因素等。但文物与化学物质作用是文物发生腐蚀和损害的一个重要因素。在了解了文物腐蚀的原因以后，就能有的放矢地进行文物保护。文物腐蚀与其保护的研究是相辅相成，相互促进的。

文物腐蚀与保护最熟悉的例证莫过于对油画或壁画上白色颜料变黑的探究和保护。例如，敦煌419窟的菩萨和圣人的脸本来是白色的，但日久天长就变黑了。变黑的原因就在于作画所用的白色颜料为铅白[$Pb_2(OH)_2CO_3$]，受空气中硫化氢(H_2S)气体的作用就变成黑色硫化铅(PbS)。而针对变黑的机理，可用过氧化氢(H_2O_2)进行处理，将PbS氧化成白色硫酸铅($PbSO_4$)，重还菩萨以真容。

$$Pb_2(OH)_2CO_3 + 2H_2S \longrightarrow 2PbS + 3H_2O + CO_2$$

$$PbS + 4H_2O_2 \longrightarrow PbSO_4 \downarrow + 4H_2O$$

1. 铁器的腐蚀与保护

铁制文物的腐蚀过程蕴含了很多化学腐蚀的基础知识。常见的化学腐蚀分为吸氧腐蚀和析氢腐蚀，铁的锈蚀过程就包含了这两种腐蚀原理。虽然从原理上来说，两种腐蚀有所区别，但也有共同点。共同点在于两者都是电化学腐蚀，铁与周围的环境组成原电池发生氧化还原反应，铁单质作为阳极失去电子，变成亚铁离子。

$$Fe(s) - 2e^- \longrightarrow Fe^{2+}$$

不同点则在阴极上的反应。对析氢腐蚀，顾名思义即在腐蚀过程中有氢气析出。腐蚀是在酸性条件下进行，体系中的H^+在阴极上还原析出氢气。

$$H^+(aq)+e^- \longrightarrow \frac{1}{2}H_2(g)$$

吸氧腐蚀则是在既有酸性介质又有氧气存在下，阴极上发生消耗氧气的还原反应。

$$O_2(g)+4H^+(aq)+4e^- \longrightarrow 2H_2O$$

吸氧腐蚀对应原电池的电动势约为析氢腐蚀组成原电池电动势的7倍，因此吸氧腐蚀比析氢腐蚀严重得多，是最为常见的金属腐蚀方式。通常阳极得到的Fe^{2+}被进一步氧化成Fe^{3+}，并与环境中的阴离子结合生成相应的稳定化合物。因此，铁制品制作工艺和埋藏环境的不同也会造成铁锈蚀在成分上有很大的差异。一般铁质文物常见的锈蚀成分有：不同组成的铁氧化物，如FeOOH、Fe_2FeO_4、Fe_2O_3，以及铁的硫化物、氯化物和磷酸盐、硫酸盐等。研究者可以根据锈蚀组成进一步推测文物埋藏的环境及气候变化等。针对铁制品的腐蚀保护，一般分为三步：首先清除表面锈块及附着物；其次根除诱发生锈因素的前处理；最后用合成树脂或蜡等成膜物浸渍，进行强化保护处理。具体的操作如下：①针对锈块及附着物的化学组成，用蒸馏水或化学试剂进行洗涤和抽提；②用化学或电化学等方法脱盐；③在特殊情况下经高温(800℃)加热后，用K_2CO_3或Na_2CO_3饱和溶液煮沸脱盐，最后在减压[(20～40)×133.3 Pa]下用丙烯酸树脂浸渍成膜，隔绝外界的空气和水。

2. “青铜病”的元凶及防治

另一个比较熟悉的文物腐蚀就是青铜腐蚀，青铜是铜中加入锡或铅的合金。青铜腐蚀区别于铁腐蚀，一个比较重要的特点即它是一个腐蚀速率不断加快的过程。腐蚀会像传染病一样迅速扩散，从一个器件蔓延到相邻的部分，最终导致整个器件的酥粉和损毁。因此，青铜腐蚀还有一个比较形象的名字，即“青铜病”。人们最初认为“青铜病”是细菌或真菌引起的，与之类似的腐蚀还有“锡疫”、“铅病”和“玻璃病”等。但后面对“青铜病”的研究表明，其“元凶”是器皿上的氯化铜盐类锈蚀。而这些氯由何而来呢？一个重要的来源就是土壤中的氯离子，很多器物埋藏于土壤中，其中的氯离子会渗入铸件的小孔或缝隙中。由于电化学腐蚀，在青铜中铜被氧化失去电子，转变过程如下：

$$2Cu - 3e^- \longrightarrow Cu^+ + Cu^{2+}$$

$$Cu^+ + Cl^- \longrightarrow CuCl \downarrow$$

$$2CuCl + H_2O \longrightarrow Cu_2O + 2H^+ + 2Cl^-$$

$$4CuCl + 4H_2O + O_2 \longrightarrow CuCl_2 \cdot 3Cu(OH)_2 + 2HCl$$

Cu^+与Cl^-结合得到青铜腐蚀中最初也是最重要的化合物氯化亚铜($CuCl$)。氯化亚铜与环境中的水分相互作用释放出H^+和Cl^-,从而又促进了器件中铜单质向氧化亚铜或其他稳定铜盐如碱式氯化铜——"粉状锈"的转变,形成了一个铜腐蚀的自催化过程。一些现象也验证了这一原理。例如,在四川的一些地区,由于土壤中不含氯化物,因此出土的青铜器从未受到"青铜病"的侵扰。而最早通过把青铜器在120 ℃条件下加热20 min来阻止"青铜病"扩散的方法之所以能在短时间内奏效,也是因为加热可减少铸件吸附的水汽,适当减缓和阻止自催化反应的进行。因此,对青铜器的保护处理主要是防止"青铜病"。目前已采用的方法有:①控制保存环境的湿度,最好维持在40%～50%;②用化学或电化学等方法除去氯化物;③用$NaHCO_3$溶液长时间浸泡,除去铜锈;④表面覆盖保护层,如用Ag_2O浆处理,使表面生成Ag_2O保护膜;或用苯并三唑固定铜和铜锈,抑制腐蚀的进行,再用含有苯并三唑的硝化纤维喷漆进行表面喷涂强化处理;最近开始用H_2、CH_4、N_2和Ar的混合气体进行辉光放电,还原覆盖在新出土金属文物上的块状锈,除去腐蚀层中的氯离子。

3. 纸品的腐蚀及保护

除了金属文物外,纸质文物也是一类很容易被腐蚀的文物。纸张的腐蚀主要是外界对纤维素、半纤维素和木质素的腐蚀。相对而言,纤维素的稳定性最好,半纤维素次之,木质素的稳定性最差。因此,在相同的条件下,纸品中木质素的含量越高,纸张的老化即变脆和变黄的速率越快。对纸制品的腐蚀主要有酸的腐蚀、光腐蚀和空气污染等,其中酸的腐蚀最为重要。酸的来源大致有三类:①纸制品制造过程中的残余酸;②纸张填孔剂明矾水解产生的酸;③当纸张在一定条件下吸附空气中的酸性气体(CO_2、SO_2、H_2S等)后形成腐蚀性的无机酸。这些酸会促使纤维素水解,随着高分子链的断裂,纸会变脆和破损。光对纸质文物的危害,一般认为是光的热辐射作用与化学作用共同作用的结果。研究发现,热辐射对纸质文物损害是非常显著的,温度每升高5 ℃,纸品的变质速率就会增加2倍。此外,波长小于385 nm的紫外线可断裂线性饱和键,因此紫外线短波对纸制文物的损害最为严重。纸张变黄的主要原因就在于木质素和半纤维素在光照和氧气条件下，能发生光氧化生成羰基生色团、羧基助色团以及醛基生色团等。因此，纸制品变黄的速率在一定程度上反映了纸制品的化学组成。从以上分析来看，对纸质文物的保护主要依据其腐蚀原理展开。例如，针对酸腐蚀，可用相应的碱进行中和，如用石灰水饱和溶液、碳酸氢镁水溶液或氢氧化钡甲醇溶液浸渍纸品，或者用甲基化镁、气相二乙基锌等能与纸张中的水作用产生如氧化锌这样的碱来中和酸。对光腐蚀和空气污染的防治则主要采用减少光照射和与空气接触的方法。

腐蚀是对文物的一种损害，但有时也可利用这些锈蚀来对文物进行真伪辨别。因为对于真品而言，锈蚀是积淀的结果，是一个个化学平衡逐渐完成的过程，所以其锈蚀形成的包浆是多层次的、致密的并与原铸件合为一体。而赝品由于缺少岁月侵蚀，虽然通过人工方法可以达到快速锈蚀的目的，但其锈蚀层通常质地比较疏松、单层，易从本体部分脱落。

10.3 化学与文学影视作品

10.3.1 化学与文学作品

文学是社会科学中的人文精华，化学是自然科学的中心科学。文学创作可从化学中获取灵感，使其更加生动有趣，而化学也因为文学的传播而更为人们所认识和了解。

说到化学与文学，很多人首先想到的可能就是英国作家阿瑟·柯南·道尔笔下的福尔摩斯。化学成就了福尔摩斯精湛的侦探技术，而福尔摩斯也使化学更生动地走进了平常人的生活。很多人从福尔摩斯了解化学，走进化学。虽然福尔摩斯是以一个侦探的身份展示在世人面前，但其本质是一名化学家，这不仅是因为他对化学的热爱，同时化学也是他破案的工具，在《福尔摩斯探案集》第一篇《血字的研究》一开始就多处交代。在小斯坦夫向华生介绍福尔摩斯时就说他是“一个一流的化学家”，其后福尔摩斯是伴着化验室、蒸馏瓶、试管、本生灯、沉淀血色蛋白的特效试剂和化学实验出场的。在与华生商讨合租下贝克街221B 的公寓时，福尔摩斯就提到了自己常搞些化学药品，偶尔也做做实验。其后在华生对福尔摩斯学识范围评价时，使用了“精深”来评价其在化学方面的学识。几乎每个福尔摩斯的探案故事中都会提到化学物质，如《血字的研究》和《四签名》中都提到毒药的辨别，《最后一案》和《空屋》中福尔摩斯说他花数月时间研究煤焦油的衍生物，《显贵的主顾》中的硫酸毁容，《老修桑姆庄园案》中用显微镜判别铜和锌的颗粒，《海军协议》中的石蕊试纸测 pH 等。书中还多次提到，当福尔摩斯醉心于某化学实验时被案件打断。化学不仅使福尔摩斯这个人物更神秘、更专业，而且也可以让我们透过阅读小说学习一些化学相关知识，提高对化学的兴趣。2002 年 10 月 16 日，英国皇家化学会郑重宣布授予福尔摩斯先生为该学会的特别荣誉会员，以表彰这位“大侦探”将化学知识应用于侦探工作的业绩。

除了《福尔摩斯探案集》中充满着各种化学，还有其他一些侦探、推理类书籍中也运用了各种化学相关知识以增加作品的悬念。年轻人比较熟悉的《名侦探柯南》，还有日本知名小说推理作家东野圭吾的《神探伽利略》中的四个案件的设计都或多或少地应用了化学相关知识，如《爆炸》中海上突如其来的无踪影的爆炸就是由钠引发的；而在《出窍》中最终大家发现原来是液氮泄漏后与空气形成了两种折射率不同的介质，造成孩子看到了原本无法看到的物体，使案件得以告破。

以上谈到了化学为文学作品增色，其实文学作品也可以作为化学知识传播的载体。2011 年 3 月美国化学会的《化学教育》杂志就推出了一个专刊，其中包括 17 篇过往发表在杂志上的普及化学知识的文章，它们都是借福尔摩斯探案为故事基础来破解化学谜案。此外，如曹天元的《上帝会掷骰子吗？——量子物理史话》，作者以生动、幽默的语言再现了量子物理发展过程的层层硝烟、各路科学英雄的“华山论剑”，让原子结构、量子物理化学等原本枯燥、难于理解的知识更加生动、富有趣味性。

10.3.2 化学与影视作品

除了文学作品外，化学的身影也常在影视作品中出现，特别是一些侦探剧里出现的尤其多，如毒药、密信、血迹鉴定等都涉及化学相关知识。

1. 毒药

提到毒药，我们脑海里很容易就浮现这样的场景：一人取出一银针在酒中一搅，转而银针变黑，随即大叫“有毒”。人们对“银针测毒”的认识，其中暗含着一些化学的道理，但也有一些"误解"。一般银针测的毒为砒霜中毒。砒霜的主要化学组成为 As_2O_3，是我国古代常用的、最易获得的毒物之一。中央电视台在一档名为《是真的吗？》的互动求证节目中曾用纯的 As_2O_3 与银针作用，发现银针并没有变黑。原因何在？其实在"银针测毒"中，使银针变黑的并不是砒霜本身，而是砒霜中含有的硫化物。这些硫化物与银反应得到黑色的硫化银（Ag_2S）沉淀而沉积在银针上。古代砒霜的炼取是将含砷的矿石与木炭煅烧，使氧化砷升华得到。由于古代冶炼技术差，工艺粗糙，制成的砒霜中往往含有大量含硫的杂质，因此在古代可以用银针变黑的方法来测毒。可以看出，银针测毒为间接测毒，很有可能造成冤案。如人正常死亡后，尸体本身也会产生大量的硫化物，尸臭（主要为 H_2S 气体）就是其中之一。这些硫化物大多都能与银反应得到硫化银。此外，在《是真的吗？》节目中还用新鲜的鸡蛋做了银针试毒实验，发现银针也能变黑，原因并不是鸡蛋有毒，而是新鲜的鸡蛋本身就富含硫元素。此外，银针试毒在原理上也局限了其应用，目前常见的毒物如敌敌畏、毒鼠强和氰化物等都是无法通过银针检出的。

说到氰化物，它是人们所知道的最强烈、作用最快的有毒药物，是"高端"毒药的杰出代表。很多名人就用它来自杀，如尼龙的发明人卡罗瑟斯、计算机科学和人工智能的创始人图林、纳粹二号人物戈林等。例如，在《007：大破天幕杀机》中，剧中的大反派拉乌尔·席尔瓦就说他曾因任务失败而吞服过氰化物。除了自杀外，各国的特工间谍以及不法分子也经常将氰化物用于谋杀。而很多侦探、悬疑类的作品中也经常出现氰化物中毒。氰化物的毒性源于氰根离子（CN^-），物质如能在体内以较快速度解离出 CN^- 就能使人迅速中毒，如 NaCN、KCN 和 HCN 等。CN^- 进入体内与细胞色素酶中的 Fe^{3+} 配位，使两者牢牢结合，这样 Fe^{3+} 就不能再被还原为 Fe^{2+}，由此血液中的氧气的输运被阻止，人会窒息而死。这一致死原理与一氧化碳使人中毒的机制类似。氰化物虽然毒性大，发作快，但也并不是没有解药。从化学原理上看，只要能解离 CN^- 与 Fe^{3+} 之间的配位，就可以达到解毒的目的。例如，医学上利用吸入亚硝酸异戊酯、注射硫代硫酸钠、高压氧治疗等方法解毒，都是基于上面的原理。氰化物虽然能较为迅速使人致死，但剂量不足也不会立即死亡；此外其特有的苦杏仁味也容易使暗杀计划败露。

2. 密信

密信也是影视剧中常设定的桥段，如美剧《越狱》和 2012 年播放的

《美人天下》都有密信出现。据史料报道，在革命年代方志敏也曾用米汤给鲁迅先生写过密信。这里谈到的都是化学密信，即“墨水”在特定的条件下显色从而解密。常见的隐形“墨水”如酚酞溶液、硫酸钠溶液、铁盐溶液、米汤或淀粉类食物、醋、牛奶、柠檬汁等，只要找到合适的“显影剂”就能使这些隐形墨迹现身。当然，前面提到的热敏纸这一类特殊的制品也可以用来写密信。

3. 血迹鉴定和指纹鉴定

血迹鉴定是影视剧中常见的场景。一些侦探或法医能够根据血迹的颜色推断大致的作案时间。因为随着时间的推移，血液中的红细胞逐渐被破坏，血红蛋白变成正铁血红蛋白，再变成正铁血红素，而颜色会由鲜红色—暗红色—红褐色—褐色—绿褐色—黄色—灰色逐渐变化。此颜色变化涉及相应的化学反应。而化学反应速率除了会随时间变化而变化外，其他一些条件如温度、湿度、催化剂、pH 等也会影响反应的进行。例如，在非直接太阳照射下，鲜红的血迹可能要经过数年颜色才会变成灰褐色；但在弱太阳照射下变灰时间仅需数周；而在太阳直射条件下，数小时血迹即呈灰色。此外，还可以通过血清氯的渗透来推测时间，原理就是血迹中的氯会随着时间逐渐向基质渗透，用硝酸银与氯的沉淀反应来测定氯的渗透范围，从而推测时间。以上是肉眼可见的血迹，在影视剧中我们还经常看到对肉眼不可见血迹的检测，镜头中血迹在某些作用下发出蓝绿色的荧光。这种方法称为鲁米诺血迹鉴定法，是利用鲁米诺被氧化后会发出蓝绿色荧光来显影。鲁米诺(luminol)，又名发光氨，化学组成为 3-氨基邻苯二甲酰肼(图 10－8)，其与过氧化氢(H_2O_2)混合组成鲁米诺试剂。血红蛋白中的铁能催化试剂中的 H_2O_2分解得到单氧，单氧氧化鲁米诺改变其结构从而发光。这种方法灵敏度很高，能检测含量只有百万分之一的血，并且操作简便易行，仅需混合、喷洒两步就可暴露血迹。但由于鲁米诺在铜、铜合金或某些漂白剂存在下也会发出荧光，因此如果犯罪现场被漂白剂彻底处理过，则鲁米诺发出的荧光会强烈掩盖血迹的存在。当然，化学家也找到了其他一些方法来克服这一缺陷，如美国科学家就发明了用“多模式红外热成像”技术来识别微量血迹。

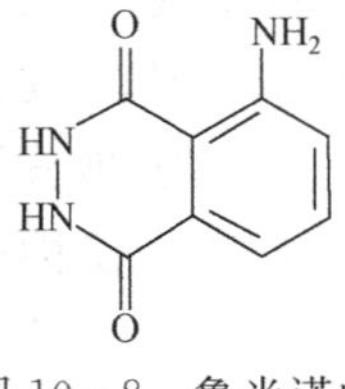

图 10－8　鲁米诺的结构式

指纹采集也经常在影视作品中出现，如《CIS》和《法政先锋》等。影视剧中展示的多为潜伏指纹的物理吸附和化学显影处理。物理吸附是利用不同的粉末吸附于指纹的某些成分上，从而完成采集和显影，常用的试剂有银粉、炭粉、磁粉、荧光粉等。化学显影则利用显影剂与指纹成分进行化学反应显影，如宁海德林法是利用试剂与氨基酸的反应；硝酸银法则是利用 Ag^+ 与指纹中 NaCl 的 Cl^- 的沉淀反应；嗜脂性染剂则是利用与指纹中油脂成分反应；碘熏法是通过油脂吸收碘蒸气而呈现棕红色的纹路等。

4. 其他影视作品中的化学

除了在刑侦类影视作品中应用化学相关知识外，在一些其他类型的生活剧中也常有化学知识镶嵌其中。例如，从美国著名情景剧《生活大爆炸》中我们就可以学习到很多化学相关知识，如什么是乳糖不耐受、为什么会花生过敏、原子结构是怎样的，等等。而在美剧《豪斯医生》里，透过一些医学案例我们也可以学到很多化学相关的知识。美剧《绝命毒师》的热播更是将人们的注意力放在了化学上，剧中高中化学老师在遇到生活的种种不堪境遇后选择利用自己的化学知识制毒贩毒，并最终走上了一条不归路。

电影《惊天魔盗团》中很多绚丽的魔术舞台效果都源于化学知识。魔盗团的第一次精彩亮相是通过“瞬间转移”将某法国银行金库里的320万欧元从舞台天花板上撒下。其中有一个令人震撼的场景是金库中偷换的成堆假钞在瞬间燃烧殆尽，不留灰烬。这一效果是如何实现的呢？答案就是闪光纸，又称为火纸。它是经过浓硫酸和浓硝酸的混合溶液浸泡后的特殊用纸，纸中的纤维素与浓酸反应得到硝化纤维。

$$3nHNO_3 + [C_6H_7O_2(OH)_3]_n \longrightarrow [C_6H_7O_2(ONO_2)_3]_n + 3nH_2O$$

硝化纤维爆炸反应得到的产物均为气体，不会留下灰烬，因此又称为“无烟火药”。

$$2[C_6H_7O_2(ONO_2)_3]_n \longrightarrow 3nN_2\uparrow + 7nH_2O\uparrow + 3nCO_2\uparrow + 9nCO\uparrow$$

其爆炸威力为黑火药的2～3倍，并且燃烧速度非常快，常用作枪弹、炮弹的发射药或固体火箭推进剂的成分。如果制备的硝化纤维中，纤维素上只有部分羟基与硝酸发生酯化反应，则得到的产品含氮量较低，称为胶棉。胶棉燃烧爆炸性弱于火棉，可用于制造喷漆、人造革、胶片和塑料。我们熟悉的赛璐珞就是以胶棉为原料合成得到的最早的热塑性树脂。影片中四骑士的第二个魔术是在众目睽睽之下，通过电筒照射使支票上的余额发生变化。其中应用的化学原理类同于前面讨论的密信原理，其中的“显影剂”为光。在最后一次行动中，四骑士成员利用胶状物质在保险库钢板上的燃烧瞬间切割开了保险库大门。化学中类似的反应如铝热反应常用于钢板的焊接和切割。铝热剂是铝粉和氧化铁的混合物，在氧化剂条件下点燃引发自热反应，过程中放出大量的热可使温度高达 2000 ℃以上，从而熔化钢板。

$$2Al + Fe_2O_3 \longrightarrow Al_2O_3 + 2Fe$$

此反应需要高温引发，影片中用的是一个热温枪，也可以用镁条等易燃物为引燃剂。此外，其他金属单质与金属氧化物混合后点燃，也会引发类似于铝热反应的强烈放热反应。其中金属如镁、钙、钛等，而氧化物可以用氧化铁、氧化铜、二氧化锰、三氧化二铬等。对应的反应根据还原剂可称为"镁热法"、"钙热法"、"钛热法"等。

10.4 化学与娱乐

除了文学作品与电影、电视是传播化学魅力的良好载体外，化学在其他形式的文化娱乐中也熠熠发光。而这些娱乐节目中，与化学联系最紧密的莫过于魔术。人们常将化学家喻为大自然的魔术师，借助化学变化给我们创造了一个更加便利、舒适、丰富多彩的生活环境。同时，现代高超的魔术师则更多地将化学应用于魔术设计中，巧借化学手段使魔术显得更炫目、神秘，如前面提到的电影《惊天魔盗团》中所使用的闪光纸、显影纸等在日常魔术中就常见到。魔术中常有玩火而不烧死的表演，如香港影片《大魔术师》中的"冷火"等，一般是利用了一些低燃点物质的燃烧来实现。因为火的内焰温度低于外焰温度，当手或身体部位处于内焰时，快速燃烧并不会带来特别大的伤害。一个经典的化学魔术，将手帕在酒精与水的混合溶液中浸泡后经过燃烧手帕仍能完好无损，就是利用的这一原理。而魔术师所用的溶液瞬间变色也可利用化学染料的变色轻松实现。美国麻省理工学院(MIT)开设的公开课《魔术后面的化学》，就是通过解密 12 个经典魔术来介绍一些简单的化学基本原理。

除了在魔术中应用化学外，实际上我们日常看到的很多舞台效果也来源于化学，最常见的舞台烟雾来自干冰的升华，人造雪是通过聚丙烯酸酯制造，镁光灯和霓虹灯能带来绚丽的灯光效果。除此以外，演唱会或大型表演时还会用到荧光棒来增强观众互动和舞台效果。荧光棒是一种能够在黑暗中发出荧光的透明塑料棒。荧光棒多为条状，有双层的套管结构，内层为玻璃细管夹层，外层为可折的塑料管包装。经在弯折、击打、搓揉等使玻璃管破裂，分别封在两个管中的液体混合发生化学反应致使荧光染料发出荧光。荧光棒发光暗含的化学原理如下：荧光棒内层玻璃管内装有过氧化氢（H_2O_2），外层塑料管内有荧光染料和草酸苯酯衍生物。玻璃管破裂，处于内外管的溶液混合发生反应，草酸苯酯被过氧化氢氧化，生成苯酚和过氧化酯（二氧杂环丁二酮）。过氧化酯不稳定，自发分解成 CO_2 并释放出一定的能量。这部分能量被荧光棒中的染料（dye）吸收，由基态变成激发态（dye*），同时激发态的染料会回到基态并借由光子释放出能量。光子释放出的能量高低取决于染料的结构，因此不同的染料分子会呈现不同颜色的荧光，如罗丹明B荧光剂发红光，红荧烯发橙红光，蓝绿色系荧光棒的荧光剂多为苯基蒽类化合物。随着荧光棒的使用日趋广泛，其安全问题也引起了关注。除了使用不当造成液体泄漏外，荧光棒是不会对人体造成伤害的。

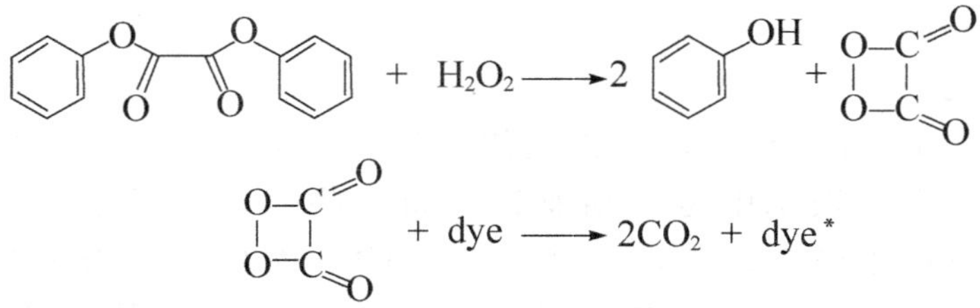

$$\text{dye}^* \longrightarrow \text{dye} + h\nu$$

颜色冷知识——奇妙的颜色来源

你或许早已对大千世界里的种种色彩习以为常，恐怕不会觉得高贵冷艳的紫色散发出奇怪的味道，古董画上的棕色也不会使你产生什么恶心的联想。但事实上，许多颜料的来源是很奇葩的。

1. 来自埃及木乃伊的颜料——“木乃伊棕”

根据《史密森尼》(Smithsonian)杂志记载，有种“木乃伊棕”直到1964年才彻底消失,原因竟是没有足够的木乃伊可供“制造商”碾磨成颜料了。几百年来,画家们一直在使用这种棕色颜料。最早的时候,这种奇怪的物质是作为药物出售的。

维多利亚·芬利在《色彩在艺术中的辉煌历史》一书中是这样记述这桩奇事的前因后果:早在1300年,木乃伊竟然是一味药。实际上,从中世纪到文艺复兴时期,画匠们接触到的几乎所有着色剂都是药物,包括铅白、红铅、朱砂、白垩、雌黄、乌贼墨、天青石和木乃伊。画家获取这些颜料的主要途径是从药剂师处购买。当年一定有某个艺术家逛药店时突发奇想,“这木乃伊磨成颜料应该不错?”1712年,巴黎开了一家艺术用品商店,店名就叫“寻找木乃伊”。从那时起,这种颜色便火了。根据1797年出版的《颜色大全》介绍,当年的英国皇家艺术学院院长善用“木乃伊棕”上釉,这种颜料来自“木乃伊的肉,且肉质越好颜色越饱满”。

如果你好奇碾成粉的木乃伊究竟是什么颜色,可以从马丁·卓林画于1815年的《厨房内部》中得到答案。显然,这幅卢浮宫收藏的名画大量使用了“木乃伊棕”。正如前文所说,“木乃伊棕”这种颜料现在几乎已经绝迹了。1964年《时代》杂志的一篇文章中引述了伦敦颜料生产商杰弗里·罗伯逊-帕克的话,“我们可能还剩下几根残肢断腿,但已不够做颜料了”。

在古代,棕色除了木乃伊这种奇怪的来源之外,还有一种奇怪但是大家都很熟悉的来源:海洋软体动物如海兔、墨鱼、鱿鱼、章鱼的墨水囊。墨鱼的种名也来自于希腊语 Sepia,同时还有深棕色的意思。古希腊罗马时期乌贼墨开始广泛使用于绘画中。直到19世纪,乌贼墨还广泛用于艺术家的作画。达·芬奇就曾用乌贼墨写字和画图。

2. 把大量的腐烂贝类泡在尿液里，然后就有了高大上的“皇家紫”

所谓“皇家紫”便是骨螺紫，又称为贝紫。芬利在书中写道，埃及艳后克娄巴特拉无比迷恋这个颜色，她让手下把船帆、沙发等各种东西都染成这个颜色。公元前48年，凯撒大帝来到埃及，他也迷上了这个颜色，并规定其为罗马皇室专用色。

虽然“皇家紫”成为了王孙贵胄财富的象征，但这种染料的提取过程完全不是仅仅一个“恶心”可以形容的。从25万只染料骨螺中只能提取半盎司染料，刚好够染一条罗马长袍。整个提取染料的过程散发恶臭，以致这项工作只能在城外进行。芬利在书中写到，那种熏天臭气是制成衣料后也难以除去的：“腐烂的染料骨螺与木灰一起，浸泡在馊臭尿液与水组成的混合物中。这些泛着紫色的大桶只能安放在城外，因为人站在旁边会被活活熏死。用这种染料上色的衣服带有一股鱼类和海洋的独特腥气。罗马史学家普林尼说这种味道‘令人不快’，但其他罗马人闻到的却是金钱的气味。”

《史密森尼》杂志提到，这种令人反胃的生产过程一直持续到1856年，直到18岁的化学家威廉·珀金合成了苯胺紫染料，才取代了令人作呕的“皇家紫”。

另一种黄色也与尿液有关，这就是维米尔最爱用的印度黄。这种染料直接提取自牛尿。因此，维米尔的时代，需要让奶牛吃芒果叶，然后撒尿；其尿液就提取出了印度黄——这里面有许多问题。首先，芒果叶产自热带，运到欧洲不太方便；然后，你得有一头奶牛；最后，奶牛未必爱吃芒果叶，尤其天天吃。

3. 梵高标志性的黄色可能是导致其患精神病的元凶

梵高的精神状态究竟为什么会出现问题，至今都没有定论。有一种有趣的说法是，他可能是被自己的画弄得疯疯癫癫的。一篇题为《论梵高与颜料铅中毒》的论文提到，梵高使用的主要颜料，尤其是“铬黄”，可能是造成他患病的原因:"梵高的厚涂颜料技法要给画作上许多层厚重的颜料,他在调色时用了许多含铅量极高的颜料,如白铅(碳酸铅)与铬黄(铬酸铅)等。这些颜料毒性相当高,使用过度会有铅中毒的危险"。

如果"铬黄"的毒性真能逼疯一个人,那当梵高把一整管颜料挤在嘴里的时候,他应该朝癫狂走了一大步。

4. 拿破仑的绿房间可能是他的死因

1775年,卡尔·威尔海姆·舍勒发现了砷酸铜的染色作用,后来人们把这种颜色称为"舍勒绿"。不幸的是,这种含砷的颜料被大量应用于儿童卧室粉刷和服装行业,毒害了许多人的性命。

1821年,被流放的拿破仑病逝于圣赫勒拿岛。他的头发被发现含有少量的砷,当时的人百思不得其解。芬利在书中提到,1980年,一截被盗的拿破仑寝室墙布样本重现世间,上面描绘着舍勒绿的百合花。由于圣赫勒拿岛湿度很大,拿破仑可能躺在床上不知不觉便吸入了毒气,慢性中毒死亡。

除寝室外,拿破仑的浴室曾经也铺着绿色的壁纸。这位落魄的法兰西皇帝酷爱长时间泡热水澡,恐怕这正是他中毒程度进一步加深的原因。

5. 法国皇家挂毯的红色是从牛血和牛粪中提取出来的

这种听上去如此重口味的红色居然有个很小清新的名字——"茜草红"。罗伯特·钱锡纳在《茜草红:奢侈与贸易的历史》一书中写道,提取这种红色染料有13个步骤,其中的几步尤其恶心。简单地说,制作过程是这样的:"先把织物煮沸,然后用牛粪和油进行媒染,再过三遍油。再用碱水泡四次,洗净、揉搓,用鞣料和白矾处理,最后清洁一遍。经过长时间的准备工作后,织物呈现不同程度的白灰色,这时再用茜草染色,并加入各种染剂,其中最奇怪的当属牛血。"

根据作者的解释,当时那些迷信的"东方染工"认为牛血具有魔力。美国作家霍桑在他的小说《红字》中曾暗示性地提及这种染色方式——女主人公海丝特·白兰胸前的红字带有血腥味。这种方法最初来自土耳其，1730年终于由荷兰人在欧洲推广。

17世纪时，巴黎皇家挂毯厂特供给国王路易十四的墙面涂料里大量使用了这种红色。可以想象，这种牛血、牛粪、羊粪泡出来的涂料，混合着腐臭的蓖麻油，刷满太阳王的宫墙，是何等“大气”磅礴的场面。

思考题

1. 根据无碳复写纸的复写原理，试解释为什么单独使用一张无碳复写纸无法完成复写，在两层复写纸中夹入普通纸也无法达到复写的效果。
2. 测定砷毒的直接化学方法有哪些？其中的化学原理是什么？
3. 用酚酞溶液、硫酸钠溶液、铁盐溶液、米汤或淀粉类食物、醋、牛奶、柠檬汁等来书写密信，则相对的“显影剂”是什么？

参考文献

白东鲁，陈凯先. 2005. 药物化学进展. 北京:化学工业出版社
布里斯罗. 1998. 化学的今天和明天. 华彤文等译. 北京:科学出版社
陈德棉，刘云，陈玉祥. 1994. 化学科学发展战略. 北京:科学技术文献出版社
陈冀胜. 2003. 化学、生物武器与防化装备. 北京:原子能出版社
陈加福，陈志民，许群. 2007. 绿色能源——氢气及无机材料储氢的研究进展. 世界科技研究与发展，29(5):32-38
陈平初，李武客，詹正坤. 2004. 社会化学简明教程. 北京:高等教育出版社
程景才. 1994. 炸药毒性与防护. 北京:兵器工业出版社
方明建，郑旭煦. 2009. 化学与社会. 武汉:华中科技大学出版社
冯瑞华，姜山. 2008. 超导材料的发展与研究现状. 超导技术，35(6):520-523
甘洪全，王志强. 2007. 骨科生物医用材料的研究进展. 中国骨肿瘤骨病，6(2):114-117
洪一前等. 2008. 生物降解高分子材料的研究及发展. 粮油加工，5:127-129
华维一. 2005. 药物立体化学. 北京:化学工业出版社
黄文尧. 2009. 炸药化学与制造. 北京:冶金工业出版社
李福平等. 1991. 兵器工业科学技术辞典·火药与炸药. 北京:国防工业出版社
李明阳. 2002. 化妆品化学. 北京:科学出版社
厉宝等. 1982. 硝化纤维素化学与工艺学. 北京:国防工业出版社
刘旦初. 2000. 化学与人类. 2版. 上海:复旦大学出版社
马特洛克. 2006. 绿色化学导论. 汪志勇等译. 北京:中国石化出版社
孟长功. 2008. 化学与社会. 2版. 大连:大连理工大学出版社
沐俊应等. 2007. 有机薄膜太阳能电池的研究进展. 电子工艺技术，28(2):93-96
欧育湘，周智明. 1998. 炸药合成化学. 北京:兵器工业出版社
任特生. 1994. 硝胺及硝酸酯炸药化学与工艺学. 北京:兵器工业出版社
邵学俊，董平安，魏益海. 2008. 无机化学. 2版. 武汉:武汉大学出版社
施利毅. 2007. 纳米材料. 上海:华东理工大学出版社
宋天佑，程鹏，王杏乔. 2004. 无机化学. 北京:高等教育出版社
汤普森. 2006. 化学与生命科学. 陈淮译. 北京:中国青年出版社
唐有祺，王夔. 1997. 化学与社会. 北京:高等教育出版社
王佛松等. 2000. 展望21世纪的化学. 北京:化学工业出版社
王镜岩，朱圣庚，徐长法. 2006. 生物化学. 3版. 北京:高等教育出版社
王明华，李影. 2000. 化学与环境——为了人类的健康与美好. 长沙:湖南教育出版社
王明华等. 1999. 化学与现代文明. 杭州:浙江大学出版社
王庆，王英勇，郭向云. 2007. 生物形态的高性能材料. 化学进展，19(7):1217-1222

王彦广. 2001. 化学与人类文明. 杭州:浙江大学出版社
魏荣宝,梁娅,孙有光. 2007. 绿色化学与环境. 北京:国防工业出版社
夏纪鼎,倪永全. 1997. 表面活性剂和洗涤剂化学与工艺学. 北京:中国轻工业出版社
阎子峰. 2003. 纳米催化技术. 北京:化学工业出版社
颜红侠,张秋禹. 2004. 日用化学品制造原理与技术. 北京:化学工业出版社
杨光启等. 1987. 中国大百科全书·化工. 北京:中国大百科全书出版社
杨义钧. 2003. 化学与现代社会. 上海:上海交通大学出版社
叶毓鹏,奚美玨,张利洪. 1997. 炸药用原材料化学与工艺学. 北京:兵器工业出版社
易秀,杨胜科,胡安焱. 2008. 土壤化学与环境. 北京:化学工业出版社
尤班克斯等. 2008. 化学与社会(原著第五版). 段连运等译. 北京:化学工业出版社
俞庆森等. 2005. 药物设计. 北京:化学工业出版社
张本仁,傅家谟. 2005. 地球化学进展. 北京:化学工业出版社
张立德,牟季美. 2001. 纳米材料和纳米结构. 北京:科学出版社
章福平. 2007. 化学与社会. 南京:南京大学出版社
章苏宁. 2007. 化妆品工艺学. 北京:中国轻工业出版社
仉文升,李安良. 2004. 药物化学. 2版. 北京:高等教育出版社
赵宝璋. 2000. 水资源管理. 北京:中国水利水电出版社